本书为国家社科基金重大项目"当代俄罗斯哲学研究"（项目号18ZDA018）和国家社科基金一般项目"东正教灵修传统研究"（项目号16BZJ26）的阶段性成果。

Русская идея

俄罗斯理念

19世纪和20世纪初 俄罗斯思想的主要问题

【俄罗斯】 别尔嘉耶夫　著

张百春　译

图书在版编目(CIP)数据

俄罗斯理念 /(俄罗斯)别尔嘉耶夫著；张百春译 . —北京：北京大学出版社，2024.1

ISBN 978-7-301-34092-9

Ⅰ.① 俄…　Ⅱ.① 别…② 张…　Ⅲ.① 思想史 – 研究 – 俄罗斯　Ⅳ.① B512

中国国家版本馆 CIP 数据核字 (2023) 第 106206 号

书　　　名	俄罗斯理念	
	ELUOSI LINIAN	
著作责任者	〔俄罗斯〕别尔嘉耶夫　著　张百春　译	
责 任 编 辑	李 哲	
标 准 书 号	ISBN 978-7-301-34092-9	
出 版 发 行	北京大学出版社	
地　　　址	北京市海淀区成府路 205 号　100871	
网　　　址	http://www.pup.cn　　新浪微博：@北京大学出版社	
电 子 邮 箱	编辑部 pupwaiwen@pup.cn　　总编室 zpup@pup.cn	
电　　　话	邮购部 010-62752015　发行部 010-62750672	
	编辑部 010-62759634	
印 刷 者	大厂回族自治县彩虹印刷有限公司	
经 销 者	新华书店	
	880 毫米 ×1230 毫米　A5　10.625 印张　300 千字	
	2024 年 1 月第 1 版　2024 年 1 月第 1 次印刷	
定　　　价	65.00 元	

译　序

　　"俄罗斯理念（Русская идея）"是1860年由陀思妥耶夫斯基首次提出的，当时他和哥哥米哈伊尔共同创办杂志《时间》（Время）。在杂志的征订启事里有这样一句话："我们猜测，而且是虔敬地猜测，我们未来的行动应该具有最高程度的全人类性质，也许，俄罗斯理念可以把欧洲个别民族如此顽强和勇敢地发展的全部理念综合起来。"①这时的陀思妥耶夫斯基刚刚走上文学创作的道路，发表了几篇文学作品，但是，其主要作品还没有写出来。在他后来的重要文学作品和政论作品里，俄罗斯理念的主题始终存在。

　　陀思妥耶夫斯基的朋友索洛维约夫接过了这个话题。1888年，索洛维约夫在法国巴黎做了一个题为"俄罗斯理念"的报告。在他看来，"一个民族的理念不是它自己在时间中关于自己所想的

---

　　①　《费·陀思妥耶夫斯基全集》第17卷，陈燊主编，白春仁译，石家庄：河北教育出版社，2010年，第54页。译文有改动。

东西，而是神在永恒中关于它所想的东西"。① 在这个理解中，民族理念具有明显的宗教特征，它是神关于该民族的构想。民族理念，即神关于该民族的构想是什么，人们只能去猜测——有时候可以借助于神的启示。在这个报告里，索洛维约夫关注的是俄罗斯在世界历史中存在的意义问题。他认为，俄罗斯民族在世界历史上有特殊的使命——实现基督教教会的联合，即东正教会、天主教会和新教教会的联合，换言之，就是在人间实现神人类（Богочеловечество）的理想。这是索洛维约夫对俄罗斯理念的猜测，他依据的是自己的"一切统一"（всеединство）的哲学。

在白银时代（始于19世纪末，止于十月革命），俄罗斯思想家们纷纷加入探讨"俄罗斯理念"的行列，其中不仅有文学家和哲学家，还有历史学家和政治家等。"俄罗斯理念"成为白银时代整个俄罗斯思想界都在关注的话题。作为白银时代俄罗斯哲学的著名代表，别尔嘉耶夫自然不会放过这个具有典型的白银时代思想特征的话题，这也是他最为钟爱的话题之一。第一次世界大战期间，他就写过一系列文章，如《俄罗斯的精神》《俄罗斯之魂》以及《俄罗斯的命运》（文集）等。俄罗斯理念经常出现在这些作品里。不过，那时他探讨的主要是作为俄罗斯理念载体的俄罗斯民族的性格、俄罗斯民族文化的特征以及俄罗斯国家的命运。流亡国外后，

① 索洛维约夫：《俄罗斯理念》，见《神人类讲座》附录二，张百春译，北京：华夏出版社，2000年，第183页。

别尔嘉耶夫继续自己的哲学探索，出版了一批具有独创性的哲学著作。

第二次世界大战期间，别尔嘉耶夫开始撰写《俄罗斯理念》。战争刚结束，这本书就在法国巴黎出版（1946年，俄文版），随后被翻译成英文（1947年）出版。这本书是为西方（西欧和美国）读者写的，出版后在西方学术界引起了强烈反响，它成为西方人了解俄罗斯的一个窗口。西方读者对"理念"并不陌生，这是他们自己的概念，但是，"俄罗斯理念"对他们而言却是个谜。不过，在这本书里，针对俄罗斯理念，别尔嘉耶夫并没有给出明确的界定和详细说明。他只是说自己关注的不是"经验上的"俄罗斯，而是"造物主关于俄罗斯是如何构想的"，是"俄罗斯的理智形象"。①别尔嘉耶夫首先把"俄罗斯理念"看作是历史哲学问题，他在书中探讨了"什么是俄罗斯"，以及它的历史命运如何。无疑，这些都是西方人感兴趣的问题。那么，什么是俄罗斯理念？造物主关于俄罗斯到底是怎么构想的？在这本书中，别尔嘉耶夫对它们并没有做进一步的展开。而且，他对俄罗斯理念的理解似乎也没有超越陀思妥耶夫斯基和索洛维约夫。

如果只看书名，还无法判断《俄罗斯理念》的内容是什么。但是，《俄罗斯理念》有个副标题"19世纪和20世纪初俄罗斯思想的

---

① 参见本书第一章。

主要问题"，这才是本书的具体对象。作者分门别类地考察了两个多世纪的俄罗斯思想。主标题的核心概念是"理念（идея）"，副标题的核心概念是"思想（мысль）"，别尔嘉耶夫对它们做出了明确的区分。идея是外来词，它可以追溯到古希腊哲学家柏拉图，我国学术界通常都将其译为"理念"（在俄文里，идея还有其他意思，比如想法、观念，也有思想的意思）。мысль是俄文词，意思是思想。很多人把идея和мысль都翻译成"思想"，这只能导致混乱。

在别尔嘉耶夫的理解中，"俄罗斯理念"（русская идея）和"俄罗斯思想"（русская мысль）是两个完全不同的东西。《俄罗斯理念》的主要内容是俄罗斯思想史，但是，作者的最终意图是想要通过俄罗斯思想史揭示俄罗斯理念。别尔嘉耶夫最后得出一个结论："19世纪初和20世纪初的俄罗斯思想、俄罗斯探索见证了俄罗斯理念的存在，它与俄罗斯民族的性格和使命一致。"①别尔嘉耶夫没有用太多的笔墨阐释俄罗斯理念，全书从头到尾都在梳理和展示俄罗斯思想。他把某些俄罗斯思想直接纳入俄罗斯理念，把另外一些俄罗斯思想排除在俄罗斯理念之外，他甚至认为，有些俄罗斯思想是对俄罗斯理念的偏离和歪曲。总之，在他看来，俄罗斯思想是围绕着俄罗斯理念展开的，所有的"俄罗斯思想"都与"俄罗

---

① 本书第十章。

斯理念"相关，只是关联的程度有所不同而已。

别尔嘉耶夫首次把"俄罗斯理念"与"俄罗斯思想"直接关联起来，这个做法非常具有启发意义。"俄罗斯理念"是造物主关于俄罗斯的一个构想或意图，它是永恒不变的，而且只能用单数，因为造物主不可能赋予俄罗斯两个或多个理念。至于什么是俄罗斯理念，只有造物主自己知道，人们只能去猜测，这些猜测的结果就是"俄罗斯思想"。尽管在《俄罗斯理念》的副标题里，别尔嘉耶夫用的"思想"是单数，但是，他在这本书里呈现了大量的"俄罗斯思想"，这些思想都不是永恒的，也不是一成不变的，它们之间甚至可能是相互对立的、矛盾的。毫无疑问，没有一个人对俄罗斯理念的猜测是完全正确的。同样毫无疑问的是，俄罗斯人永远也不会停止对自己民族理念的猜测。正是这些猜测及其结果构成了俄罗斯思想丰富的历史，别尔嘉耶夫在《俄罗斯理念》里呈现了其中最重要的一部分。

尽管俄罗斯理念是由文学家陀思妥耶夫斯基提出的，但它首先是个哲学概念。可以说，这是陀思妥耶夫斯基向俄罗斯哲学界提出的一个哲学问题。实际上，《俄罗斯理念》主要是一部俄罗斯哲学史著作，而且是流亡圈子里最早的一部（津科夫斯基和尼·洛斯基的同名《俄罗斯哲学史》都是在别尔嘉耶夫的《俄罗斯理念》之后出版的）。在《俄罗斯理念》里，别尔嘉耶夫首先梳理了俄罗斯哲学思想的历史，但是，他没有局限于俄罗斯哲学，而是广泛地涉及俄罗斯文学、俄罗斯历史，以及俄罗斯的宗教和政治等领域。别尔嘉耶夫对俄罗斯哲学史的这种处理方式非常得体，因为俄罗斯哲学与俄罗斯的文学、历史学等领域的关系非常密切，经常是无法完全分开的。所谓的"文史哲不分家"在这里获得了充分的体现。之所以无法把俄罗斯的文学、历史和哲学分开，也许正是因为它们有个共同的话题——"俄罗斯理念"。其实，一个民族的理念不可能只反映在某个领域里，它应该体现在该民族文化与生活的方方面面。俄罗斯人坚信，伟大的俄罗斯民族必然有伟大的理念。俄罗斯知识分子把猜测俄罗斯理念看作是自己的使命和担当。

在苏联（后来是俄罗斯）留学时（1988—1993），我初次接触到传统的俄罗斯哲学，入门书就是别尔嘉耶夫的《俄罗斯理念》，这是我最早阅读的一部俄罗斯哲学方面的著作，它给我留下深刻的印象。在后来的俄罗斯哲学研究中，我反复阅读这本书，因为它总能启发我思考很多。《俄罗斯理念》让我迷恋上了别尔嘉耶夫的哲学。回国后，我把他的主要著作陆续翻译成中文（总共有十部）。尽管《俄罗斯理念》并没有在我的翻译计划里，但是，翻译这本书的冲动从未消失。一年前，北京大学出版社张冰女士邀请我把它翻译出来（准确地说是重译，因为已经有了一个中文译本），我当时正好有点儿空闲时间，就答应了。总体上说，翻译过程比较顺利。遇到问题时，我就把它们拿到刚刚建立的"俄罗斯哲学翻译"群里讨论，最终都获得了令人满意的结果。大约十年前，我带着自己的几个硕士和博士（也有外校的学生）一起阅读《俄罗斯理念》。我们逐字逐句地读，总共读了三四章，学生们做了笔记，在翻译过程中，个别地方参考了这些笔记。借此机会，我要感谢"俄罗斯哲学翻译"群里的同行和朋友们，感谢参与阅读《俄罗斯理念》并认真做了笔记的学生们。

在我的学术生涯中，翻译（包括笔译和口译）占有非常重要的位置，尽管我未曾把翻译看作自己的主业。多年的翻译经历让我深信翻译工作不易。世上没有最好的翻译，只有更好的翻译。我像当年演算数学题那样处理每一句话的翻译。但是，准确性并不是翻译的唯一标准，比如，在翻译界流行信达雅之说。对我而言，这是个理想。在翻译过程中，我尽力减少误读和谬译。但是，存在各种问题实属难免，真诚地希望译界和学术界同人不吝赐教。

最后，我要感谢北京大学出版社的张冰女士，没有她的建议和努力，这个译本不知什么时候才能面世。我还要感谢本书的责任编辑李哲先生，他的辛勤付出为本书增色许多。

张百春

2021年7月4日

目　录

洛维约夫。列昂季耶夫。马克思主义的准备：热里亚博夫。普列汉诺夫。

性思想。弗拉基米尔·索洛维约夫。爱欲。一切统一的直觉。存在与存在者。神人类思想。索菲亚学说。《爱的意义》。陀思妥耶夫斯基与托尔斯泰的宗教哲学。神学院里的俄罗斯宗教思想。大主教英诺肯季。涅斯梅洛夫。塔列耶夫。

俄罗斯思想的末世论和先知主义的特征。对资产阶级美德的否定。漂泊。上帝之国的民间探索者。知识分子中间的末世论情绪。革命知识分子歪曲的末世论。托尔斯泰的漂泊。陀思妥耶夫斯基的末世论思想与弥赛亚主义。列昂季耶夫与索洛维约夫关系的破裂。费奥多罗夫关于启示录先知预言的相对性的天才思想。切什科夫斯基的洞见。索洛维约夫、费奥多罗夫和罗赞诺夫论生与死的问题。

文化复兴的根源。文学里的宗教不安的出现。批判的马克思主义与唯心主义。部分马克思主义者中的宗教探索。梅列日科夫斯基。罗赞诺夫。转向精神文化的价值。宗教哲学聚会。诗歌的繁荣。象征主义。索洛维约夫的影响。勃洛克。别雷。维·伊万诺夫。舍斯托夫。俄罗斯宗教哲学的繁荣。宗教哲学协会。弗洛连斯基。布尔加科夫。别尔嘉耶夫。特鲁别茨科伊。埃恩。洛斯基。弗兰克。文化高层力量与革命的断裂。接近的尝试：《生命问题》杂志。共产主义与俄罗斯弥赛亚观念。19世纪俄罗斯思想的结论：俄罗斯理念。

5

目 录

第一章
历史引论

俄罗斯民族类型的界定。东方与西方。俄罗斯心灵的对立。俄罗斯历史的间断性。俄罗斯的宗教性。莫斯科是第三罗马。17世纪的分裂。彼得改革。共济会。亚历山大一世时代。十二月党人。普希金。俄罗斯知识分子。拉季舍夫。知识分子与现实。哲学的悲剧命运。德国唯心主义的影响。

1

在对民族类型、民族个体进行界定时，会遇到很大的困难。在这里，无法给出严格的科学定义。任何个体的秘密都只能靠爱来认识，在这个秘密里总是有某种无法彻底认识的东西，无法认识其最后的深度。我感兴趣的问题不是俄罗斯在经验上是什么，而是造物主关于俄罗斯是如何构想的，俄罗斯民族的理智形象是什么，它的理念是什么。丘特切夫（Тютчев）说："用理性无法理解俄罗斯，一般的尺子无法把它度量，因为它有独特的身材，对俄罗斯只能信仰。"为了认识俄罗斯，需要使用宗教的美德：信、望和爱。在经验上，俄罗斯历史有太多让人反感的东西。在霍米雅科夫（Хомяков）关于俄罗斯罪过的诗歌里对这一点有非常鲜明的表达，他是斯拉夫派，也是一位信徒。俄罗斯民族在最高程度上是极化的民族，它是对立面的结合。①它让人陶醉，也让人失望，在它那里总是可以有一些意外，它最能引起对其强烈的爱和强烈的恨。这是一个能够引起西方各民族不安的民族。和人的个体一样，任何一个民族个体都是小宇宙，因此自身包含矛盾，但矛盾的程度是有所不同的。在极化性和矛盾性方面，俄罗斯民族只能与犹太民族相比。只有这两个民族拥有弥赛亚意识，这不是偶然的。也许，俄罗斯心灵的矛盾性和复杂性与这样一个情况有关，世界历史的两个分支在俄罗斯相遇并发生相互作用，这就是东方和西方。俄罗斯民族不是纯欧洲的民族，也不是纯亚洲的民族。俄罗斯是世界的一个完整的"洲"，是巨大的东西方，它把两个世界联合起来。在俄罗斯心灵里总是有两个原则在斗争，即东方的原则和西方的原则。

在俄罗斯大地的无边无际与俄罗斯心灵的无边无际之间，在自然地理和心灵地理之间，有一种一致性。如同俄罗斯平原一样，在俄罗斯民族的心灵里也有无边无际的特征，有一种对无限的追求。因此，俄罗斯民族很难控制和规范庞大的国土。俄罗斯民族有巨大的自发力量，但在形式规范方面比较弱。俄罗斯民族主要不是个有文化的民族，如西欧各民族那样。俄罗斯民族是更加直率和更富有灵感的民族，它不知道分寸，容易走极端。在西欧各民族那里，一切都是在更大程度上被决定和被规范的，一切都是分门

---

① 我在一篇旧文《俄罗斯灵魂》（Душа России）里表达过这一点，该文收入我的书《俄罗斯的命运》（Судьба России）。

别类的，都是有限的。在俄罗斯民族那里不是这样的，它是更少被决定的，更多面向无限，不希望凡事都分门别类。在俄罗斯，没有严格的社会界限，没有明显表现出来的阶层。俄罗斯从来都不是西方意义上的贵族国家，它也没有成为资产阶级国家。俄罗斯心灵形态的基础是两个对立的原则：自然的、多神教的狄奥尼索斯力量和苦修主义-修道式的东正教。在俄罗斯民族里可以发现对立的性质：专制主义、国家扩张与无政府主义、自由；残酷、暴力倾向与善良、仁爱、温柔；恪守礼仪与寻求正义；个人主义、敏锐的个性意识与无个性的集体主义；民族主义、自夸与普世主义、全人性（всечеловечность）；末世论-弥赛亚主义的宗教性与表面的笃信宗教；寻神与战斗的无神论；谦卑与蛮横；奴性与反抗。但是，俄罗斯国家从来都不是资产阶级的。在界定俄罗斯民族的性格及其使命时，必须要做出选择，根据其终极目的，我称之为末世论的选择。因此，这必然也是个世纪的选择，这个世纪最能表明俄罗斯理念和俄罗斯使命的特征。我认为，19世纪就是这样的世纪，这是思想和言语的世纪，同时也是对俄罗斯而言非常典型的尖锐分裂的世纪，分裂是内心的解放，也是紧张的精神探索与社会探索。

俄罗斯历史的一个特征是间断性。与斯拉夫派的意见相反，它完全不是有机的。在俄罗斯的历史上已经有五个时期，它们具有不同的形象。有基辅的俄罗斯、鞑靼人统治时期的俄罗斯、莫斯科的俄罗斯、彼得的俄罗斯和苏维埃俄罗斯，可能还会有新的俄罗斯。俄罗斯的发展道路是灾难性的。莫斯科时期是俄罗斯历史上最糟糕的时期，这是最让人窒息的时期，就其类型而言是最具有亚洲-鞑靼人特色的时期，爱好自由的斯拉夫派出于误解才把它给理想化了。基辅时期和鞑靼人统治时期更好一些，特别是对教会而言，当然，二元的、分裂的彼得堡时期也更好一些，更重要一些，在这个时期，俄罗斯民族的创造天才得到了最大程度的展现。基辅的俄罗斯并没有脱离西方而封闭，它要比莫斯科王国更加敏感和自由，在莫斯科王国的窒息气氛里，圣洁甚至都消失了（在这个时期圣徒数量最少[①]）。19世纪有特殊的意义，因为在长期的无思想之后，俄罗斯人最终在言语和思想里表达自己，而且是在缺乏自由的非常沉闷的氛围里表达的。我指的是外部自由，因为内心自由在我们这里是巨大的。如何解释在俄罗斯、在俄罗斯人那里长时间缺乏教育？要知道俄罗斯人是非常有天分的，是有能力接受高级文化的。如何解释文化上的这种落后，甚至可以说这种文盲，以及缺乏与过去伟大文化的有机联系？曾经有人表述过这样一个思想，基里尔（Кирилл）和梅福季（Мефодий）把《圣经》翻译成斯拉夫文，这个翻译不利于俄罗斯思想文化的发展，因为这里发生了与希腊语和拉丁语的脱离。教会-斯拉夫语成为神职人员的唯一语言，而神职人员是当时唯一的知识分子。因此，希腊语和拉丁语变得不

[①]　参见费多托夫（Г.П.Федотов）：《古罗斯的圣徒》（Святые Древней Руси）。

需要了。我不认为，这可以解释俄罗斯教育的落后，以及前彼得时期俄罗斯的无思想和沉默状态。应该承认，俄罗斯历史的一个典型特征是，俄罗斯人的力量在其中长时间以来似乎处在潜在的、未获得实现的状态。俄罗斯国家的规模要求巨大的力量消耗，俄罗斯人因此而遭受压制。克柳切夫斯基（Ключевский）说，国家强壮了，人民衰弱了，因为需要控制和保卫俄罗斯的国土。19世纪俄罗斯思想家在思考俄罗斯的命运和使命时经常指出，俄罗斯人力量的潜在性、未表达性和未实现性就是其伟大未来的保证。他们相信，俄罗斯人最终能够向世界说出自己的话语，表现自己。有一个公认的意见认为，鞑靼人统治对俄罗斯历史产生了致命的影响，让俄罗斯民族倒退了。拜占庭的影响内在地压制了俄罗斯思想，让它变得传统-保守了。在自己的文化阶层里，俄罗斯民族非凡的和爆发性的动态进程只是在与西方的接触之后，在彼得改革之后才出现。赫尔岑（Герцен）说，俄罗斯民族用普希金（Пушкин）现象回应了彼得改革。我们补充说，回应彼得改革的不但有普希金现象，还有斯拉夫派自身，还有陀思妥耶夫斯基（Достоевский）和托尔斯泰（Л.Толстой）、正义的探索者们等现象，以及独创性的俄罗斯思想的产生。

俄罗斯民族的历史是最痛苦的历史之一：与鞑靼人入侵和统治的斗争，永远的国家扩张，莫斯科王国的极权体制，混乱年代，分裂，彼得改革的强迫性特征，作为俄罗斯生活最可怕灾难的农奴制，对知识分子的迫害，处决十二月党人，尼古拉一世残酷的普鲁士贵族士官制度，出于恐惧而被控制在黑暗中的大众文化水平低下，为了解决冲突与矛盾而发生革命的不可避免性以及革命的强迫性和血腥的特征，最后还有世界历史上最可怕的战争……壮士和壮士歌与基辅俄罗斯有关，与圣弗拉基米尔（Влидимир Святой）有关。但是，在东正教灵性土壤上没有发展出骑士精神。在圣鲍里斯（св.Борис）和圣格列布（св.Глеб）的受难里没有英雄主义，其中占统治地位的是牺牲的观念。不抵抗的功绩是俄罗斯的功绩。简单化和忍受屈辱是俄罗斯的特征。对俄罗斯宗教性而言，同样典型的是圣愚（юродство）——忍受来自人们的羞辱，对俗世的嘲讽，对俗世的挑战。在罪恶的政权转移到莫斯科大公们手中之后，圣徒大公的消失也是典型的。在莫斯科王国出现了圣洁的匮乏，这也不是偶然的。作为宗教功绩的自焚是俄罗斯民族的现象，其他民族几乎不知道这个现象。我们这里所谓的双重信仰（即东正教信仰与多神教神话以及民间诗歌结合在一起），可以解释俄罗斯民族的很多矛盾。在俄罗斯自发力量里，过去和迄今一直保留着狄奥尼索斯的、神魂颠倒的元素。在俄罗斯革命高潮时，一个波兰人对我说：狄奥尼索斯在俄罗斯大地上穿行。与此相关的是俄罗斯合唱歌曲和舞蹈的巨大力量，俄罗斯人喜欢圆圈舞的狂欢。我们在民间神秘教派里，比如在鞭笞派（хлысты）里看到的是同样的东西。俄罗斯人的一个众所周知的倾向是在丧失规范的情况下的放纵与混乱。俄罗斯人不但服从获得了宗教圣化的政权，而且在自己的内部产生了在民歌里歌颂的斯坚卡·拉辛（Стенька Разин），以及普加乔夫（Пугачев）。俄罗斯人是逃亡派（бегуны）和强盗。俄罗斯人也是寻找神的公义的漂泊者。漂泊者拒绝服从政权。对俄罗斯人而言，人间之路是逃亡之路和漂泊之路。俄罗斯总是有太多各种神秘-先知的教派，在其中总是有对改变生活的渴望。在可怕的狄奥尼索斯式的鞭笞派里也是如此。在灵性诗歌里，有对赤贫和贫穷的高度评价。诗歌的一个钟爱的主题是无辜受苦。在灵性诗歌里，有对不公正的强烈感受。这里发生的是正义与谎言的斗争。但是，在灵性诗歌里，可以感觉到人民的悲观主义。在人民对救赎的理解中，施舍具有最重要的意义。在俄罗斯民间，大地对人们来说是宗教感非常强烈的，这个特点根植于俄罗斯心灵非常深的层次里。大地是最后的庇护者。这里的基本范畴是母性。圣母先于三位一体，几乎等同于三位一体。人民觉得圣母-庇护者要比基督更近。基督是天上的王，他在大地上的形象很少获得表达。只有大地母亲获得了个性的体现。圣灵也经常被提到。费多托夫（Г.П.Федотов）强调，在灵性诗歌里缺少对救主基督的信仰，基督是审判者，即人民似乎看不到基督的虚己（кенозис）。人民自己忍受痛苦，但似乎很少相信基督的慈悲。费多托夫用约瑟夫派（иосифлянство）的致命影响来解释这一点。约瑟夫派歪曲了基督在俄罗斯人那里的形象。俄罗斯人希望到大地母亲那里，到圣母那里躲避沃洛茨克的约瑟夫（Иосиф Волоцкий）的可怕的神。基督的形象、神的形象被人间政权的形象压制了。人们按照与人间政权的类比来想象基督和神的形象。同时，在俄罗斯的宗教性里，末世论元素始终是很强的。一方面，俄罗斯民间的宗教性把神的世界与自然界联系在一起，另一方面，有巨大影响的伪经书卷谈的是即将来临的弥赛亚。俄罗斯宗教性的这些不同原则也将表现在20世纪的思想里。

沃洛茨克的约瑟夫和索拉的尼尔（Нил Сорский）是俄罗斯基督教历史上象征性的形象。他们之间的冲突与修道院财产有关。沃洛茨克的约瑟夫支持修道院拥有财产，索拉的尼尔支持不占有财产派（нестяжательство）。但是，他们这两个类型的区别是非常深刻的。沃洛茨克的约瑟夫代表的东正教为莫斯科王国提供论证并为之祝圣，这是国家的东正教，后来它成了帝国的东正教。他拥护残酷的基督教——几乎是施虐的、贪权的基督教，为搜寻和处死异端分子辩护，因此他是一切自由的敌人。索拉的尼尔支持对基督教更加灵性的、神秘的理解，保卫那个时候所理解的自由，他没有把基督教与政权联系在一起，反对迫害和折磨异端分子。索拉的尼尔是俄罗斯知识分子里热爱自由的流派的始祖。不仅在东正教历史上，而且在俄罗斯国家的历史上，沃洛茨克的约瑟夫都是个灾难性的人物。人们曾经尝试为他封圣，但是，作为圣徒的形象，他没有保存在俄罗斯人的意识里。和伊万雷帝（Иван Грозный）一起，他应该被认为是俄罗斯专制国家的主要论证者。我们在这里触及俄罗斯弥赛亚意识的双重性，触及其主要的分裂。在犹太民族之后，弥赛亚观念在最大程度上为俄罗斯民族所固有，这个观念贯穿整个俄罗斯历史，一直到（俄罗斯的）共产主义。对俄罗斯弥赛亚意识的历史而言，修士菲洛费（Филофей）关于莫斯科是第三罗马的历史哲学观念具有重大的意义。[1]在东正教的拜占庭王国陷落后，莫斯科王国成为唯一的东正教王国。修士菲洛费说，俄罗斯沙皇是"普天之下唯一的基督教皇帝"。"普世的宝座和使徒的教会有自己的代表，就是位于心怀上帝的城市莫斯科的圣母教会，它取代罗马和君士坦丁堡的教会，照耀人间，它胜过太阳，在普天之下，它是唯一的。"莫斯科王国的人们认为自己是选民。有一些人，比如米柳科夫（П.Милюков）指出斯拉夫-保加利亚对**第三罗马**这个莫斯科思想的影响。但是，即便承认修士菲洛费观念的保加利亚来源，也不会改变该观念对俄罗斯民族命运的意义。莫斯科是第三罗马观念的双重性表现在哪里？俄罗斯的使命是真基督教、东正教的体现者和保卫者，这是宗教的使命。"俄罗斯人"是用"东正教"来界定的。俄罗斯是唯一的东正教王国，在这个意义上，和第一罗马、第二罗马一样，它也是普世的王国。对东正教会强烈的民族化就在这个基础上发生。东正教成为俄罗斯人的信仰。在灵性诗歌里，罗斯（Русь）是普世的，俄罗斯沙皇是王中之王，耶路撒冷也是罗斯，

---

① 　See.: *П.Милюков*. «Очерки по истории русской культуры», т.3. «Национализм и европеизм».

哪里有信仰的真理，那里就是罗斯。俄罗斯宗教使命是独特的，它与俄罗斯国家的实力和伟大联系在一起，与俄罗斯沙皇的独特意义联系在一起。在弥赛亚意识里包含帝国主义的诱惑。这还是在古代犹太民族弥赛亚主义里也有的那个双重性。莫斯科沙皇认为自己是拜占庭皇帝的继承人。他们把这个承传追溯到奥古斯都·恺撒（Август Цезарь）。留里克（Рюрик）成了恺撒的弟弟普鲁斯特（Пруст）的后人，普鲁斯特建立了普鲁士。伊万雷帝把自己的祖先追溯到普鲁斯特，喜欢称自己为德国人。王冠转移到了罗斯，传承继续追溯下去，直到尼布甲尼撒（Навуходоносор）。有一个传说，讲述的是希腊皇帝莫诺马赫（Мономах）把皇冠转交给了弗拉基米尔·莫诺马赫（Владимир Мономах）。王国的皇冠从巴比伦传递给东正教普世沙皇，因为在拜占庭发生了信仰和王国的崩溃。这个想象是为了巩固强力意志。在修士菲洛费那里，弥赛亚-末世论的元素因为他关注人间王国的实现而遭到弱化。莫斯科是第三罗马的观念在精神上失败的原因就在于第三罗马被想象为强大王国和国家力量的显现，它成为莫斯科王国，然后成为帝国，最后成为第三国际。沙皇被认为是神在尘世的代理人。沙皇不但应该关注王国的利益，还应关注灵魂的拯救。伊万雷帝特别坚持这一点。宗教大会是根据沙皇们的旨意召开的。1572年的宗教大会表现出的软弱和献媚令人惊讶。对主教们而言，沙皇的意愿就是教会事务的法律。神的物归给了恺撒。教会服从国家不仅仅是从彼得大帝时代开始的，在莫斯科公国时期也是如此。对基督教的理解带有一种奴性。很难想象有比令人厌恶的《治家格言》（Домострой）对基督教更大的歪曲了。伊·阿克萨科夫（Ив. Аксаков）甚至不能理解，俄罗斯民族性格怎么能够产生像《治家格言》那么低级的道德说教。莫斯科是第三罗马的思想有助于莫斯科国家、沙皇专制制度的巩固与强大，而不是有助于教会的繁荣、精神生活的成长。俄罗斯民族的基督教使命遭到了歪曲。不过，在第一罗马和第二罗马发生了同样的事情，它们很少在生活里实现基督教的要求。莫斯科的俄罗斯走向分裂，由于低级的教育水平，分裂是不可避免的。莫斯科王国就自己的原则和风格而言是极权主义的。这是王权支配教权的神权政治体制。同时，在这个极权主义王国里没有完整性，它导致各种类型的分裂。

对整个俄罗斯历史而言，17世纪的分裂具有远比通常所想的更大的意义。俄罗斯人是分裂派，这是我们民族性格的重要特征。在面向过去的保守派看来，17世纪是俄罗斯历史上"有机"的世纪，他们想要模仿它。斯拉夫派也有这个毛病。但这是历史的错觉。实际上，那是混乱和分裂的世纪。动摇了整个俄罗斯生活的混乱时期改变了民族的心理，损害了俄罗斯的力量。在这个时代表现出深刻的社会敌对情绪，在民间出现了对贵族的仇恨，它在民间的自由逃民那里也有所表现。哥萨克自由逃民是俄罗斯历史上非常值得注意的现象，它最能够表达俄罗斯民族性格里的极化性和矛盾性。一方面，俄罗斯人顺从地建立起君主专制的独裁国家。但另一方面，他们又逃离它，成为自由逃民，反抗它。斯坚卡·拉辛是典型的俄罗斯人，是"野蛮的哥萨克"和穷人的代表。在混乱年代，已经有了与20世纪，以及与革命时代类似的现象。在俄罗斯，殖民地化是由自由的哥萨克实现的。叶尔马克（Ермак）把西伯利亚赠送给了俄罗斯国家。但是同时，内部包含几个阶层的哥萨克自由逃民代表了俄罗斯历史上无政府主义的元素，它与国家专制制度和独裁统治是对立的。哥萨克自由逃民表明，可以离开已经变得无法忍受的国家，走向自由的田野。在19世纪，俄罗斯知识分子按照另外的方式，在另外的条件下离开国家，但也走向自由。夏波夫（Щапов）认为，斯坚卡·拉辛是分裂的产物。在宗教生活里也一样，很多教派和异端都是对官方教会的脱离，因为和国家一样，在官方教会里也有同样的压迫，灵性生活变得麻木了。与国家教会的非正义对立，在教派和异端里有正义的元素。在托尔斯泰（对教会）的脱离中也有同样的正义。但是，我们的教会分裂有重大的意义。从它开始了俄罗斯生活和历史中的深刻分裂，以及一直持续到俄罗斯革命的那个内在的分裂。很多问题都可以在这里找到自己的解释。这是俄罗斯弥赛亚观念的危机。

以前人们经常断定，17世纪宗教分裂发生的原因是恪守礼仪方面的琐碎问题，如礼拜中采用单声部和多声部的问题，以及两个手指头画十字问题，等等，这些想法都是错误的。无疑，在我们的分裂里，低级的教育水平、俄罗斯的蒙昧主义都发挥了不小的作用。恪守礼仪在俄罗斯教会生活里占有太大的位置了。东正教的宗教性在历史上是作为教堂虔敬的类型而形成的。在低级的教育水平上，这会导致对历史上相对的和暂时的礼仪形式的神化。与索拉的尼尔很接近的马克西姆·格列克（Максим Грек，又译希腊人马克西姆）揭露无知的恪守礼仪，但他成了牺牲品。在无知的俄罗斯社会里，他的处境是悲剧的。在莫斯科的俄罗斯，有对教育的真正恐惧。科学引起怀疑，就像"天主教"一样。莫斯科不是教育的中心。这个中心在基辅。分裂派甚至比东正教徒更有文化。尼康（Никон）牧首不知道，俄罗斯教会礼仪程序是古代希腊的，后来在希腊人那里发生了改变。尽管分裂的主人公大司祭阿瓦库姆（Аввакум）拥有一些神学知识，但是，他当然也是个蒙昧主义者。同时，他是前彼得时代最伟大的俄罗斯作家。蒙昧主义的恪守礼仪是俄罗斯宗教生活的一极，在另外一极上是对神的公义的寻找、漂泊、末世论的追求。这两个极在分裂里都有所体现。分裂的主题是历史哲学的主题，它与俄罗斯的弥赛亚主义使命有关，与王国的主题有关。分裂的基础是一种怀疑，即怀疑俄罗斯王国、第三罗马是真正的东正教王国。分裂派感觉到教会和国家里的背叛，他们不再相信俄罗斯王国权力等级的圣洁。王国遭到神的遗弃，这个意识是分裂的主要动机。分裂派开始生活在过去和将来，但不是生活在现在。他们受到社会-启示录的乌托邦鼓舞。因此，位于分裂的极端界限上的是"否定派（нетовщина）"，这是纯粹俄罗斯的现象。分裂是离开历史，因为历史被此世的王、敌基督控制着，敌基督渗透到教会和国家的上层。东正教的王国进入地下了。真正的王国是位于湖下面的基日城（град Китеж）。分裂派左翼是最有意思的一派，它带有鲜明的启示录色彩。对正义王国的紧张探索就源于此，正义王国与当下的王国对立。在民间曾经是如此，在19世纪俄罗斯革命知识分子中间也是如此，后者也是分裂的，也相信恶的力量控制了教会和国家，也追求基日城，但是，知识分子的意识已经有所不同，因为"否定派"当时已经传播到宗教生活的基础里。分裂派宣布莫斯科东正教王国的覆灭、敌基督王国的到来。阿瓦库姆把沙皇阿列克谢·米哈伊洛维奇（Алексей Михайлович）看作是敌基督的仆人。当尼康说："我是俄罗斯人，但我的信仰是希腊的"时，他给莫斯科是第三罗马的观念带来沉重的打击。在分裂派看来，希腊信仰不是东正教的信仰，只有俄罗斯的信仰才是东正教的、真正的信仰。真正的信仰与真正的王国有关。真正的王国应该是俄罗斯王国，但是，这个真正的王国在大地上不再存在。在俄罗斯，敌基督的王国从1666年开始了。真正的王国应该到地下的空间里去寻找，在时间上，应该到带有启示录色彩的未来去寻找。分裂暗示俄罗斯人等待敌基督，他们将在彼得大帝身上，在拿破仑（Наполеон）身上，以及在很多其他人物形象里看到敌基督的显现。在森林里建立了分裂派的隐修院。为了摆脱敌基督的王国，他们逃往森林、深山和荒漠。射击军（стрельцы）是分裂派。同时，分裂派呈现出团体建设和自我管理方面的巨大能力。百姓要求地方自治事务上的自由，地方自治事务开始在国家事务之外发展。这是社会与国家的对立，对我们的19世纪而言，这个对立是非常典型的，西方人很难理解它。来自民间的冒名沙皇的出现、先知-治病术士的出现，对俄罗斯民族而言也是非常典型的。冒名是纯粹俄罗斯的现象。普加乔夫只有把自己冒充为彼得三世才获得了成功。大司祭阿瓦库姆相信自己被拣选了，拥有特殊的圣灵恩赐，他认为自己是圣徒、神医。他说："天是我的，地是我的，光是我的，还有整个被造物——上帝都赐给我了。"阿瓦库姆经受了超越人类忍耐力的酷刑和折磨。分裂破坏了俄罗斯教会的力量，降低了教阶（иерархия）的威信，并使得彼得的教会改革成为可能的和可以解释的。但是，在分裂里有两个元素——宗教的和革命的。分裂的左翼——反教堂派（беспоповство）的意义就在于它使得俄罗斯思想成为自由的和勇敢的、冷静的和面向终结的。这里体现了俄罗斯民族非凡的性格——对痛苦的忍耐，对彼岸事物、终极事物的追求。

2

彼得大帝的改革是不可避免的，是由以前的诸多过程准备的，同时，也是强制性的，是从上边发动的革命。俄罗斯应该走出封闭状态——是鞑靼人统治和莫斯科王国的整个特征使其陷入其中的那个状态。就风格而言，莫斯科王国是亚洲的王国。俄罗斯应该走向世界。彼得的强制性改革在很多方面对人民而言都是痛苦的，但是，没有这个强制性改革，俄罗斯就不能完成自己在世界历史上的使命，不能说出自己的话语。对问题的精神方面不感兴趣的历史学家们非常清楚地解释了，没有彼得的改革，俄罗斯国家就不能保卫自己，也不能发展。斯拉夫派对彼得改革的观点经不住批判，完全过时了，如同纯粹的西方派观点一样，后者否定俄罗斯历史过程的独特性。尽管莫斯科王国非常封闭，但是，与西方的交往在15世纪已经开始。[①]西方一直惧怕莫斯科强大起来。在莫斯科，有一个德国人的镇子，德国人向俄罗斯的入侵在彼得之前就开始了。在17世纪，俄罗斯的贸易和工业被外国人控制着，起初主要是英国人和荷兰人。在彼得前的俄罗斯已经有这样的人，他们摆脱了莫斯科王国的极权体制。叛教者赫沃罗斯季宁（Хворостинин）公爵是这样的人，丧失民族特征的科托希欣（В. Котошихин）也是这样的人。奥尔亭-纳肖金（Ордын-Нащекин）是彼得的先驱。斯拉夫派的先驱是克罗地亚人克里扎尼奇（Крижанич）。彼得大帝痛恨莫斯科王国的整个风格，嘲弄莫斯科习俗，但他是典型的、地

---

① См.книгу С.Ф.Платонова «Москва и Запад».

道的俄罗斯人。只有在俄罗斯才可能出现这种非凡的人。在他身上有这样一些俄罗斯特征——质朴，粗鲁，不喜欢仪式、规范、礼节，有独特的民主作风，爱正义，爱俄罗斯。同时，在他身上还有野兽般的自发力量。在彼得身上有与布尔什维克相似的特征。他就是王位上的布尔什维克。他安排滑稽的、亵渎的教会游行列队，非常类似于布尔什维克的反宗教宣传。彼得把俄罗斯王国世俗化了，把它纳入西方开明君主专制的类型。莫斯科王国没有实现莫斯科是第三罗马的弥赛亚观念。但是，彼得的事业在警察式的君主专制制度与神圣王国之间制造了隔阂。在俄罗斯社会最高领导阶层与人民大众之间发生了分裂，在大众中间保留了旧的宗教信仰和期望。西方对19世纪优秀俄罗斯文化产生的影响对百姓而言不是有利的。贵族变得与百姓完全格格不入，但贵族的力量在增长。百姓不能理解贵族地主们的生活方式。正是在彼得时代，在叶卡捷琳娜二世统治时期，俄罗斯人民彻底陷入农奴制的统治之下。俄罗斯历史的整个彼得时期就是一场在俄罗斯心灵里发生的西方与东方的斗争。彼得的帝国俄罗斯没有统一，没有自己统一的风格。但是，非凡的动态进程在其中却成为可能。历史学家们现在承认，17世纪已经是分裂的世纪，是西方教育的开端，是危机时代的开端。但是，从彼得开始，我们彻底进入危机时代。帝国不是有机的，它成为压在俄罗斯人生活上的沉重负担。从彼得改革开始出现对俄罗斯和俄罗斯民族的命运而言非常典型的二元论，这种程度上的二元论是西方各民族所不知道的。如果莫斯科王国已经在俄罗斯人民中间引起了宗教怀疑，那么针对彼得的帝国，这些怀疑大大地加强了。同时，下面这个流行的观点是不正确的：按照德国路德宗的样式建立至圣主教公会的彼得奴役并弱化了教会。更正确地说，彼得的教会改革已经是教会的弱化、主教们的无知以及教会道德威信丧失的结果。从更有文化的南方（在基辅，教育水平是非常高的）来到罗斯托夫的圣德米特里（Св. Дмитрий Ростовский）因这里的粗鲁、无知和野蛮而感到震惊。彼得被迫在可怕的黑暗中、在蒙昧主义氛围里工作，开启改革，他被恶人包围。在一切方面都指责彼得，这是不公正的。但是，彼得的暴力性格伤害了百姓的心。有一个传说，彼得是敌基督。我们看到，作为彼得事业的结果而形成的知识分子，接受彼得的普世主义，接受他转向西方，但拒绝帝国。

18世纪俄罗斯的西方文化是肤浅的、贵族老爷式的借用和模仿。独立思想还没有觉醒。起初在我们这里占统治地位的是法国的影响，被我们掌握的是肤浅的启蒙哲学。18世纪俄罗斯贵族老爷所掌握的是没有消化好的伏尔泰主义（вольтерианство）式的西方文化。整个19世纪，当我们这里已经出现了更独立和更深刻的思想流派时，这个伏尔泰主义的表层在一部分俄罗斯贵族那里还有所保留。一般而言，18世纪的科学教育水平非常低。上层和平民百姓之间的隔阂在不断加深。我们的开明君主专制制度在思想上的监管很少有积极的效果，只能抑制自由社会思想的觉醒。别茨基

（Бецкий）谈到过地主们，他们说："我不希望应该为我服务的人成为哲学家。"[1]百姓接受教育被认为是有害的和危险的。19世纪末和20世纪初，波别多诺斯采夫（Победоносцев）也是这样想的。

然而，彼得大帝说过，和所有民族一样，俄罗斯人有能力从事科学和思想活动。只是在19世纪，俄罗斯人才真正学会思考。我们的伏尔泰派不能自由地思考。罗蒙诺索夫（Ломоносов）是位天才的学者，他预见了19世纪和20世纪物理学和化学里的很多发现，他创立了物理化学学科。但是，在周围的黑暗中，他的孤独是悲剧性的。对于我们感兴趣的俄罗斯自我意识的历史而言，他的意义不大。俄罗斯文学开始于讽刺作品，但是，它没有提供任何值得注意的东西。

18世纪，共济会是我们这里唯一的精神–社会运动，它的意义是巨大的。最初的共济会分会在1731—1732年就产生了。最优秀的俄罗斯人都是共济会会员。最初的俄罗斯文学与共济会有联系。共济会是俄罗斯第一个自由的自组织团体，只有它不是政权从上边强加的。共济会会员诺维科夫（Новиков）是18世纪俄罗斯启蒙的主要活动家。[2]这个广泛的启蒙活动引起政府的担忧。叶卡捷琳娜二世是伏尔泰派，她对共济会的神秘主义也抱着敌视态度——后来又加上了政治上的担忧，她越来越倾向于反动，甚至成为民族主

---

① См.: *Щапов А.* «Социально- педагогические условия умственного развития русского народа».

② См.: *Боголюбов В.* «Н.И. Новиков и его время».

义者。共济会分会于1873年被关闭。叶卡捷琳娜不应该去监控诺维科夫的东正教。对叶卡捷琳娜的询问，普拉东都主教回答道，他"向上帝祈祷，愿全世界的基督徒都像诺维科夫一样"。诺维科夫感兴趣的主要是共济会的道德和社会方面。诺维科夫的道德指向对俄罗斯思想的觉醒而言是典型的。在俄罗斯，道德因素总是较理性因素更有优势。对诺维科夫而言，共济会是"伏尔泰派和宗教之间的交叉路口"的出路。18世纪，唯灵论在共济会的分会里躲避启蒙理性主义和唯物主义的排他性统治。神秘的共济会敌视启蒙哲学和百科全书派。诺维科夫非常怀疑地对待狄德罗（Дидро）。他不但出版西方神秘主义者和基督教神智学家们的著作，还出版教会教父们的著作。

俄罗斯共济会会员寻找真正的基督教。他们总是想要检查一下，在共济会里是否有某种敌视基督教和东正教的东西——看到这一点是令人感动的。诺维科夫自己认为，共济会就是基督教。他与英国的共济会接近。他与对炼金术和巫术以及通灵科学的迷恋格格不入。在官方教会里，灵性减弱了。对官方教会的不满是神秘的共济会在俄罗斯产生的原因之一。共济会会员们对可见的教堂不满，希望建造不可见的教堂。在我们这里，共济会是对内心教会的追求，会员们把可见的教会看作是过渡状态。在共济会里产生了俄罗斯文化心灵的一种形态。共济会提供了心灵的苦修规则，制定了个性的道德理想。当然，东正教对俄罗斯人的心灵产生了更深刻的影响，但是，在共济会里形成了彼得时代的文化人，他们对抗独裁政权和蒙昧主义。共济会的影响为我们准备了三十年代哲学思想的觉醒，尽管在共济会里没有独创性的哲学思想。在共济会的氛围里发生了精神的觉醒。需要记住诺维科夫、施瓦茨（Шварц）、洛普欣（И. Лопухин）、加马列亚（И. Гамалея）等人的名字。最具哲学素养的共济会员是施瓦茨，他也许是第一个在俄罗斯进行哲学思考的人。18世纪乌克兰哲学家和神智学家斯科沃罗达（Сковорода）被忽视了。这是个杰出的人、民间智者，但是，他对我们19世纪的思想流派没有产生直接影响。施瓦茨受过哲学教育，与诺维科夫不同，他对通灵科学感兴趣，认为自己是玫瑰十字会会员。俄罗斯共济会会员总是非常远离魏斯豪普特（Вейсгаупт）极端的光照派（иллюминатство）。叶卡捷琳娜一直搞错了，也许是有意为之，她把马丁派（мартинисты）与光照派混淆了。实际上，俄罗斯大部分共济会会员都是君主主义者和法国大革命的反对者。但是，社会的不公正折磨着共济会会员，他们希望更多的社会平等。诺维科夫是从福音书里，而不是从自然法里，推导出平等的观念。洛普欣起初处在百科全书派的影响之下，翻译了霍尔巴赫（Гольбах）的作品，却把自己的译著给烧掉了。他寻找经过净化的灵性基督教，写过一本关于内心教会的书。18世纪，在获得西方思想嫁接的俄罗斯心灵里发生了圣马丁和伏尔泰（Вольтер）的斗争。18世纪末，圣马丁在我们这里有巨大影响，他的著作很早就在共济会出版物里被翻译过来。伯麦（Я. Бёме）享有巨大的威信，他的著作也是在共济会的出版物里被翻译过来的。有趣的是，19世纪初，在我们这里，在文化阶层和民间有一个神秘主义运动，这时，伯麦渗透到民间阶层，这个阶层被灵性探索笼罩着，人们非常崇拜伯麦，甚至称之为"与我们的教父并列的圣雅科夫·伯麦"。我们还翻译了伯麦的英国追随者波尔捷日（Портедж）的作品。在神智学类型的二流西方神秘主义者中间，我们还翻译了施季林（Штиллинг）和埃卡茨豪森（Эккартгаузен）的著作，他们是非常流行的。18世纪共济会历史上的一个悲剧片段是对诺维科夫的逮捕以及他的印刷厂被关闭。诺维科夫被判刑15年，关在施吕瑟尔堡要塞（Шлиссельбургская препость）。他从那里出来时完全变成了废人。俄罗斯知识分子的受难史从对诺维科夫和拉季舍夫（Радищев）的迫害开始。关于亚历山大一世的神秘主义时代以及共济会的作用，需要单独谈。

19世纪初的亚历山大统治时期是俄罗斯历史彼得堡时代最有趣的一部分。属于这个时期的现象有：神秘主义流派、共济会分会、超教派的基督教、圣经协会、神圣同盟和神权政治幻想、卫国战争、十二月党人、普希金和俄罗斯诗学的发展，这是俄罗斯的普世主义时期，它（普世主义）对19世纪俄罗斯精神文化有决定性影响。[①]19世纪俄罗斯的心灵及情感生活在这个时候形成了。俄罗斯沙皇自身就是有趣的人物。可以把亚历山大一世称为王位上的俄罗斯知识分子。这是个复杂的、分裂的、把对立面融合于自身的人物，在灵性上是不安的、进行探索的人物。亚历山大一世与共济会有关，和共济会会员一样，他也在寻找真正的和普世的基督教。他处在克留德涅尔（Крюднер）男爵夫人的影响之下，和贵格派教徒一起祷告，同情超教派类型的神秘主义。在他身上没有深刻的东正教基础。年轻时期，他经历了否定的教育，仇恨奴役，同情共和制和法国大革命。拉加尔普（Лагарп）教过他，唤起他对自由的同情。亚历山大一世的内心发生悲剧冲突，因为他知道有人准备杀害他精神失常的父亲，但他又没有警告父亲。关于他的生命终结，人们编造一个传说，他成了漂泊者，名叫费奥多尔·库兹米奇（Федор Кузьмич），这个传说是非常具有俄罗斯特征的、非常逼真的。亚历山大一世统治的前半段具有一种热爱自由和追求改革的色彩。但是，专制君主在这个历史时期已经不能忠实于自己年轻时期的那些追求，这在心理上也是不可能的。独裁的本能、对解放运动的恐惧导致的结果是，亚历山大把俄罗斯交给了阿拉克切耶夫（Аракчеев）来统治，这是个残酷和可怕的人物。具有浪漫主义

① См. книгу А.Н. Пыпина «Религиозные движения при Александре», а также его книгу «Русское масонство XVIII века и первой четверти XIX века». См. также книгу о. Г. Флоровского «Пути русского богословия».

色彩的俄罗斯沙皇是神圣同盟的鼓动者，根据他的想法，神圣同盟应该成为各民族在基督教普世主义土壤上的联盟。这是社会基督教的构想。但这个想法没有获得实现，在实践上，获得胜利的是梅捷尔尼赫（Метерних），他是一位更现实的政治家，关于他有人说过，他把各民族联盟变成了反对各民族的王公联盟。神圣同盟成了反动的力量。亚历山大一世的统治导致十二月党人起义。在这个时期，令人厌恶的蒙昧主义者鲁尼奇（Рунич）和马格尼茨基（Магницкий）都属于神秘–唯心主义流派，这里有某种致命的东西。修士大司祭福季（Фотий）也是个灾难性的人物，他是"黑帮式的"东正教代表，在他看来，宗教事务大臣戈利岑（Голицын）公爵是个革命者。更为纯粹的现象是洛布津（Лобзин）及其《锡安通讯》（Сионский Вестник）。当惊慌失措的反动分子向亚历山大一世指出共济会分会以及部分近卫军的解放意向的危险性时，他被迫说，他自己同情这一切，是他自己准备了这一切。都主教菲拉列特（Филарет）也是从亚历山大时代及其超教派基督教、圣经协会、神秘倾向里走出来的，他是个非常有天分的人，但就自己的作用而言是个矛盾的人物。

亚历山大一世时期的神秘主义运动是矛盾的。一方面，十二月党人就是在共济会神秘分会里接受的教育，这些分会在一定程度上都带有神秘主义色彩。另一方面，神秘主义运动具有蒙昧主义的特征。在圣经协会里也有一种矛盾性，这个矛盾性就体现在戈利岑公爵这个人物身上。圣经协会是政府从上边强加的。成为神秘主义者和超教派基督徒，这是上边的命令。甚至保卫东正教会的书籍都被禁止了。但是，当政府出台相反的命令时，圣经协会立即改变自己，开始谈论马格尼茨基这样的人所需要的东西。只有在一个不大的小组里才有真正的精神解放的运动。十二月党人是个不显著的少数派，无论是在更广大的贵族和官员的上层圈子里，还是在相信沙皇专制政权的宗教圣化的大众中间，他们都没有获得支持。他们因此注定要毁灭。恰茨基（Чацкий）是十二月党人的类型。但是，他周围是在对"共济会会员"的恐惧中惊呼的法穆索夫们（Фамусовы），还有莫尔恰林们（Молчалины）。在自己的上层，贵族们制造了十二月党人运动，这是俄罗斯第一个解放运动，它开启了革命的世纪，这一点给俄罗斯贵族带来了非凡的荣耀。19世纪将是革命的世纪。俄罗斯近卫军最高层在当时是最有文化的阶层，他们表现出巨大的无私精神。富有的地主和近卫军军官们不能容忍农奴和士兵的苦难处境。1812年后，俄罗斯军队曾经逗留在国外，这对该运动的产生有重大意义。很多十二月党人都是温和的人，甚至是君主制度的拥护者，尽管他们也反对独裁的君主制。他们代表了俄罗斯贵族最有文化的阶层。俄罗斯的一些显贵也参加了十二月党人的起义。有些历史学家指出，与三十年代的人相比，二十年代的人，也就是十二月党人运动的参加者们，他们经受过更多的考验，但却不那么敏感。与下一代人相比，在十二月党人那代

人里有更多的完整性和清晰性，更少的不安和激动。这一点部分可
以这样来解释，十二月党人是军人，他们参加过战争，在他们身后
是卫国战争的肯定事实。对于下一代人，实际的社会活动的可能
性消失了，在他们身后是尼古拉一世对十二月党人起义进行的残
酷镇压所带来的恐怖。亚历山大一世时代的氛围和尼古拉一世时
代的氛围有巨大的差别。俄罗斯心灵是在亚历山大时代培养出来
的。但是，创造思想的觉醒发生在尼古拉时代。创造思想是压迫和
黑暗的政治的反面，是与这个政治直接对立的一极。俄罗斯思想
是在黑暗中出现的。在俄罗斯，第一群有文化的、热爱自由的人
是共济会会员和十二月党人，但他们还不是独立思考的人。19世
纪初，俄罗斯贵族文化阶层的特点是优雅和崇高。十二月党人经
历过共济会分会。佩斯捷利（Пестель）是共济会会员。尼·屠格
涅夫（Н. Тургенев）是共济会会员，他甚至同情魏斯豪普特的光
照派，即共济会里极左派的形式。但是，共济会并没有满足十二月
党人的需求，因为它过于保守，共济会会员应该服从政府。共济会
会员与其说要求废除农奴制，不如说要求人道主义。除了共济会分
会之外，俄罗斯还被秘密团体笼罩，它们准备了政治革命。第一个
这样的秘密团体是"拯救联盟"，还有"美德联盟""幸福生活联
盟"。[1]在这里，雷列耶夫（Рылеев）、拉季舍夫的诗歌都产生了

---

① См.: *Семевский В.* «Политические и общественные идеи декабристов».

影响。人们同情法国大革命和希腊起义。但是，在十二月党人中间没有完全一致的思想，有不同的流派，有的更温和些，有的更极端些。佩斯捷利和南方社代表十二月党人运动左的、激进的一翼。佩斯捷利支持通过专制实现的共和制，北方社则反对专制。可以认为佩斯捷利是第一个俄罗斯社会主义者；他的社会主义当然是农业社会主义。他是俄罗斯知识分子中间革命运动的先驱。有人指出德斯基·德·特拉西（Дести де Траси）的《思想家》杂志对佩斯捷利的影响。十二月党人卢宁（Лунин）认识圣西门（Сен-Симон）本人。我们这里没有重要的和有影响的资产阶级思想体系，将来也不会有——这一点对俄罗斯而言是典型的，它把俄罗斯与西方明显地区别开了。19世纪的俄罗斯思想带有社会色彩。十二月党人的失败导致三十年代和四十年代抽象的唯心主义的产生。俄罗斯人因为不能行动而感到痛苦。俄罗斯浪漫主义在很大程度上是无法积极思想和积极行动的结果。兴奋的敏感性在我们这里获得发展。出现了对席勒（Шиллер）的迷恋，陀思妥耶夫斯基后来把"席勒"的名字当作"崇高与美好"的象征。佩斯捷利灾难性的失败导致出现了一位非常优秀的、爱幻想的青年斯坦科维奇（Станкевич）。三十年代青年人的孤独要比十二月党人那代人的孤独更加可怕，它将导致忧郁。[1]共济会会员和十二月党人为19世纪俄罗斯知识分子的出

---

[1] См.: *Гершензон М.* «История молодой России».

现做了准备，西方对我们俄罗斯的知识分子不了解，把他们与西方所谓的知识人（intellectuels）混淆了。但是，共济会会员和十二月党人都是俄罗斯世袭贵族，他们还不是典型的知识分子，只是具有能够预示知识分子出现的一些特征。普希金也还不是知识分子，尽管他是19世纪前三十年里俄罗斯创造的最伟大天才，是俄语和俄罗斯文学的创造者。普希金决定了这个世纪的特征，他最惊人的特点是他的普世主义（универсализм），他的普世回应能力（всемирная отзывчивость）。没有普希金就不可能有陀思妥耶夫斯基和托尔斯泰。但是，在他身上有一种文艺复兴的东西，在这一点上，整个19世纪伟大的俄罗斯文学都与他不相似，就精神而言，19世纪俄罗斯文学完全不是文艺复兴式的。只有在亚历山大一世时代和20世纪初，我们这里才有文艺复兴的元素。19世纪伟大的俄罗斯作家不是因为创造方面令人喜悦的过剩而创作，而是因为渴望拯救民族、人类和整个世界，因为对非正义和人的奴役而感到忧伤和痛苦。即使当俄罗斯作家们在自己的意识里离开基督教时，俄罗斯文学的主题也是基督教的。唯一一位文艺复兴类型的俄罗斯作家普希金见证的是，任何一个拥有伟大命运的民族都是一个完整的宇宙，在自身中潜在地包含一切。比如，针对日耳曼人，歌德就见证了这一点。在普希金的诗篇里，有来自天堂的声音。他的诗歌提出了非常深刻的主题，首先是关于创造的主题。普希金肯定人的创造、创造的自由，同时，在另外一极上，果戈理（Гоголь）、托尔斯泰等人对创造的权利持怀疑态度。但是，俄罗斯的基本主题不是完善文化的创造，而是最好生活的创造。与世界上所有的文学相比，俄罗斯文学更具有道德特征，它还具有隐藏的宗教特征。道德问题在莱蒙托夫那里已经很尖锐了。他的诗歌已经不是文艺复兴式的。普希金是自由的歌手。但是，与俄罗斯知识分子追求的自由相比，他的自由是更深刻的、更独立于日常政治生活中的迫切问题。莱蒙托夫也追求自由，但是，在他那里有巨大的断裂和分裂。也许，莱蒙托夫是俄罗斯诗人中间最具有宗教气质的一位，尽管他反抗神。对俄罗斯基督教问题而言非常有趣的是，最伟大的俄罗斯诗人普希金和最伟大的俄罗斯圣徒萨罗夫的谢拉菲姆（св. Серафим Саровский）都生活在亚历山大时期，但他们相互之间从未听说过有关对方的任何东西。这就是天才与圣洁、创造与拯救之间的关系问题，旧基督教意识没有能够解决它。①

3

俄罗斯知识分子是完全特殊的、只存在于俄罗斯的精神和社会的构成物。知识分子不是一个社会阶层，他们的存在为马克思主义的解释制造了困难。知识分子是观念论的阶层，是这样一些人构

---

① 这是我的《创造的意义：为人辩护的尝试》一书的核心问题，在这本书里，我举了普希金和圣谢拉菲姆的例子。

成的阶层：他们彻底迷恋观念，准备为了自己的观念去坐牢、服苦役和赴死。在我们这里，知识分子不能生活在现在，他们生活在将来，有时候生活在过去。因为不能发挥政治积极性，在独裁君主制和农奴制时代，他们只能信奉最极端的社会学说。知识分子是俄罗斯现象，有典型的俄罗斯特征，但是他们却感觉自己是无根基的。无根基性可能是俄罗斯民族的特征。以为只有对保守主义的根基原则的忠诚才是民族的，这是错误的。革命性也可能是民族的。知识分子感觉到一种摆脱历史重负的自由，他们起来反抗的就是这种重负。应该记住，俄罗斯意识和俄罗斯思想的觉醒是对帝国俄罗斯的反抗。不但针对西方派，对斯拉夫派而言，这个说法也是对的。俄罗斯知识分子表现出一种迷恋观念的特殊能力。俄罗斯人曾经深深地迷恋黑格尔、谢林（Шеллинг）、圣西门、傅里叶（Фурье）、费尔巴哈（Фейербах）、马克思（Маркс），他们中间的任何人在自己的祖国都没有受到这样的迷恋。俄罗斯人不是怀疑主义者，他们是教条主义者，在他们那里，一切都获得宗教的性质，他们不理解相对的东西。在西方，达尔文主义是生物学假说，在俄罗斯知识分子那里，它获得了教条主义的特征，似乎这里说的是永恒生命的拯救问题。唯物主义是宗教信仰的对立面——有一个时代，唯物主义的反对者被解释为人民解放的敌人。在俄罗斯，一切都是根据正统与异端的范畴来评价的。对黑格尔的迷恋带有宗教迷恋的特征，人们期待黑格尔哲学可以解决东正教会的命运。人们相信傅里叶的"法郎吉（фаланстеры）"，如同相信天国的到来。年轻人用谢林自然哲学的术语谈情说爱。在对黑格尔的迷恋里，在对毕希纳（Бюхнер）的迷恋里，也体现出同样的特征。陀思妥耶夫斯基最关心俄罗斯知识分子的命运，他称俄罗斯知识分子为俄罗斯历史的彼得堡时期的漂泊者。他将揭示这个漂泊的精神基础。分裂、背叛、漂泊，与现在无法妥协，追求未来，追求更好的、更公正的生活——是知识分子的典型特征。恰茨基的孤独、奥涅金（Онегин）和毕巧林（Печорин）的无根基性——是预告知识分子出现的现象。知识分子是从各社会阶层里招募来的。他们起初主要是贵族，然后是平民。多余的人、忏悔的贵族，然后是积极的革命者——都是知识分子中存在的不同侧面。三十年代，我们这里开始摆脱无法忍受的现在，同时，这也是思想的觉醒。弗洛罗夫斯基（Г. Флоровский）神父不确切地称之为摆脱历史的出路的东西——"教育"、乌托邦、虚无主义、革命——也都是历史的现象。[①]历史不仅仅是传统，不仅仅是守护。无根基性有自己的根基，革命是历史的运动。19世纪下半叶，我们这里彻底形成了左翼知识分子，这时，他们获得了与修会类似的特征。这里体现了俄罗斯心灵深刻的东正教基础：离开"卧在那恶者手下"的世界，苦修，牺牲以及受难。为了保卫自己，俄罗斯心灵不再忍耐，在自己

---

① См.: о. Г. Флоровский. «Пути русского богословия».

与其余世界之间划出一条严格界线。在心理上，它是分裂的遗产。只因为如此，它才能在迫害中生存下来。整个19世纪，它都生活在与帝国、国家政权的激烈冲突之中。在这场冲突里，知识分子是正确的。这是俄罗斯命运中的一个辩证的方面。俄罗斯理念酝酿成熟了，在自己对强力和暴力的渴望中，帝国背叛了它。

俄罗斯知识分子的始祖是拉季舍夫，他预示并决定了知识分子的主要特征。拉季舍夫在自己的《从彼得堡到莫斯科的旅行记》中写下这样一句话："环顾自己的周围，我的心被人类的痛苦刺痛了"，这时，俄罗斯知识分子就诞生了。拉季舍夫是18世纪俄罗斯最引人注目的人物。在他身上当然可以看到卢梭（Ж.-Ж. Руссо）及其自然法学说的影响。他引人注目不是因为自己思想的独创性，而是因为自己独特的敏感性，以及他对正义、公正、自由的追求。他被农奴制的不公正深深地伤害了，他是第一个揭露农奴制的人，是俄罗斯最早的民粹派之一。他比自己周围的人高出很多。他肯定良心至上。他说："假如法律或者国王，或者无论什么样的人间政权强迫你去行不公正的事，背叛良心的义务，那么你不能动摇。不要害怕屈辱、折磨、痛苦，甚至不要怕死亡。"拉季舍夫非常同情法国大革命，但是他抗议法国大革命高潮时缺乏思想自由和出版自由。他宣传对需求进行自我克制，呼吁抚慰穷人。可以把拉季舍夫看作俄罗斯知识分子各种极端革命流派的始祖。在他那里，主要的不是国家的福祉，而是人民的福祉。[①]他的命运预示了革命知识分子的命运：他被判处死刑，后来改为流放西伯利亚十年。俄罗斯知识分子的理解力和敏感性的确是异乎寻常的。俄罗斯思想始终关注改变现实。认识与改变有关。在自己创造的激情里，俄罗斯人追求完善的生活，而不仅仅是完善的作品。甚至俄罗斯浪漫主义也在追求最好的现实，而不是与世隔绝。俄罗斯人在西方思想里寻找的首先是改造和变革自己糟糕现实的力量，首先是摆脱当前处境的出路。他们在德国哲学思想和法国社会思想里找到了这些力量。在读完《死魂灵》后，普希金惊呼："上帝呀，我们的俄罗斯多么令人忧郁！"在整个19世纪，全体俄罗斯知识分子都在这样惊呼。他们尝试摆脱俄罗斯现实无法忍受的忧郁，走向理想的现实。这个理想的现实或者是彼得前的俄罗斯，或者是西方，或者是即将到来的革命。俄罗斯人情感上的革命性是由这个无法忍受的现实及其谎言和丑陋决定的。同时，政治改革自身的意义也获得了重新评价。知识分子被置于帝国与人民之间的悲惨位置上，他们为了人民的名义反抗帝国。19世纪的俄罗斯成为一个庞大的、受农奴制束缚的农业国家，以独裁沙皇为首，其政权不但依靠军事力量，也依靠人民的宗教信仰，它有一个把沙皇与人民隔开的强大的官僚体制，有一个依靠农奴养活的贵族———一般的贵族都没有受过教育、恣意妄为，还

---

① 原文不通，疑有误。——译者注

有一个不大的文化阶层，它很容易被分裂和压垮。知识分子被两股力量压垮了——沙皇政权的力量和人民的自发力量。在知识分子看来，人民的自发力量是神秘的力量。他们把自己与人民对立起来，感觉到自己在人民面前的罪过，希望为人民服务。"知识分子与人民"的主题是纯粹俄罗斯的主题，西方人不太理解它。在这个世纪的下半叶，具有革命倾向的知识分子被迫过一种几乎是英雄主义的生活，这一点彻底地扰乱了他们的意识，让他们的意识脱离人的创造生活的很多方面，变得更加贫乏。人民在沉默，在等待一个能够说出自己话语的时刻。在这个时刻到来之际，它却成了来自革命方面的对知识分子的迫害，他们几乎用了整整一百年准备这场革命。

进行哲学思考是俄罗斯人的特点。俄罗斯不识字的男子汉喜欢提出哲学性质的问题——关于生命的意义、关于上帝、关于永恒生命、关于恶和不公正、关于如何实现天国。与自己的时代相适应，夏波夫迷恋自然科学，他特别强调，我们人民的思维特点的指向是现实的指向，而不是人道主义指向。[1]如果在我们这里没有发展出自然科学，那么其原因是东正教徒的反对。但是，夏波夫认为，由于俄罗斯人过去的现实主义性格，实用的、机械的自然科学在我们这里毕竟占据了优势地位。俄罗斯人的确具有现实主义的气质，在技术发明方面有巨大能力，但是，这一切完全是与

---

[1] 参见前面引用过的夏波夫的著作。

他的精神探索和对生活进行哲学思考的爱好结合在一起的。不过，夏波夫的意见无论如何是非常片面的。他的意见部分与这样一个情况有关：与西方不同，在俄罗斯，古典教育是一种反动的力量。夏波夫自己与哲学格格不入。哲学在俄罗斯的命运是痛苦的和悲剧性的。哲学经常遭到排挤，处在被怀疑的状态。它主要是在神学院里为自己找到了栖身之地。戈卢宾斯基（Голубинский）、库德里亚夫采夫（Кудрявцев）、尤尔克维奇（Юркевич）体面地代表了哲学。但是，唯一可能的哲学传统在俄罗斯东正教里中断了。甚至到了这样一种可笑的地步，曾经有一个时候，理性主义者和启蒙思想家沃尔夫（Вольф）被认为是最符合东正教哲学的人。令人惊讶的是，哲学遭到怀疑，遭到排挤，起初是来自右边，来自俄罗斯蒙昧主义，然后是来自左边，在这里，哲学被怀疑是反动的唯灵论和唯心论。谢林派沙多（Шадо）被赶出俄罗斯。在尼古拉时代，有一段时间，不学无术的将军被任命为哲学教授。蒙昧主义者激烈地攻击哲学唯心主义。最后，在1850年，国民教育大臣希林斯基–希赫马托夫（Ширинский-Шихматов）公爵彻底禁止在大学里讲授哲学。奇怪的是，他认为自然科学是更安全的。六十年代的虚无主义者们从另外一端攻击哲学，认为哲学是脱离现实事务和为人民服务义务的形而上学。在苏维埃时期，共产主义者们压制辩证唯物主义之外的一切哲学。其实，俄罗斯虚无主义和俄罗斯共产主义提出的主题也是哲学主题。俄罗斯思维有一种倾向，就是喜欢总体性的学说和全面的世界观，指出这一点非常重要。只有这样的学说在我们这里才受欢迎。俄罗斯民族的宗教性格就体现在这里。俄罗斯知识分子总是追求为自己制定全面的、完整的世界观，其中正义-真理（правда-истина）将与正义-公正（правда-справедливость）结合在一起。通过极权主义思维，这种世界观寻找完善的生活，而不仅仅是完善的哲学、科学、艺术作品。根据这种极权主义性质可以确定一个人是否属于知识分子。很多著名的专家学者，比如，罗巴切夫斯基（Лобачевский）或门捷列夫（Менделеев），不能算是精确意义上的知识分子，相反，很多在智力劳动方面没有任何贡献的人却属于知识分子。18世纪和19世纪初，我们这里没有真正的哲学，哲学处在萌芽状态。[1]在我们这里，很长一段时间都不会出现真正的哲学文化，只有一些孤独的思想家。我们将看到，我们的哲学首先是历史哲学，正是历史哲学问题赋予它以总体性的特征。在我们这里，哲学思想的真正觉醒是在德国哲学的影响之下发生的。

德国唯心主义，康德（Кант）、费希特（Фихте）、谢林和黑格尔对俄罗斯思想有决定性的意义。俄罗斯的创造性思想是在德国唯心主义和浪漫主义氛围里开始呈现的。在俄罗斯，德国影响的双重性是惊人的。在俄罗斯国家管理方面，德国人的渗透是有害的

---

① См.: *Шпет Г.* «Очерк развития русской философии».

和不幸的。但是，德国哲学和德国精神文化的影响是极其富有成效的。我们的第一批哲学家是谢林派，他们迷恋自然哲学和美学。帕夫洛夫（М.Г. Павлов）、达维多夫（И. Давыдов）、加利奇（Галич）、韦兰斯基（Велланский）都是谢林派。对俄罗斯浪漫主义而言，最有趣和最典型的是奥多耶夫斯基（В.Ф. Одоевский）公爵。[①]俄罗斯人去德国听谢林的课。谢林非常喜欢俄罗斯人，并相信俄罗斯弥赛亚主义。有趣的是，谢林通过奥多耶夫斯基了解到圣西门和波尔捷日。谢林很熟悉恰达耶夫（Чаадаев），对他评价很高。巴德尔（Фр. Баадер）与俄罗斯思想非常接近，舍维廖夫（Шевырев）见过他，并在俄罗斯宣传他。1823年，在俄罗斯出现了爱智（любомудрие）协会，它是德俄哲学交往的初次尝试。十二月党人起义后，该协会被关闭。对爱智者们而言，哲学高于宗教。奥多耶夫斯基通过轻松读物推广爱智者们的思想。爱智者重视的不是政治自由，而是精神自由。后来成为斯拉夫派的科舍廖夫（А. Кошелев）和基列耶夫斯基（И. Киреевский）都是爱智者。我们的谢林派不是创造性的思想运动。独立的哲学还没有出现。在我们这里，谢林对20世纪初的宗教哲学的影响更有成效一些。对谢林学说的创造性转化，在更大程度上还有对黑格尔学说的创造性转化，不是由本来意义上谢林的追随者们做出的，而是由斯拉夫派做

---

① См.: *П.Сакулин.* «Из истории русского идеализма.Кн.В.Ф.Одоевский»；*Шпет Г.* «Очерк развития русской философии».

出的。三十年代，在我们这里也出现了对社会神秘主义的迷恋，但这已经不是德国人的影响，而是法国人的影响，主要是拉门奈（Ламенэ）的影响。整个19世纪都渗透着对自由和社会正义的追求。在俄罗斯哲学思想里，宗教、道德和社会的主题将占主导地位。有两个主要的神话，它们在各民族生活里可能成为有活力的神话——关于起源的神话和关于终结的神话。在俄罗斯人那里，占主导地位的是第二个神话——末世论神话。可以这样来界定19世纪俄罗斯的主题：对进步、革命、世界文明最新成就、社会主义的热烈追求，同时还有对世界进步、革命、文明等方面所有成就的深刻和尖锐的批判意识。我用涅瓦王圣亚历山大（св. Александр Невский）的话来结束这段历史引言，可以认为这句话对俄罗斯和俄罗斯民族而言是典型的："神不在力量里，而在正义里。"俄罗斯民族的悲剧在于，俄罗斯政权没有忠实于这句话。

第二章
历史哲学问题

俄罗斯与欧洲。斯拉夫派和西方派。俄罗斯的命运问题。四十年代。恰达耶夫。佩切林。斯拉夫派。基列耶夫斯基。阿克萨科夫。霍米雅科夫。巴德尔的来信。西方派。四十年代唯心主义者。格拉诺夫斯基。别林斯基。赫尔岑。斯拉夫派思想的进一步发展。丹尼列夫斯基。列昂季耶夫。陀思妥耶夫斯基。

1

独立的俄罗斯思想是在历史哲学问题上觉醒的。它深刻思考的问题是，造物主关于俄罗斯是如何构想的，什么是俄罗斯，它的命运如何。俄罗斯人早就有一种感觉（是感觉，而不是意识），即俄罗斯有特殊的命运，俄罗斯民族是特殊的民族。和犹太民族一样，对俄罗斯民族而言，弥赛亚主义几乎是同样典型的。俄罗斯是否可以不重复欧洲历史的各个阶段，走自己独特的道路？整个19世纪，甚至20世纪，在我们这里都将发生这样的争论：俄罗斯的道路如何，它们是否只能是对西欧道路的复制。我们的历史哲学思想将在针对俄罗斯的过去，特别是针对其现在的深刻的悲观主义氛围里，以及针对未来的乐观主义信仰和希望的氛围里展开。恰达耶夫的历史哲学就是如此，它在1829年致潘科娃（Ек. Дм. Панкова）的著名通信里获得表述，后来这封信发表在《望远镜》杂志上。这是独立的、具有独创性的俄罗斯思想的觉醒。觉醒的结果是众所周知的。尼古拉一世政府对思想觉醒的回应是宣布恰达耶夫为疯子。每周都有医生去看他。他被禁止写作，被迫沉默。他后来写了一篇非常出色的作品《疯子的辩护》。对俄罗斯思想史而言，对它的不规范性而言，非常典型的是，第一个历史哲学家恰达耶夫是一位近卫军军官，第一位具有独创性的神学家霍米雅科夫则是近卫军骑兵军官。关于恰达耶夫，普希金写道："在罗马他会是布鲁图，在雅典他会是伯利克利，而在这里，只是位骠骑兵军官。"[①]还有一句关于他的诗："总是一位智者，有时也是位幻想家，你在冷静地将轻浮的人群打量。"[②]赫尔岑把恰达耶夫的这封信描述为"午夜传来的枪声"。我们的全部历史哲学都将是对恰达耶夫信中问题的回答。格尔申宗（Гершензон）把恰达耶夫描绘为"成了神秘主义者的十二月党人"。[③]特别吸引恰达耶夫的不是个性，而是社会。他坚持基督教的历史性。他重复一句祷告词："愿你的国降临。"（《马太福音》6：9）他在大地上寻找天国。他把这个主题传递给索洛维约夫（Вл. Соловьев），并对后者产生了毫无疑问的影响。

---

① 普希金：《普希金全集》，第1卷，刘文飞译，石家庄：河北教育出版社，1999年，第160页。——译者注

② 普希金：《普希金全集》，第2卷，刘文飞译，石家庄：河北教育出版社，1999年，第28页。译文略有改动。——译者注

③ См.: *Гершензон М.* «П. Чаадаев».

以为恰达耶夫皈依了天主教，这是错误的想法，针对索洛维约夫，这样的想法也是错误的。但是，恰达耶夫被天主教的普世主义以及它在历史上扮演的积极角色所吸引和震撼。他认为东正教太过于消极，也不是历史性的。无疑，梅斯特尔（Ж. де Местр）和博纳德（де Бональд）的神权政治思想，以及谢林哲学对他有一定影响。对西欧而言，这是保守主义思想，对俄罗斯而言，它们却是革命的思想。但是，恰达耶夫是独立的思想家，他不重复西方思想，而是创造性地加工它们。恰达耶夫对俄罗斯的失望，以及赫尔岑对西方的失望——这是19世纪俄罗斯主题中的基本事实。在我们这里，三十年代是社会乌托邦的年代。这十年的典型特征是某种亢奋。恰达耶夫如何表达自己对俄罗斯历史的反抗？"爱祖国，这是非常好的事情，但是，还有一件更好的事情——这就是对真理的爱。""引向天堂的路不经过祖国，而是经过真理。""我没有学会闭着眼睛、低着头、闭着嘴爱自己的祖国。""现在，我们首先应该把真理交还给祖国。""我爱自己的祖国，如同彼得大帝教导我那样爱它。"恰达耶夫怀着深刻的痛苦表达了关于俄罗斯历史、关于俄罗斯过去的思想，这是爱自己祖国的人绝望的呼声。下面是他这封信里最出色的片段："我们不属于人类伟大家族中的任何一个；我们既不属于西方，也不属于东方，我们没有东方的传统，也没有西方的传统。我们似乎位于时间之外，没有被人类的普世教育所触动。""我们在时间中奇怪地移动，每向前走一步，过去的一刻对我们而言都无法挽回地消失了。这是完全以借用和模仿为基础的文化的自然结果。我们完全没有内部发展、自然进步；我们的每个观念都把旧观念排挤得无影无踪。""我们属于这样的民族，他们似乎不在人类的组成部分里，他们存在只是为了给世界提供某种重要的教训。"恰达耶夫被"俄罗斯人的沉默"惊呆了。"我们现在是道德秩序里的一个空白点。""看看我们自己，可以说，针对我们而言，人类的一般规律不再发挥作用。我们在世界上是孤独的，没有给世界提供任何东西，也没有教会世界任何东西；我们没有给人类观念的世界带来一个观念，没有拿任何东西来促进人类理性的进步，我们从这个进步里获得的一切都被我们歪曲了。"俄罗斯自我意识应该经历这个痛苦的自我否定，这是俄罗斯理念发展中的辩证方面。恰达耶夫自己在《疯子的辩护》里也肯定了俄罗斯的伟大使命。

恰达耶夫认为，俄罗斯民族的力量没有在其历史上获得实现，它们似乎处在潜在状态。就在他反抗俄罗斯历史时，他也是这样认为的。不过，推翻他的这个论点也是可能的。他在《疯子的辩护》里就是这样做的。俄罗斯民族在过去没有实现自己的力量，在其历史里缺乏伟大的东西，对恰达耶夫而言，这都是其伟大未来的可能性的保证。在这里，他表达了一些对19世纪整个俄罗斯思想而言基本的思想。俄罗斯有个优势是土壤尚未开垦。它的落后提供了选择的机会。隐藏的、潜在的力量可以在未来表现自己。恰达耶夫感叹地说："我们无法支配过去，但是，未来取决于我们。""我们应该利用巨大的优势，因为这个优势，我们应该只听从开明理性的声音、清醒的意志。""在我们的民族里出现了强大人物彼得大帝，出现了罗蒙诺索夫无所不包的智慧，还有普希金优雅的天才，也许，哪怕是有一秒钟为这个民族的命运而感到忧伤都太夸张了。"恰达耶夫满怀着对俄罗斯神秘使命的信仰。俄罗斯还可以在欧洲精神生活里占据最高的位置。在自己的后半生，恰达耶夫也承认东正教的伟大。"人类智慧集中于自身，深入自身，封闭于自身，它在东方得以塑造；在西方，它向外扩展，四处出击，与所有的障碍斗争，因此获得发展。"最后，恰达耶夫表达一个思想，它对我们19世纪的所有流派而言都是主要的："我深信，我们的使命是解决社会秩序中的大部分问题，结束在旧社会里产生的大部分观念，回答人类关注的最重要问题。"总之，恰达耶夫自己被俄罗斯的弥赛亚观念所渗透。这一点在他身上与对圣灵新时代到来的期待结合在一起。表达俄罗斯圣灵中心论（пневмоцентризм）的那种俄罗斯式期待也是典型的。恰达耶夫是俄罗斯19世纪最卓越的人物之一。他的面孔不是模糊的，如很多其他俄罗斯人的面孔那样，他的侧面是非常清晰的。这是拥有巨大智慧和巨大天赋的人。但是，和俄罗斯民族一样，他没有充分实现自己，停留在潜在状态。他几乎没有写出什么东西。恰达耶夫有西方派思想、他对天主教有好感是典型的俄罗斯现象。在他身上，有对形式的渴望，他反对的是俄罗斯缺乏形式。他是俄罗斯历史上彼得堡时期上层十足的俄罗斯人。他在大地上寻找天国，期待圣灵的新时代，他相信，俄罗斯将向世界说出新的话语。所有这些都是俄罗斯问题。不过，他寻找历史的伟大，这并不是典型的俄罗斯性格。但这是一个可以补偿俄罗斯人其他性格的现象。需要把佩切林这个人物与恰达耶夫放在一起。他（佩切林）彻底转向天主教，成为天主教的修士。他是最早的俄罗斯侨民之一。他没有能够忍受住尼古拉时代的压迫。悖论就在于，他是从自由主义和对自由思想的爱的方面过渡到天主教的。在反抗周围的现实时，他写下一首诗，其中有这样的句子：

痛恨祖国是多么让人愉快！！
我贪婪地等待它毁灭。

只有俄罗斯人才能写出这样的话，而且这个俄罗斯人当然是热切地爱着自己的祖国。天主教修道生活的漫长道路没有消除他对俄罗斯的思念，这个思念却在加强。在精神上，他要返回祖国，但是，他永远也见不到俄罗斯。赫尔岑寻求与佩切林在其修道院里见面，关于这次见面，赫尔岑在《往事与随想》里讲述过。佩切林对赫尔岑的信的回复是非常引人注意的，其中有真正的洞见。他写道，未来物质文明将会对人类精神进行残暴统治，在其中根本无处躲藏。恰达耶夫和佩切林代表了我们的宗教西方派，它先于西方派和斯拉夫派这两个派别的产生。但是，在这些宗教西方派那里，也有斯拉夫派的元素。佩切林相信，俄罗斯和美国一起将开启新的历史周期。西方派和斯拉夫派的争论在我们这里占据了这个世纪的大部分时间。斯拉夫派的主题在莱蒙托夫那里已经有了。但是，他认为，整个俄罗斯都在未来。在我们这里，对欧洲的怀疑是在法国大革命事件的影响下产生的。[1]

斯拉夫派和西方派的争论是关于俄罗斯的命运及其在世界上的使命的争论。就自己的历史形式而言，两个流派都过时了，可以认为它们被克服了，但是，（它们争论的）主题还在。在新形式里，这个主题在20世纪也引发了巨大的热情。在四十年代的小组里，斯拉夫派和西方派还能够在同一个沙龙里争论。霍米雅科夫是位充满激情的辩手，是强有力的辩证法家，他与赫尔岑进行论战。关于霍米雅科夫，赫尔岑说："如同中世纪保卫圣母的骑士们那样，他带着武器睡觉。"他们整夜整夜地争论。根据屠格涅夫的回忆，在争论的高潮时刻，有人提议吃点东西，别林斯基激动地说："我们还没有解决上帝的存在问题，你们却想要吃东西！"四十年代是紧张的思想生活的年代。在这个时候，俄罗斯人被赐予了很多天赋。赫尔岑谈论过当时的西方派和斯拉夫派："我们拥有一个爱，但这是不同的爱。"他称他们为"双面的雅努斯"。这两

---

① См.: *Зеньковский В.* «Русские мыслители и Европа».

派都爱自由。他们都爱俄罗斯，斯拉夫派像母亲那样爱俄罗斯，西方派像孩子那样爱俄罗斯。斯拉夫派和西方派的后辈之间分歧如此之大，以至于不能在同一个沙龙里争论了。关于斯拉夫派，车尔尼雪夫斯基（Чернышевский）还能够这样说："他们是俄罗斯社会里最有教养的、最高尚和最有天分的人。"但是，已经无法想象他与霍米雅科夫进行争论了。四十年代的人属于同一个文化风格，属于同一个文化贵族的团体。只有别林斯基是个例外，他是平民知识分子。后来发生了严重的分化。俄罗斯历史哲学应该首先解决彼得改革的意义和影响问题，这场改革似乎把俄罗斯历史切割为两个部分。冲突首先就在这个问题上产生。俄罗斯的历史道路是否就是西欧的道路，即全人类进步和全人类文明的道路？而俄罗斯的独特性只在其落后性，或者，俄罗斯有特殊道路，它的文明属于另外一个类型？西方派完全接受彼得的改革，认为俄罗斯的未来在于，它应该走西方道路。斯拉夫派相信一种在东正教灵性土壤上产生的特殊的文化类型。彼得改革和彼得时期的欧化是对俄罗斯的背叛。斯拉夫派接受黑格尔关于民族使命的观念，他们把黑格尔用于日耳曼民族的东西用于俄罗斯民族。他们把黑格尔哲学的原理用于俄罗斯历史。康·阿克萨科夫（К. Аксаков）甚至说，俄罗斯民族的特殊使命是理解黑格尔哲学。[①]同时，黑格尔的影响是如此之大，以至于

---

① 关于黑格尔哲学的作用，参见 Чижевский: *«Hegel in Russland».*

萨马林（Ю. Самарин）认为，东正教会的命运依赖于黑格尔哲学的命运。只是霍米雅科夫让他信服了，这根本不是东正教的思想。在霍米雅科夫的影响下，他修改了自己的学位论文。[①]奥多耶夫斯基已经开始严厉地批判西方，揭露西方的资产阶级性，以及精神的枯竭。舍维廖夫大致代表了保守的和标准的斯拉夫派，他描写过西方的衰败和腐朽。但是，他与西方思想家巴德尔接近，巴德尔关注东方问题。古典斯拉夫派并没有彻底否定西方，他们也没有谈西方的腐朽，因为在他们身上有太多普世主义的东西。关于西欧，有一个说法就属于霍米雅科夫："神圣奇迹的国度。"但是，他们建立了俄罗斯及其道路的独特性的学说，希望揭示它与西方之间差别的原因。他们尝试揭示西方历史的原初基础。斯拉夫派（主要是阿克萨科夫）建立的俄罗斯历史理论完全是脱离现实的，经不住批判。斯拉夫派把自己的俄罗斯理想，以及自己关于完善制度的理想乌托邦与俄罗斯历史的过去混为一谈。值得一提的是，俄罗斯历史科学主要是由西方派制定的，而不是由斯拉夫派制定的。但是，西方派犯下了另外一种类似的错误。他们把自己关于俄罗斯最好的生活制度的理想与同时代的西欧理想混为一谈，而西欧实际上根本不像理想的状态。斯拉夫派和西方派都有幻想的成分，他们都把自己的梦想与尼古拉时代难以忍受的现实对立。在对彼得改革的评价上，斯

---

① См. материалы у Колюпанова: «Биография А. Кошелева».

拉夫派观点和西方派观点都是错误的。斯拉夫派没有理解彼得改革对俄罗斯在世界上的使命自身而言的必然性，他们不愿意承认，只有在彼得时代，思想和话语在俄罗斯才是可能的——包括斯拉夫派自己的思想，伟大的俄罗斯文学才成为可能。西方派没有理解俄罗斯的独特性，不愿意承认彼得改革的病态特征，没有看到俄罗斯的特殊性。斯拉夫派是我们的第一批民粹派，是站在宗教土壤上的民粹派。和西方派一样，斯拉夫派也爱自由，在周围现实里也没有看到自由。

斯拉夫派追求有机性和完整性。有机性观念自身是他们从德国浪漫主义者们那里拿来的。有机性是他们关于完善生活的理想。但是，他们把这个理想的有机性投射到历史的过去里，投射到前彼得时代，他们无论如何都不能够在彼得时代看到这种有机性。斯拉夫派把莫斯科时期的俄罗斯理想化了，现在我们可以对这个理想化感到惊讶，因为莫斯科时期的俄罗斯在任何方面都不像斯拉夫派所喜欢的东西，其中没有自由、爱和较高的文化。霍米雅科夫有对自由的非凡的爱，他把有机性与自由联系在一起。但是，在莫斯科时期的俄罗斯，哪里可以找到自由呢？对霍米雅科夫而言，教会是自由的领域。莫斯科时期俄罗斯的教会在教会管理方面是自由的吗？斯拉夫派把俄罗斯的完整性和有机性与西欧的分裂与分化对立。他们与西方理性主义斗争，认为理性主义是所有恶的根源。他们把这个理性主义追溯到天主教的经院哲学。在西方，一切都被机械化和理性化了。完整的精神生活与理性主义的分化对立。反对西方理性主义已经是德国浪漫主义者们的特点，施莱格尔（Фр. Шлегель）谈论过法国和英国，谈论过西方与德国的关系，这和斯拉夫派谈论西方是一样的，他们把德国纳入西方。但是，伊万·基列耶夫斯基在著名的文章《论欧洲教育的特征及其与俄罗斯教育的关系》里毕竟表述了俄罗斯和欧洲差别方面的典型特点，尽管斯拉夫派的俄罗斯历史观是错误的。在西欧内部也有对立，比如，宗教文化与无神论文明的对立。但是，俄罗斯思维和文化的类型毕竟与西欧有非常大的差别。俄罗斯思维比西方思维更加极权和完整，西方思维是更加分化的、分门别类的。伊万·基列耶夫斯基对双方的区别与对立是这样表达的。在西方，一切都源自于形式理性的主导地位。理性主义的分化似乎是人类的第二次堕落。"在西方有三个元素：罗马教会、古代罗马教育、靠武力征服而产生的国家，它们与罗斯完全是格格不入的。""在西方，神学具有理智抽象的特征，在东正教里，它保留了精神的内在完整性；在那里有理性力量的发展，在我们这里有对内在的、活生生的东西的追求。""分裂和完整性、理智和合理性，这将是西欧教育和古罗斯教育的终极表达。"伊万·基列耶夫斯基对作为自己出发点的那个核心哲学思想是这样表述的："有一种内在的意识，认为理性的所有个别力量的活生生的共同中心就在心灵的深处。只有它（中心）配得上认识最高真理——这种内在的意识不断地提升人的思维方式自身：在克制了人的理智自负之后，这种内在意识并不排挤人的思维的自然规律的自由；相反，它巩固人的思维的独立性，同时自愿地使之服从信仰。"斯拉夫派在历史、社会和文化里寻找精神完整性，就是他们在心灵里找到的那种完整性。他们希望在东正教的灵性土壤上揭示一种独特的文化类型和社会制度类型。康·阿克萨科夫写道："在西方，心灵在杀人，因为它们被置换了，从事国家形式的完善、警察秩序的建设；良心被法律替代，内心愿望被规章制度替代，甚至慈善行为也变成机械的事业；在西方，全部的关注都在于国家形式。""俄罗斯的国家基础是：自愿、自由与和平。"康·阿克萨科夫最后这个思想与历史现实完全不一致，表现出斯拉夫派关于俄罗斯和西方的基本思想的非历史性。这是精神类型的类型学和特征，而不是现实历史的特征。在自由的民族生活基础上却出现了庞大的军事类型帝国和过分庞大的国家，从斯拉夫派的俄罗斯历史哲学的观点出发，如何对此做出解释呢？俄罗斯人的生活是在国家生活上面建立起来的，而且是通过暴力途径建立的。社会团体的独立性只能到前莫斯科时期去找。斯拉夫派追求对历史的有机理解，珍惜民族传统。但是，这个有机性只存在于理想的未来，而不是真实的历史过去。斯拉夫派说村社（община）和辖区（земщина）是俄罗斯历史的基础，应该将其理解为，在他们看来，村社和辖区是俄罗斯生活的理想。当伊万·基列耶夫斯基把俄罗斯神学类型与西方神学对立时，应该将其理解为俄罗斯神学的纲领、规划，因为不存在任何俄罗斯神学，它只是从霍米雅科夫才开始。但是，斯拉夫派为俄罗斯意识提出的任务是克服抽象思想，向具体性过渡，他们提出要求，不但要借助于理性来进行认识，还要通过感觉、意志和信仰来进行认识。即使拒绝斯拉夫派的历史观念，这些任务和要求也是有效的。斯拉夫派不是西欧的敌人，也不仇恨西欧，如蒙昧主义类型的俄罗斯民族主义者们那样。斯拉夫派是有教养的欧洲人。他们相信俄罗斯和俄罗斯民族的伟大使命，相信在俄罗斯民族里隐藏的正义，他们尝试描述这个使命的一些独特之处。这是他们的意义和贡献。

　　关于霍米雅科夫，他的朋友们说道：他在撰写一部巨著。这就是《世界历史札记》，这些札记占了他的著作选集的三卷。[1]这本书最后没有能够写完，只有撰写用的一些札记和材料。霍米雅科夫揭露过自己身上老爷式的懒惰，它妨碍他写出真正的著作。根据这些"札记"，我们可以重建霍米雅科夫的历史哲学。它整个地建立在两个类型的对立，以及历史上的两个原则斗争的基础上，即它研究的还是俄罗斯和欧洲（东方和西方）这个俄罗斯的基本主题。尽管霍米雅科夫对历史的看法过时了，有时候是不正确的，但是，他的核心思想是出色的，依然有自己的意义。他看到历史上两个原则的斗争：自由与必然，精神性与物质性。显然，对他来说，最主要

---

①　См. мою книгу «А. С. Хомяков».

和最珍贵的是自由。必然性，物质对精神的统治——是他一生都在斗争的敌人。他在多神教里，在天主教里，在西方理性主义里，以及在黑格尔哲学里，都看到了这个必然性，这个物质对精神的统治。他用大致的和容易引起误解的术语来表达他将其对立起来的那两个原则：伊朗原则（иранство）和库施原则（кушитство）。[①]伊朗原则是自由和精神性。库施原则是必然性和物质性。当然，俄罗斯属于伊朗原则，西方属于库施原则。对霍米雅科夫而言，只有犹太教属于伊朗原则，所有多神教都属于库施原则。希腊也属于库施原则。对伊朗原则而言，典型的是自然神论和话语，对库施原则而言，典型的是巫术。罗马主要属于库施原则。霍米雅科夫崇拜自由创造的精神。但是，在莫斯科时期的俄罗斯是否有自由的精神，是否有精神自由和自由精神？沉闷和死板的莫斯科王国是否更符合库施原则？在西方，人们为自由而斗争，首次确立霍米雅科夫所珍惜的良心自由和思想自由。那么，在西方是否有更多的自由？发生在霍米雅科夫身上的事情，也发生在了斯拉夫派对待历史的一般态度上。在这里，他表述了非常有价值的思想，它们对于19世纪最优秀的俄罗斯人的追求而言是典型的，这些思想用于历史就不正确了。在霍米雅科夫身上有真正的自由激情。但是，作为其哲学和神学基础的自由学说只有在康德和德国唯心主义关于精神自律和自

---

① 库施原则（кушитство）的词根是库施（Куш）。库施是努比亚（Нубия）的旧称，指位于埃及和苏丹之间尼罗河两岸地区。——译者注

由的学说之后才成为可能。我们反动的和蒙昧主义的思想代表们已经指出了这一点。不过，他们忽略了一点，即精神自由的根源在基督教里，没有基督教就不可能有康德和自由的所有保卫者。对霍米雅科夫的历史哲学而言，非常重要的是，他认为信仰是历史的主导原则。宗教信仰是一切文明的基础，也是整个历史道路和哲学思想的基础。这一点也决定了俄罗斯与西欧的差别。俄罗斯的原初基础是东正教信仰，西欧的原初基础是天主教信仰。理性主义是西方致命的恶，它已经包含在天主教里，在天主教经院哲学里已经可以找到同样的理性主义和同样的必然性统治，就是在近代欧洲理性主义里，在黑格尔哲学里，在唯物主义里包含的那个理性主义和必然性的统治。至于俄罗斯，就是因尼古拉的独裁体制而疲惫不堪的俄罗斯，它应该把自由的秘密告诉西方，俄罗斯摆脱了理性主义之罪，理性主义使人陷入必然性。霍米雅科夫的诗歌在诗学上是非常一般的，但对他的思想而言是非常重要的，在自己的诗歌里，他疾呼："告诉他们自由的奥秘"，"赐予他们神圣自由的天赋"。这里的他们就是指西方。就在这个时期，很多俄罗斯人渴望到西方去呼吸自由的空气。在霍米雅科夫那里毕竟有一个真理，俄罗斯的经验现实也无法否定它。在俄罗斯民族的深处包含了比在更加自由和文明的西方诸民族那里更多的精神自由。在东正教的深处包含了比天主教里更多的自由。巨大的自由是俄罗斯民族的极化原则之一，俄罗斯理念就与这个自由有关。

俄罗斯的矛盾也体现在霍米雅科夫身上。在他那里，对古代俄罗斯的理想化最少，他直接谈论古代俄罗斯的不公正。他有一些类似于恰达耶夫的篇章。他说："在俄罗斯没有任何值得尊敬或效仿的东西。时时处处都是文盲、不公正、抢劫、叛乱、压制个性、贫穷、混乱、缺乏教育和道德败坏。在人民的生活里看不到任何一个光明的时刻，看不到任何一个令人安慰的时代。"就是在西方派那里也很难遇到如此有力的揭露。在所有斯拉夫派中间，霍米雅科夫是这个阵营里最强大的一个人物，他对西方文化的敌视最小，他甚至是位亲英派。稍晚一点儿的斯拉夫派康·阿克萨科夫承认全人类文化的观念，在这方面，他不同于丹尼列夫斯基（Данилевский）。但是，他们都相信，俄罗斯不应该重复西方道路，斯拉夫-俄罗斯世界是未来的世界。霍米雅科夫在最大程度上具有这样一个特征，就是对过去俄罗斯的罪过进行忏悔。他呼吁祷告，希望上帝原谅"父辈的坏行为"。在列举过去的罪过、呼吁祷告和忏悔之后，他说出了现在依然令人激动的话："当你们陶醉于仇恨的时候，你们就召来了别国的部队去毁灭俄罗斯。"他的那首诗《俄罗斯法庭上充满黑暗的不公正并带有奴役桎梏的印记》最有名。在揭露过去和现在的罪过之后，他继续相信，俄罗斯被拣选了，尽管它不配这个拣选。

我的俄罗斯，在你的胸膛，

有一眼静谧而光明的泉；

它隐蔽、不知名，但很强壮，

那里也有活水在流淌。

在霍米雅科夫的民族意识里有任何一种民族弥赛亚主义都有的矛盾。原来，与俄罗斯的使命相关的是，俄罗斯民族是世界上最谦卑的民族。但是，这个民族因谦卑而高傲。俄罗斯民族是最不具有战斗性的民族，爱好和平的民族，但同时它应该统治世界。霍米雅科夫指责俄罗斯有一种罪过，就是因外部成就和力量而高傲。在斯拉夫派的晚辈们那里，这个矛盾还会强化，他们已经成为民族主义者，关于斯拉夫派的创始人们就不能这样说。在斯拉夫派对待西方的态度上也有矛盾。伊万·基列耶夫斯基起初是个西方派，《欧洲人》杂志因为他的一篇关于19世纪的文章而被停刊。但是，在成为斯拉夫派后，他写道："我现在还爱西方，我与它有很多无法割舍的情感联系。我的教育、我的生活习惯、我的品位、我爱争论的思想气质，甚至我内心的眷恋，在这些方面，我都属于西方。""所有美好的、高尚的、基督教的东西都是我们所必需的，如同自己的东西一样，哪怕它是欧洲的。"他说，俄罗斯教育只是西方教育的最高阶段，而不是另外一种教育。在这里可以感觉到斯拉夫派的普世主义，它后来消失了。伊万·基列耶夫斯基是斯拉夫派中最大的浪漫主义者。他说过这样的话："世界上最好的东西是梦想。"

尼古拉一世的制度消除了他的所有积极性。他与奥普塔修道院（Оптина Пустынь）最亲近，这是东正教的灵性中心，在其生命最后，他彻底陷入东方神秘主义，研究教父文献。霍米雅科夫的性格更勇敢，更现实。伊万·基列耶夫斯基不希望恢复旧俄罗斯的外部特征，而只是希望恢复东正教会的灵性完整性。只有像个成年的孩子一样的康·阿克萨科夫一个人相信彼得前的机构是完善的。那么，斯拉夫派肯定了哪些理想的俄罗斯原则呢？

斯拉夫派都是富有的俄罗斯地主，他们有文化，讲人道，热爱自由，但是，他们深深地根植于土壤，与日常生活有非常密切的联系，并受日常生活的限制。斯拉夫派思想的这个日常性特征会弱化他们的基督教末世论方面。尽管他们非常敌视帝国，但是依然感觉到脚下有坚实的土壤，也没有能够预感到即将来临的灾难。在精神上，他们还生活在陀思妥耶夫斯基之前、托尔斯泰的反抗之前、人的危机之前、灵性革命之前。在这方面，他们不但与陀思妥耶夫斯基，与索洛维约夫有很大差别（索洛维约夫更多与天空的自发力量，而不是与大地的自发力量有联系），而且，他们甚至与列昂季耶夫有很大差别，他已经被灾难性的生活感受所笼罩。尼古拉一世时代，土壤下面的火山活动还没有显现。不能称霍米雅科夫和斯拉夫派为精确意义上的弥赛亚主义者。先知的元素在他们身上相对比较弱。他们意识到了神圣罗斯（св. Русь）与帝国之间深刻的矛盾。但是，神圣罗斯的观念不是先知的观念，它面向过去，面向对俄罗斯民族圣洁的崇拜。斯拉夫派也很少关注俄罗斯的漂泊和俄罗斯的暴动。对他们而言，东正教基督徒似乎有自己居住的城。宗法制–有机的社会理论是他们所特有的。社会的基础是家庭，社会应该按照家庭关系的形式来建立。斯拉夫派是一些非常关心家庭、注重家族关系的人。但是，列昂季耶夫更正确些，他否定俄罗斯人有家庭观念，认为专制国家有更大的力量。西方各民族，特别是法国人，远比俄罗斯人更有家庭观念，他们很难与家庭传统断绝关系。

斯拉夫派中最天真的一位是康·阿克萨科夫，他说："道德事业也应该通过道德的途径来实现，不能借助于外部的强迫力量。有一条路完全适合人，就是通过自由的劝说，这是和平之路，就是神圣救主向我们启示的那条路，后来他的使徒们走的那条路。"这个观点是他（康·阿克萨科夫）的高尚道德意识的荣耀，表明他的理想，但是，它根本不符合俄罗斯历史，也不符合历史上的东正教。其实，在斯拉夫派那里总是如此。比如，霍米雅科夫经常谈论理想的东正教，把它与现实的天主教对立。他也经常谈论理想的俄罗斯，谈论自己理想中的俄罗斯，因此不能正确地理解现实的历史。和大多数俄罗斯人、最优秀的俄罗斯人一样，霍米雅科夫没有罗马人关于所有权的概念。他认为，作为土地唯一所有者的人民把土地财富转交给了他，委托他来管理土地。①但是，他毕竟

---

① 关于这个问题，参见我的书 « А.С.Хомяков».

是位生活非常富裕的地主，有地主的一些日常特征。康·阿克萨科夫教导说，俄罗斯人不希望有国家，他们自己需要的不是政治自由，而是精神自由。但是，他们既没有政治自由，也没有精神自由。在莫斯科时期的俄罗斯，俄罗斯人拥有的自由最少。斯拉夫派认为农村村社似乎是俄罗斯永恒的基础以及它的独特性的保障。他们用村社与西方的个人主义对立。但是，可以认为下面的说法已经获得了证明：村社不是俄罗斯的特征，而是所有经济形式在一定发展阶段上都有的特征。斯拉夫派有民粹派的错觉。对他们而言，村社不是历史的东西，而是非历史的东西，似乎是此世中的"另外一个世界"。俄罗斯人的确比西方人具有更大的共通性（коммунитарность），他很少具有西方个人主义的特点。但这是俄罗斯人的精神性格，似乎是形而上学的性格，它不隶属于任何经济形式。当斯拉夫派，尤其是康·阿克萨科夫强调不同于个人主义的自满与孤立的合唱原则（хоровое начало）对俄罗斯民族的意义时，他们是正确的。但是，这是俄罗斯人的精神特征。"在俄罗斯村社里，个性没有遭到压制，而只是丧失了自己的蛮横、个人主义、特殊性……其中的自由如同在合唱团里的自由一样。"这当然不意味着，俄罗斯在世界上的使命、俄罗斯民族的弥赛亚主义与经济村社的落后形式有关。斯拉夫派是君主主义者，甚至是专制君主制的支持者。关于斯拉夫派思想与国家和政权的关系，关于他们思想中的无政府主义元素，将在单独的一章里谈。现在必须指出，霍米雅科夫没有专制制度的宗教观念，在对政权根源的理解中，他是个民主派，也是神权政治国家和恺撒教皇制（цезарепанизм）的反对者。但是，霍米雅科夫和所有斯拉夫派都认为，与西方专制制度对立的君主制形式是俄罗斯独特性和俄罗斯使命所必需的原则。他们肯定俄罗斯有三大基础——东正教、君主专制、人民性，但是，他们对这三大基础的理解与政府的官方意识形态不同。在官方意识形态里，东正教和人民服从君主专制。在他们那里，位于首要地位的是东正教。陀思妥耶夫斯基批判地对待斯拉夫派，也不认为自己来源于斯拉夫派。确实，区别还是很大的。陀思妥耶夫斯基器重西方派，是因为他们的新经验，因为在他们那里有动态的意志，有复杂化的意识。对他来说，斯拉夫派不理解运动。他赞成生活的悲剧现实主义，反对斯拉夫派僵化的理想主义。

斯拉夫派有自己的乌托邦，并认为它是真正俄罗斯的乌托邦。这个乌托邦使得在他们所否定的尼古拉一世帝国里的生活对他们而言成为可能的。在这个乌托邦里包含理想的东正教、理想的君主专制、理想的人民性。他们对人民生活的理解是有机的，对沙皇和人民之间关系的理解也是有机的。因为一切都应该是有机的，所以不应该有任何形式的、法律的东西，不需要任何法制保障。有机关系与契约关系对立。一切都应该建立在信任、爱和自由的基础上。在这方面，斯拉夫派是典型的浪漫主义者，他们肯定以高于法制的原则为基础的生活。但是，对法律原则的否定将使生活低于法律原则。在爱的关系里，人类个性的法律保障是不需要的，但是，人类社会里的关系很少像爱的关系。斯拉夫派社会学的基础是东正教和德国浪漫主义。关于社会的有机学说与巴德尔、谢林、亚当·缪勒（Адам Мюллер）、格雷斯（Геррес）的观念接近。在俄罗斯土壤上，这个类型的观念具有了强烈的反国家主义色彩。斯拉夫派不喜欢国家和政权。我们会看到，与天主教的西方不同，斯拉夫派神学否定教会权威的观念，并通过霍米雅科夫之口宣布前所未有的自由。关于霍米雅科夫的聚和性（соборность）观念的意义将在另外一章里解释，这个观念对社会学说也有意义。这就是俄罗斯的共通性、共性、合唱原则、爱与自由的统一，这个统一不需要任何外部保障。这是个纯俄罗斯的观念。斯拉夫派把村社的、共通性的精神与西方骑士精神对立起来，指责骑士精神是非基督教的个人主义和高傲。整个斯拉夫派的思维都敌视贵族主义，被一种独特的民主主义所渗透。他们把法律主义、形式主义、贵族主义都归为罗马精神，他们与这种精神所做的斗争最多。他们相信，俄罗斯人接受了更纯洁的基督教，因为基督教真理落入了更富饶的土壤里。他们过低地估计了俄罗斯民间东正教里的多神教元素，如同过低估计了拜占庭的影响一样。列昂季耶夫认为霍米雅科夫的东正教不是真正的东正教，而是过于自由化和现代化的东正教，并用苦修–修道的、严酷的、拜占庭的、阿峰山（Афон）的东正教与之对抗。和斯拉夫派的哲学一样，斯拉夫派的社会学经历了人道主义。霍米雅科夫坚决反对死刑和残酷的惩罚，他未必能够容忍永恒地狱之苦的观念。在这一点上，他是十足的俄罗斯人。对死刑的否定包含在俄罗斯理念之中。如果说贝卡里亚（Беккария）对俄罗斯刑事法律有过什么影响的话，那么，这个影响就在于，没有一个民族能像俄罗斯民族那样厌恶死刑，俄罗斯人没有看死刑场面的爱好。特罗普曼（Тропман）在巴黎被处死，屠格涅夫描述了自己的印象："观看这次死刑的人都不认为自己参与了社会公正行为的实施；每个人都在努力摆脱这个杀人行为的责任。"这是俄罗斯人的印象，而不是西方人的印象。在这一点上，斯拉夫派与西方派一致，社会主义革命者与托尔斯泰和陀思妥耶夫斯基一致了。俄罗斯人，也许只有俄罗斯人对惩罚的公正性表示怀疑。这大概是因为俄罗斯人都是有共通性的，而不是西方意义上的社会化的，即俄罗斯人不承认社会相对于人的首要意义。俄罗斯人关于所有权和偷盗行为的判定不取决于对待作为社会建制的所有权的态度，而是取决于对待人的态度。我们会看到，与此相关的是俄罗斯人反对资产阶级的斗争，俄罗斯人不接受资产阶级世界。忏悔贵族是纯俄罗斯的现象。在任何领域里，俄罗斯人都没有西方人具有的那种等级感。俄罗斯特有的知识分子与人民、贵族与人民之间的对立也与此相关。在西方，知识分子是人民生活的从属现象，贵族是等级化的人民生活的从属现象。如果俄罗斯人意识到自己是知识分子，或者是贵族，那么，在最优秀的人那里，这是对自己罪过和自己面对人民的义务的意识。这恰好意味着，与斯拉夫派的有机理论相反，与俄罗斯相比，在西方，生活秩序是更加有机的。但这是另外一种有机性。斯拉夫派似乎没有充分理解，有机性是一种等级性。比斯拉夫派更正确的是托尔斯泰，甚至是米哈伊洛夫斯基（Н. Михайловский），后者为了人的个体性而与社会有机论斗争。但是，无论如何，斯拉夫派希望出现"基督的俄罗斯"，而不是"恺撒的俄罗斯"，[①] 我们的民族主义者和帝国主义者就希望出现恺撒的俄罗斯。俄罗斯的"理念"始终是靠关于未来的预言来论证的，而不是靠当下存在的东西，其实，弥赛亚意识也不可能是另外一个样子。

巴德尔给国民教育大臣乌瓦罗夫（Уваров）的信是非常有意思的。这封信的名称是《东方基督教衰落条件下俄罗斯教会的使命》（原文为法语）。它首次发表在休三尼（E. Susini）的《巴德尔未出版的书信》一书里。[②]巴德尔是一位非常出色的，同时也是没有获得充分评价的思想家，他最接近俄罗斯思想。他是自由的天主教徒，同时是基督教神智学家，他重新引起了人们对伯麦的兴趣，还对晚期谢林有影响。巴德尔对东正教会很有好感，想要接近它。他认为俄罗斯是东方和西方之间的中介。巴德尔表述过很多与斯拉夫

----

① 这两个词出自索洛维约夫的诗句："你想成为什么样的东方，是恺撒的东方，还是基督的东方？"（索洛维约夫：《光从东方来》（Свет с Востока），1890 年）。

② 休三尼还编辑过两卷本的 «Franz von Baader et le romanlisme mystique»。这是首次对巴德尔世界观的详细的系统化。

派和索洛维约夫接近的思想。他决定去俄罗斯，是戈利岑公爵邀请他去的。但是，在他身上发生了一件很俄罗斯的趣事。在边境，他被逮捕，并被逐出俄罗斯。巴德尔非常生气，并就此事给亚历山大一世和戈利岑公爵去信。不过，他一直没有能够去俄罗斯。在给乌瓦罗夫的信里，他出色表述了自己关于东正教会在俄罗斯的使命的思想。这封信对我们有非常重要的意义，因为它在西方发现了一些思想，它们接近俄罗斯思想。其中的很多思想，霍米雅科夫都会同意的。关于西方的瓦解——这里主要是指反基督教的西方，俄罗斯人写了很多，经常是不公正的。但是，巴德尔还谈到基督教西方的瓦解，并在俄罗斯和东正教会里寻找西方的拯救。这封信用法语写成，非常重要，所以我在这里引用它的一大段：

如果存在某种特殊性，它可以描述当今时代，那么这无疑就是西方对东方的无法克制的向往。在西方与东方的伟大接近过程中，在自身结合了这两种文化特征的俄罗斯，其使命是发挥中介的作用，避免它们冲突的致命后果。如果我没有说错的话，俄罗斯教会目前为自己提出了这样的目标，因为在西方发生了基督教的衰落，这个衰落让人气愤，令人不安；俄罗斯教会面对的是罗马教会里发生的基督教的停滞，以及它（基督教）在新教教会里发生的衰落，因此我认为，它（俄罗斯教会）将担当起中介的使命——这个使命与它位于其中的那个国家的使命密切相连，这个联系要比人们通常想象的更加密切。如果允许我把术语再稍微精确一下，那么我想说，基督教在西方的衰落，以及俄罗斯教会没有被这个衰落所触动的那些原因，它们自身就能够对西方产生有益的影响。关于这个影响的问题是不需要争辩的；影响源自于俄罗斯教会从其教义里所展示的例子，教义牢牢地建立在教会科学的基础上，罗马天主教离这个教会科学如此遥远，在罗马天主教里包含了破坏的原则，它有自己的与信仰敌对的科学……法国人把革命的破坏原则作为基础，将其吸纳到自身之中，而哲学家们把笛卡尔的怀疑当作基础，这个怀疑就自己的实质而言并不比怀疑主义好……我曾经是第一个，实际上至今依然是唯一一个发现当代哲学的这个主要错误的人；我表明，所有哲学家（莱布尼兹除外），从笛卡尔及其追随者斯宾诺莎（Спиноза）开始，针对宗教生活，都从破坏和革命的原则出发，从这样的原则出发，它在政治领域里产生了立宪原则；我表明，如果改革不在哲学和政治领域里进行，那么根本性的改革是不可能的。我认为，一些国务活动家和领袖犯了危险的错误，他们以为，人们的思维方式（即他们的哲学）是某种不重要的东西，丧失了慈悲的科学不会导致丧失慈悲的政府出现——这样的政府对于领导者和被领导者而言都是毁灭性的……天意至今保护俄罗斯教会，因此，它没有卷入欧洲发生的过程，该过程的结果是科学和公民社会里的非基督教化。特别是由于俄罗斯教会保卫早期天主教，那时，天主教与自己的敌人——教皇制和新教斗争；还由于俄罗斯教会不否定理性，如罗马教会所做的那样；同时，又不允许犯错误的机会，由此的确可以产生这样的错误，如在新教里发生的那样，因此，只有它（俄罗斯教会）能够成为中介，而且，俄罗斯人自己也应该把这个中介角色作为俄罗斯科学的唯一基础。

巴德尔建议派一些俄罗斯人去慕尼黑学习，听他自己的课，以便"填补在俄罗斯和西方都有的空白，为西方提供范例，向西方证明（还没有人这样做），没有信仰，真正的科学是不存在的，没有科学，真正的信仰也是不能存在的"。巴德尔的错误判断是非常明显的：天主教不否定理性，新教也不否定信仰，笛卡尔的怀疑和法国大革命不仅仅具有破坏性，而且还拥有肯定的意义。但是，巴德尔寄予俄罗斯的那些希望有非常重要的意义。关于斯拉夫派哲学，将在另外一章里讲述。现在需要指出的是，在俄罗斯，哲学有两个出路："在斯拉夫派那里，哲学走向宗教，走向信仰；在西方派那里，哲学走向革命，走向社会主义。"在这两种情况下，都有对完整的、极权主义的世界观的追求，对哲学与生活、理论与实践结合的追求。

2

　　在我们这里，西方派思想也是在关于俄罗斯，关于它的道路及其与欧洲关系的主题上产生的。西方派接受彼得改革和彼得时期，但是，与斯拉夫派相比，他们对尼古拉一世的帝国持更加否定的态度。西方派思想更像是东方现象，而非西方现象。对西方人而言，西方是一种现实，常常是令人讨厌和令人痛恨的现实。对俄罗斯人而言，西方是理想、梦想。和斯拉夫派一样，西方派也是俄罗斯人，也爱俄罗斯，非常希望俄罗斯幸福安康。在俄罗斯的西方派思想里很快就形成了两个流派，一个是比较温和的、自由的流派，它感兴趣的主要是哲学与艺术问题，并受到德国唯心主义和浪漫主义的影响；另一个是更加革命的、社会的流派，它受到法国社会主义思潮的影响。不过，黑格尔哲学影响了这两个流派。斯坦科维奇是四十年代唯心主义最完善的形象，他是黑格尔最初的追随者之一。赫尔岑与斯坦科维奇小组并不接近，他代表具有社会指向的西方派，也经历过对黑格尔的迷恋，认为黑格尔哲学是革命的代数学。对黑格尔的革命解释预告了马克思主义。这意味着向费尔巴哈过渡。赫尔岑嘲笑人们对谢林哲学的迷恋，他说："一个人去索科里尼基（Сокольники）公园散步，目的是要顺从自己和宇宙合一的泛神论情感。"赫尔岑留下了关于四十年代唯心主义者们的出色回忆，他们都是他的朋友。"是什么触动了这些人，谁的气息改造了他们？无论他们的思想，还是他们的关注点，都不是自己的社会地位，不是自己个人的利益，不是保障；他们的全部生活，所有努力都指向共同事业，没有任何个人利益；一些人忘记了自己的财富，另一些人忘记了自己的贫穷——大家都去解决理论问题，不作任何停留。对真理的兴趣、对生命的兴趣、对科学和艺术的兴趣、对人道的兴趣压倒一切。""在现代西方，您在哪个地方，在哪个角落，能找到这样一群思想的隐士、科学的苦修者、偏执于信念的人？他们头发变白了，但是追求却永远年轻。"这就是俄罗斯知识分子。赫尔岑补充说："在现代欧洲，没有青春时代和青年人。"①在俄罗斯有青春时代和青年人。后来陀思妥耶夫斯基谈到俄罗斯小男孩，他们在解决该死的问题（проклятые вопросы）。屠格涅夫在柏林研究黑格尔哲学，并就此写道："我们当时在哲学里寻找的是世界上除了纯思维之外的一切。"四十年代的唯心主义者们追求个人情感的和谐。在俄罗斯思想里，道德元素比形而上学元素占优势，在俄罗斯思想背后隐藏着对改变世界的渴望。三十和四十年代对谢林和黑格尔哲学的特殊兴趣没有导致建立独立的俄罗斯哲学。只有斯拉夫派的某些哲学思想应该被认为是例外，但是，他们没有发展这些思想。哲学或者是改变心灵的途径，或者是改变社会的途径。他们都处在与帝国的分裂之中，对待"现实"的态度

① 参见赫尔岑：《往事与随想》（中），项星耀译，北京：人民文学出版社，1998年，第42-43页。——译者注

问题是个令人痛苦的问题。我们会看到黑格尔哲学在这里发挥了什么样的作用。所谓的四十年代唯心主义在俄罗斯文化人个性的形成过程中发挥了巨大作用。只是在六十年代，"唯心主义者"类型才被"现实主义者"的类型取代。但是，甚至当人们开始迷恋唯物主义和实证主义，而不再迷恋谢林和黑格尔时，"唯心主义者"的特征也没有完全消失。（现实主义者认为）不应当赋予被有意识地肯定的观念以太大的意义。格拉诺夫斯基（Грановский）是最完整的人道主义者–唯心主义者的类型。他是个出色的人，作为教授，他很迷人，很有影响，但是，他的思想很少有独创性。格拉诺夫斯基与赫尔岑之间的争吵有非常重要的意义。唯心主义者格拉诺夫斯基不能忍受从黑格尔哲学向费尔巴哈哲学过渡，对赫尔岑而言，费尔巴哈有重要意义。格拉诺夫斯基希望忠实于唯心主义，珍惜对灵魂永生的信仰，他反对社会主义，认为社会主义敌视个性，与此同时，赫尔岑和别林斯基却转向了社会主义和无神论。赫尔岑与别林斯基对俄罗斯的命运而言具有核心意义。正是他们代表了有很大未来的左翼西方派思想。

别林斯基是19世纪俄罗斯意识史上最核心的人物之一。他与三十和四十年代其他俄罗斯作家的区别是，他不是来自贵族环境，自身没有"老爷"的特征——在无政府主义者巴枯宁（Бакунин）身上，这些特征表现得非常强烈。别林斯基是19世纪下半叶的第一个平民知识分子，是典型的知识分子（在狭义上）。这时，我们的文化不再完全是贵族的。别林斯基是具有很大天赋的人，有天才的敏感性和理解能力。他的知识不多。他几乎不懂外语，包括不懂德语。他对黑格尔哲学的了解不是通过阅读黑格尔本人的著作，而是通过巴枯宁对黑格尔的叙述——巴枯宁用德文阅读过黑格尔著作。别林斯基的理解能力是非凡的，他猜到了黑格尔的很多东西。他依次经历了费希特、谢林和黑格尔，并转向了费尔巴哈和战斗无神论。作为典型的俄罗斯知识分子，别林斯基在所有时期都追求极权主义的世界观。他充满激情，非常敏感，对他而言，理解和感受是一码事。他只靠思想生活，寻找正义，总是那么"固执、不安、匆忙"。他在燃烧，很早就燃尽了。他说，俄罗斯是所有元素的综合，他自己希望成为这些元素的综合，但是，他实现这种综合不是一次性的（因为总是陷入极端），而是在时间中依次实现的。别林斯基是最重要的俄罗斯批评家，是俄罗斯批评家中间唯一拥有艺术理解力和美学感受的人。但是，文学批评对他而言仅仅是完整世界观的表达方式，只是为正义而进行的斗争。19世纪下半叶，政论文学批评在我们这里获得了巨大意义，这个意义可以这样来解释，在书刊检查的条件下，只能以对文学作品进行批评的形式表达哲学和政治思想。但是，别林斯基是第一个真正地评价普希金的人，他猜到了很多正在成长的天才。他是地地道道的俄罗斯人，只有在俄罗斯才可能存在的人，他是个狂热的西方派，相信西方。但是，在去欧洲旅行时，他对欧洲失望了。和迷恋一样，失望也是非常典型的俄罗斯现象。在我们这里，人们在思想上迷恋的第一个对象是谢林，然后转向了黑格尔。可以确定别林斯基思想发展的三个阶段：（1）道德唯心主义，英雄主义；（2）按照黑格尔的方式接受现实的合理性；（3）反抗现实，为了人而对现实进行彻底改变。别林斯基的道路表明了黑格尔哲学在我们这里具有的那个独特意义。在下一章，我们将在实质上讨论别林斯基经历的两次危机。在所有时期，别林斯基都完全献身于自己的观念，他只能靠这个观念而生。他是个不宽容的和独特的人，和所有迷恋观念的俄罗斯知识分子一样，他也把世界分为两个阵营。他因观念上的原因而与自己曾经非常喜爱的朋友康·阿克萨科夫决裂。他第一个丧失了与斯拉夫派交往的可能性。在迷恋黑格尔的"现实"的合理性观念时，他和与他很近的赫尔岑以及其他朋友绝交，并经历了痛苦的孤独时期。在这个时候，未来的无政府主义者巴枯宁也在迷恋黑格尔"现实"的合理性的观念，并用这个观念吸引别林斯基。我们会看到，人们对黑格尔的理解是不正确的，强烈的情感都是在这个不理解的基础上展开的。只是在最后一个时期，在生命的最后，别林斯基才制定出完全确定的世界观，并成为19世纪下半叶各种社会主义思潮的代表。他是车尔尼雪夫斯基的直接先驱，最后，他甚至是俄罗斯马克思主义的直接先驱。与赫尔岑相比，他在更小的程度上是民粹派。他甚至支持工业发展。当别林斯基转向社会问题时，我们在他那里看到意识的收缩和对很多价值的排挤，在六十年代和七十年代革命知识分子那里，这个情况（意识的收缩和对很多价值的排挤）达到惊人的地步。在为了现实的、具体的人而反抗黑格尔的世界精神时，他是十足的俄罗斯人。我们在赫尔岑那里可以看到同样的俄罗斯主题。处决十二月党人对赫尔岑观点的形成产生很大影响。

对俄罗斯历史哲学主题而言，赫尔岑有重大意义。如果说他不是四十年代人中间最深刻的一位，那么也是很出色的一位。他是革命侨民的第一个代表。这位俄罗斯的西方派经历了对西欧的极度失望。在赫尔岑的经验之后，西方派思想在其四十年代的形式里已经不再可能。俄罗斯马克思主义者是另外一个意义上的西方派，俄罗斯弥赛亚主义的某些特征将在共产主义者们的马克思主义里呈现出来。在赫尔岑身上，西方派思想与斯拉夫派思想发生接触。同样的事情也发生在巴枯宁的无政府主义里。一般而言，在对俄罗斯道路的理解中，左翼的、社会主义的西方派思想比更温和的、自由的西方派思想更接近俄罗斯，更具有独创性，温和的、自由的西方派思想将变得越来越暗淡。关于俄罗斯的特殊道路，关于俄罗斯可以绕过西方工业资本主义发展的道路，这个主题将由民粹派社会主义来揭示，它源自西方派的左翼。民粹派的、独特的俄罗斯社会主义的根源是赫尔岑。赫尔岑和民粹派社会主义者们发展了恰达耶夫已经表述过的一个观念，即俄罗斯民族在更大程度上摆脱了世界历史的重负，可以在未来建立新世界。赫尔岑第一个清楚地表达了俄罗斯人对西方小市民习气的反抗，他看到西方社会主义里的小市民习气的危险。但这不仅仅是民粹派社会主义的观念，这个观念内含巨大的深度，赫尔岑本人肤浅的哲学没有能够达到这个深度，这就是一般的俄罗斯理念，它与俄罗斯弥赛亚主义有关。和四十年代所有人一样，赫尔岑经历了黑格尔，他是最先走向费尔巴哈的人之一，但是他止步于费尔巴哈。这意味着，在哲学上，他与唯物主义接近（尽管这是不深刻的唯物主义），他也是位无神论者。但是，把他看作人道主义者-怀疑主义者，这更正确一些。就自己的天性而言，他不是狂热的信徒，如别林斯基那样。对他来说，唯物主义和无神论不是宗教。根据这样的哲学世界观很难证明对俄罗斯民族的弥赛亚信仰，很难论证赫尔岑的历史哲学和伦理学。有一段时间，皮埃尔·勒鲁（Пьер Леру）这个类型的法国社会神秘主义对赫尔岑产生过影响。但这个情况持续时间不长。赫尔岑这样解释自己为什么不相信生命的最高意义，如很晚的时候更加精致的思想形式所做的那样。他说，客观的科学不考虑人的幻想和希望。他要求在令人忧伤的真理面前要谦卑。赫尔岑的特点在于，他认为真理是令人忧伤的，在他的世界观里有悲观主义元素。他要求面对世界的无意义要表现出无畏精神。他信奉人类中心论（антропоцентризм），对他而言，人高于一切，重于一切。但是，这个人类中心论没有任何形而上学基础。米哈伊洛夫斯基后来使用主观人类中心论的说法，并将其与客观人类中心论对立。这个观点来自费尔巴哈，但是，费尔巴哈是个乐观主义者，信奉人类的宗教（религия человечества）。赫尔岑的伦理学完全是个性论的。对他而言，不能因为任何东西而牺牲的最高价值是人的个性。他没有能够在哲学上论证个性的最高价值。与他的个性论相关的是其独创性的历史哲学。赫尔岑更像个艺术家，而非哲学家，所以，不能要求他论证和发展历史哲学。他博览群书，阅读过黑格尔，甚至阅读过伯麦，熟悉波兰弥赛亚主义哲学家切什科夫斯基（Чешковский）。但是，他没有真正的哲学文化。在他那里，自由问题与个性问题相关。他是最爱自由的俄罗斯人之一。他不愿意把自由让给自己的社会主义。不过，不清楚的是，个性从哪里获取力量，以凭借自己的自由与自然界和社会的统治对抗，与决定论的统治对抗。赫尔岑对西方小市民习气的抗议与个性观念相关。他看到了个性在欧洲的衰弱，最后是个性的消失。小店铺老板取代了中世纪的骑士。赫尔岑在俄罗斯庄稼汉身上，在穿灰皮袄的普通人身上寻找摆脱获得胜利的小市民习气的途径。俄罗斯庄稼汉比西方资产者更加个性，尽管他是农奴。他在自身中把个性原则与村社原则结合起来。个性与利己主义的封闭对立，只有在村社里，个性才是可能的。对西欧失望的赫尔岑相信俄罗斯农民的村社。赫尔岑的社会主义是民粹派的，同时也是个人主义的。他还没有在个体（индивидуум）和个性（личность）之间做出区分。"骑士的勇敢，贵族习俗的雅致，新教徒的严格规范，英国人高傲的独立性，意大利艺术家们奢侈的生活，百科全书派闪烁的智慧和恐怖分子阴暗的能量——这一切都被'重新冶炼',转变成一整套占统治地位的其他小市民习俗。""正如骑士曾经是封建世界的原型,商人成了新世界的原型;先生们被老板们取代了。""欧洲的一切都在小市民习气的影响下发生改变。骑士的荣誉被会计的诚实取代了,人道主义习俗被规范的习俗取代了,礼貌被拘谨取代了,自尊被心胸狭窄取代了,公园被菜园取代了,宫殿被旅馆取代了,旅馆向所有人(有钱的人)开放。"所有人都希望"变得不是他本来的样子"。没钱的小市民的嫉妒与有钱的小市民的吝啬形成对比。后来,反动分子列昂季耶夫将说出革命者赫尔岑说的话。他们同样都反抗资产阶级世界,希望俄罗斯世界与之对抗。赫尔岑表述一些历史哲学的思想——这个思想完全不像进步的左翼普通的乐观主义思想。他把个性与历史及其宿命的进程对立。我们会看到,别林斯基如何强烈地体验这个主题,陀思妥耶夫斯基如何天才地和尖锐地表达它。赫尔岑宣告"自由人与人类的解放者做斗争"。他反对民主制,同情无政府主义。在其出色的著作《彼岸书》里,他警告,内心的野蛮人正在走来,他以其巨大的洞察力预见到,有教养的少数人的生活将更糟糕。他说:"请告诉我,为什么信仰上帝是可笑的,而信仰人就不可笑;信仰人类是不可笑的,信仰天国是愚蠢的,信仰人间乌托邦就是聪明的?"在西方社会思想家中间,与他最近的是蒲鲁东(Прудон)。他(赫尔岑)和马克思之间没有任何共性。

赫尔岑不认同乐观主义的进步学说，该学说成了19世纪的宗教。他不相信人类决定论的进步，不相信社会向最好的、完善的、幸福状态必然上升的运动。他承认倒退和衰落的可能性。主要的是，他认为，自然界对人及其幸福是完全冷漠的，真理不可能提供任何可以安慰人的东西。与自己的悲观主义历史哲学矛盾，他相信俄罗斯民族的未来。在给米希勒（Мишле）的信中，赫尔岑保卫俄罗斯民族，他写道，俄罗斯民族的过去是黑暗的，它的现在是可怕的，只剩下对未来的信仰。这是整个19世纪都在反复强调的一个主题。在这个时候，赫尔岑对1848年的革命失望了，他写道，欧洲的瓦解开始了。对俄罗斯民族而言，也没有最好未来的保障，如同对所有其他民族一样，因为不存在进步的规律。但是，针对未来，还剩下一部分自由，还有对未来的信仰的可能性。在赫尔岑对进步理论的批判中，最有趣的是另外一个主题，在他所属的那个阵营里是个非常罕见的主题，这就是个性论的主题。赫尔岑不同意为了历史、为了似乎是伟大的历史任务而牺牲个性，不愿意把个性变成非人类目的的手段。他不同意为了未来各代人而牺牲现代各代人。他明白，进步的宗教不把任何人、任何事物、任何一个时刻看作是价值自身。赫尔岑的哲学文化没有为他提供论证和表达自己关于现在与未来之间关系的思想的可能性。他没有任何确定的时间学说。但是，他觉察到了一个真理，就是不可能把现在完全看作是未来的手段。他认为现在就是目的自身。他的思想指向反对黑格尔的历史哲学，反对历史的世界精神、进步对人类个性的压迫。这是为个性而进行的斗争，这是十足的俄罗斯问题，在别林斯基给博特金（Боткин）的信里，这个问题获得了非常尖锐的表达，关于这一点，下一章再谈。赫尔岑的社会主义是个人主义的，现在我甚至要说，是个性论的，他认为，这是俄罗斯的社会主义。他出自西方派阵营，但是他捍卫俄罗斯的独特道路。

3

研究同一个关于俄罗斯和欧洲问题的斯拉夫主义，部分地改变了自己的性质，部分地退化为最糟糕类型的民族主义。在斯拉夫主义里，自由和人道的元素开始消失。西方派唯心主义者变成"多余的人"，直到出现了六十年代的现实主义者。比较温和的类型变成了更加严酷的类型。斯拉夫派唯心主义者也退化为更严酷的保守派民族主义者的类型。发生这样的事情是因为与现实的积极接触。只有为数不多的人，比如康·阿克萨科夫，还忠实于旧斯拉夫主义的理想。《俄罗斯与欧洲》一书的作者丹尼列夫斯基已经是与斯拉夫派完全不同的另外一个形态的人。旧斯拉夫派在思想上是在德国唯心主义的基础上、在黑格尔和谢林的基础上受到的教育，因此，他们主要是以哲学的方式论证自己的思想。丹尼列夫斯基是自然科学家、现实主义者和经验论者。他按照自然哲学的方式论证自己关于俄罗斯的思想。斯拉夫派的普世主义在他那里消失了。他把人类划分为封闭的文化历史类型，人类在他那里没有统一的命运。这里说的不是俄罗斯在世界上的使命，而是把俄罗斯变成一个独特的文化历史类型。丹尼列夫斯基是施本格勒（Шпенглер）的先驱，他表达了一些思想，它们非常类似施本格勒的思想——施本格勒否定人类的统一。其实，人类统一的思想更适合于施本格勒，而不是基督徒丹尼列夫斯基。斯拉夫派不但以哲学普世主义为基础，而且是以基督教普世主义为基础，他们世界观的基础是对东正教的一定理解，他们希望有机地把它（这个理解）用于自己对俄罗斯的理解。对他们而言，俄罗斯的使命是基督教的使命。在丹尼列夫斯基那里，始终有一个彻底的二元论，即他个人的东正教和他对历史的自然主义观点之间的二元论。他确立文化历史类型，如同确立动物界里的类型一样。在他看来，不存在全人类文明，不存在全人类的历史。只能有更加丰富的文化历史类型，它兼有更多的特征，他认为斯拉夫俄罗斯类型就是这样的类型。它最大限度地把四个元素兼容到自身之中——宗教的、狭义上文化的、政治的、社会经济的——他认为斯拉夫类型有四个基础。对类型的分类完全是人为做出的。第十个类型被称为日耳曼-罗曼类型，或欧洲类型。俄罗斯人非常倾向于把日耳曼类型和罗曼类型归入一个类型。但是，这是个错误，是对欧洲不完全的理解。实际上，在法国和德国之间的差别并不小于，甚至多于德国和俄罗斯之间的差别。古典的法国人认为莱茵河外的世界（比如德国）为东方，几乎就是亚洲。其实，并不存在完整的欧洲文化，那是斯拉夫派的虚构。当丹尼列夫斯基说，所谓的欧洲文化不是唯一可能的文化，还可能有其他类型的文化，他是正确的。但是，他错误地理解类和种的关系。说文化总是具有民族的特色，以及说存在全人类文化，两个说法同样正确。普世-全人类的东西位于个体-民族的东西之中，只有按照自己独特的方式实现这个普世-全人类的东西，个体-民族的东西才能有重要意义。陀思妥耶夫斯基和托尔斯泰是十足的俄罗斯人，他们在西方是不可能的，但是，他们表达了就自己的意义而言是普世—全人类的东西。德国唯心主义哲学非常具有德国特征，它在法国和英国是不可能的，但是，它的伟大就在于实现和表达了普世—全人类的东西。索洛维约夫在其出色的著作《俄罗斯的民族问题》里对丹尼列夫斯基及其同道的思想进行了严厉的批判。他表明，丹尼列夫斯基的俄罗斯理念是从二流德国历史学家留柯尔特（Рюккерт）那里借用来的。索洛维约夫不但批判了丹尼列夫斯基，而且还批判了所有的斯拉夫派。他说，不应该模仿民间信仰，不应该相信民间的信仰，而应该相信最神圣的对象。不过，比如说，把这个无疑是正确的思想与霍米雅科夫对立，这就不合理了，因为霍米雅科夫首先相信神圣对象，在自己的信仰上是个普世主义者。下面的说法无论如何都是正确的，即丹尼列夫斯基的观念是对俄罗斯理念的认识中的一个断裂，他的这些观念不能进入俄罗斯理念之中。丹尼列夫斯基肯定泛斯拉夫主义。但在他所肯定的那个形式里，泛斯拉夫主义是站不住脚的，其俄罗斯的君士坦丁堡观念也是错误的。但是，具有典型意义的是，丹尼列夫斯基相信，俄罗斯民族和一般的斯拉夫民族将比西欧更好且更早地解决社会问题。

列昂季耶夫谦虚地认为自己在哲学上是丹尼列夫斯基的追随者。但是，他要比丹尼列夫斯基高出许多倍，他是最出色的俄罗斯思想家之一。如果可以认为丹尼列夫斯基是施本格勒的先驱，那么列昂季耶夫就是尼采（Ницше）的先驱。对社会和文化的繁荣与衰落的坚持不懈的反思、美学相对于伦理学的明显优势、历史哲学和社会学的生物学基础、贵族主义、对自由-平均主义进步和民主的仇恨、对命运的爱——所有这些特征都把列昂季耶夫与尼采拉近了。把他（列昂季耶夫）归入斯拉夫派阵营是完全错误的。实际上，他与斯拉夫派很少有共性，在很多方面，他和斯拉夫派是对立的。他对基督教有另外的理解，这是拜占庭的、修道-苦修的、不允许有任何人道主义元素的基督教，在他那里有另外一套道德，这是贵族主义的力量的道德，不向暴力妥协的道德，他还有对历史过程的自然主义理解。他完全不相信俄罗斯民族。他认为，俄罗斯的存在以及它的伟大，完全是因为有从上边强加给俄罗斯民族的拜占庭东正教和拜占庭专制制度。他完全否定地对待民族主义、种族原则，在他看来，种族原则会导致革命和民主式的平均化。他根本不是民粹派，但斯拉夫派则是民粹派。他喜欢彼得大帝和叶卡捷琳娜大帝，他在叶卡捷琳娜时代里看到了俄罗斯国家和文化生活中繁荣的复杂性（цветущая сложность）。他非常喜欢旧欧洲，那是天主教的、君主制的、贵族主义的、复杂和多样的欧洲。他最喜欢的不是中世纪，而是文艺复兴时期。根据列昂季耶夫的独特理论，人类社会必然要经历如下阶段：（1）原初的简单性，（2）繁荣的复杂性，（3）再度混合的简化。他认为这个过程是注定的。与斯拉夫派不同，他根本不相信精神自由。对他而言，人类的自由不在历史中发挥作用。在他看来，发展的最高点"是最高程度的复杂性，它是由某种内在专制的统一联合起来的"。列昂季耶夫根本不是形而上学家，他是自然哲学家和美学家，是俄罗斯第一个美学家。自由和民主过程的结果首先引起他在美学上的反感，他认为这些结果是美的毁灭。他的社会学完全是非道德的，他不允许对社会生活做出道德评价。他宣扬政治中的残酷。下面是列昂季耶夫最有特点的话："摩西登上了西奈山，希腊人为自己建造了精致的卫城，罗马人进行了布匿战争，天才的美男子亚历山大戴着一顶插有羽毛的头盔越过格拉尼库斯河，在阿尔贝拉城下作战，使徒们在传教，受难者们在受难，诗人们在歌唱，画家们在作画，骑士们在比武中英勇表现，这一切仅仅是为了穿着自己滑稽丑陋衣服的法国的或德国的或俄罗斯的资产者能够'单独'或'集体'地在所有过去伟大事业的废墟上悠闲自得地享乐……想到这些，不可怕吗，不伤心吗？如果这个普遍利益、琐碎劳动和可耻平庸的卑鄙理想获得永久的胜利，那么，人类应当感到羞愧。"①列昂季耶夫认为，对欧洲而言，繁荣的复杂性在过去，它注定要走向简单化的混合。不能再指望欧洲了。欧洲在瓦解，但是，这个瓦解是所有社会的宿命。有一段时间，列昂季耶夫相信，在东方，在俄罗斯，繁荣的复杂性文化还是可能的，但是，在他那里，这与对俄罗斯民族伟大使命的信仰无关。在其生命的最后时期，他彻底丧失了对俄罗斯和俄罗斯民族未来的信仰，预言俄罗斯革命和敌基督王国即将到来。关于这一点，我们还会讨论。无论如何，在俄罗斯民族意识的历史上，列昂季耶夫占有完全独特的位置，他处在边缘位置。在他的思想里，有某种非俄罗斯的东西。但是，关于俄罗斯和欧洲的主题对他而言是主要的。他是反动分子—浪漫主义者，不相信有可能制止美的瓦解和毁灭的过程。他是个悲观主义者。他非常敏锐地感觉和预见到了很多东西。在列昂季耶夫之后，人们已经不能再返回到充满温情的斯拉夫派思想了。与他喜欢的赫尔岑类似，他反抗西方的小市民习气和资产阶级性。这是他的基本主题，这也是他身上的俄罗斯主题。他憎恨资产阶级世界，并希望它毁灭。如果他也憎恨进步、自由主义、民主制度、社会主义，那么完全是因为这一切都将导致小市民习气的统治，导致出现单调乏味的人间天堂。

陀思妥耶夫斯基的民族意识是最矛盾的，他对待西方的态度

---

① 参见我的书 «Константин Леонтьев. Очерк из истории русской религиозной мысли»。

也充满了矛盾。一方面，他是位坚定的普世主义者，对他而言，俄罗斯人就是全人（всечеловек），俄罗斯拥有世界的使命，俄罗斯不是封闭和独立自在的世界。陀思妥耶夫斯基最鲜明地表达了俄罗斯弥赛亚意识。俄罗斯民族是心怀上帝的民族（народ-богоносец）。俄罗斯民族固有普世回应的能力（всемирная отзывчивость）。另一方面，陀思妥耶夫斯基表现出真正的排外性（ксенофобия），他不能忍受犹太人、波兰人、法国人，他有民族主义倾向。在他身上表现了俄罗斯民族的矛盾性，对立的事物在他身上并存。关于西欧，他说过最令人惊叹的话——任何一个西方派都没有说过这样的话，其中显示出俄罗斯的普世主义。陀思妥耶夫斯基通过韦尔西洛夫（Версилов）表达了自己的很多思想。韦尔西洛夫说："他们（欧洲人）不自由，而我们却是自由的。在欧洲，当时唯独我是自由的，虽说怀着俄国的忧郁……任何一个法国人都可以不仅为法国效劳，甚至也可以为人类效劳，但必须有个前提：他始终十足是个法国人。英国人和德国人——也是这样。唯独俄国人，即使在我们这个时代，也就是远在做出普遍的结论之前，就已经获得了一种能力：只有在他十足是个欧洲人的时候，才能十足成为俄国人。这是我们跟其他人之间最本质的民族差异……我在法国就是法国人，我跟德国人在一起就是德国人，跟古希腊人在一起就是希腊人，惟其如此，我才十足是个俄国人。惟其如此，我才是个真正的俄国人、十足地为俄国效劳。因为我在展示俄国的主要思想。"①"对俄国人来说，欧洲如同俄国一样珍贵；它的每一块石头都亲切可爱。欧洲跟俄国一样，也是我们的祖国。哦，不仅如此。我不能比爱欧洲更多地爱俄罗斯，我也从不责备自己把威尼斯、罗马、巴黎，以及它们的科学艺术宝库、它们的全部历史——看得比俄国更亲。哦，俄国人珍惜这些异国的古老石头，珍惜这些古老的上帝的世界所创造的奇迹，珍惜这些圣迹的碎片，甚至比他们本国人更加珍惜……唯独俄国不是为自己，而是为思想而活，一个意义重大的事实是，几乎已有一个世纪了，俄国完全不为自己而活，而只是为欧洲而活。"②伊万·卡拉马佐夫也这样说："我想到欧洲去一趟，我也知道这不过是走向坟墓，只不过这是走向极其极其珍贵的坟墓，如此而已！那里躺着些珍贵的死人，每块碑石上都写着那过去的、灿烂的生命，写着对于自己的业绩、自己的真理、自己的奋斗、自己的科学所抱的狂热的信仰。我早就知道，我会匍匐在地，吻那些碑石，哭它们，但同时我的心里却深知这一切早已成为坟墓，仅仅不过是坟墓而已。"③陀思妥耶夫斯基在《作家日记》里写道："欧洲——要知道，这可是可怕而神圣的事物，

---

① 陀思妥耶夫斯基：《少年》，见《费·陀思妥耶夫斯基全集》第14卷，陈燊主编，陆肇明译，石家庄：河北教育出版社，2009年，第627页。译文略有改动。——译者注

② 同上，第628页。译文有改动——译者注

③ 陀思妥耶夫斯基：《卡拉马佐夫兄弟》（上卷），耿济之译，北京：人民文学出版社，1994年，第343-344页。——译者注

欧洲呀！啊，先生们，你们可知道，我们这些斯拉夫主义的幻想家们（在你们看来，是我们这些憎恶欧洲的人们），是多么珍惜它——这个欧洲；这个'神圣奇迹的国度'！你们是否知道，这些'奇迹'对我们是多么珍贵，我们多么喜爱和尊重它们，我们以胜过亲兄弟的情谊喜爱和尊重这些居住在欧洲的伟大种族，以及他们所创造的伟大的、美好的东西。你们是否知道，这一我们所珍视的、情同亲人的国度的命运把我们折磨得，让我们激动不安得要流泪，心脏也紧紧地收缩，那些越来越遮蔽它的天穹的阴暗乌云让我们多么迷茫？先生们，你们，也就是我们的欧洲人和西欧主义者们，从来也没有像我们这些斯拉夫主义幻想家们这样深沉地爱过欧洲，按照你们的说法，我们是欧洲的宿敌。"①陀思妥耶夫斯基在这里有条件地把自己称为斯拉夫派。和大部分思考俄罗斯与欧洲问题的人一样，他认为，欧洲开始瓦解，但是，欧洲有伟大的过去，它为人类历史贡献了巨大的价值。陀思妥耶夫斯基自己是俄罗斯历史上彼得时代的作家，他更像彼得堡的作家，而非莫斯科的作家，他对彼得堡城市的特殊氛围，对诸多城市中最富有幻想色彩的城市有敏锐的感觉。彼得堡是与莫斯科不同的，俄罗斯的另外一副面孔，但它同样是俄罗斯。陀思妥耶夫斯基最能见证的一点就是，斯拉夫派和西方派同样都应该被克服，但是两个流派都进入俄罗斯理念，如同创

---

① 《费·陀思妥耶夫斯基全集》第 19 卷，《作家日记（下）》（1877 年 7-8 月号），陈燊主编，张羽、张有福译，石家庄：河北教育出版社，2009 年，799 页。——译者注

造的克服（黑格尔的"扬弃"，Aufhebung）里常有的情况一样。在19世纪俄罗斯思想家中间，索洛维约夫最具普世主义特征。他的思想有斯拉夫派的根源。但是，他逐渐地离开了斯拉夫派，当八十年代在我们这里出现了民族主义狂欢时，他开始激烈地批判斯拉夫派思想。他认为俄罗斯的使命是教会的联合，即确定基督教普世主义。我们还会谈到索洛维约夫。俄罗斯人对历史哲学主题的反思导致出现一个意识，即俄罗斯之路是特殊的。俄罗斯是伟大的东西方（Востоко-Запад），它是巨大的完整世界，在俄罗斯民族里包含伟大的力量。俄罗斯民族是未来的民族。它将解决西方已经没有能力解决的问题，西方甚至不能在其整个深度上提出这些问题。但是，这个意识总是伴随着因俄罗斯罪过与俄罗斯黑暗而产生的悲观情感，有时候伴随着这样一个意识：俄罗斯正在飞向深渊。因此，这里总是提出终极的问题，而不是中间的问题。俄罗斯意识与末世论意识接壤。俄罗斯意识提出了哪些问题？

第三章
个性与世界和谐的冲突问题

对待现实的态度。黑格尔在俄罗斯思想史上的意义。别林斯基的反抗。陀思妥耶夫斯基的预见。神正论问题。地下室人。果戈理和别林斯基。别林斯基个人主义的社会主义。果戈理的宗教悲剧。别林斯基给果戈理的信。俄罗斯诗歌的弥赛亚主义：丘特切夫，莱蒙托夫。

1

黑格尔在俄罗斯获得了前所未有的成功。[①]黑格尔哲学的巨大意义一直持续到俄罗斯共产主义学说盛行。苏维埃出版了黑格尔著作全集，尽管对黑格尔来说，哲学是关于神的学说。对俄罗斯人而言，黑格尔是人类思想的顶峰，他们在他那里寻找解决所有世界问题的方案。他影响了俄罗斯哲学思想、宗教思想和社会思想。他的意义如同柏拉图对于教父学和亚里士多德对于经院哲学。有一个时期，萨马林曾经提出东正教会的未来依赖于黑格尔哲学的命运，只是霍米雅科夫让他确信，这种对比是不允许的。在我们这里，黑格尔根本不是哲学研究的对象。俄罗斯人把自己对观念的强烈迷恋的所有能力都用于迷恋他的哲学。他们还迷恋谢林的自然哲学和艺术哲学。但是，针对黑格尔，这里说的是解决生命的意义问题。斯坦

---

① См.: *Чижевский А. «Hegel in Russland».*

科维奇高呼："如果在黑格尔那里找不到幸福，我就不想活在世上！"巴枯宁把黑格尔当作宗教来接受。

对待"现实"的态度问题折磨着丧失了积极活动的可能性的俄罗斯唯心主义知识分子。关于"现实"的问题获得了过度的意义，这可能是西方人无法理解的意义。三十年代和四十年代唯心主义者周围的俄罗斯"现实"是可怕的，这表现在尼古拉一世帝国、农奴制、缺乏自由、愚昧无知。温和保守的尼基坚科（Никитенко）在自己的《日记》里写道："我们的现代社会是个令人悲伤的景象。其中没有宏大的追求，没有司法公正，没有质朴，没有习俗中的荣誉感，一句话，没有任何可以见证道德力量健康的、自然的和积极的发展……社会堕落到如此深的地步，以至于关于荣誉和公正的概念或者被认为是懦弱，或者被认为是浪漫主义兴奋的标志……我们的教育只是一种伪善……当我们的生活和社会与所有伟大的观念和真理都是对立的，当实现关于公正、善、共同利益的任何思想的全部意图都被当作犯罪而遭到攻击和迫害时，为什么还要关注知识的获得呢？""到处是暴力、压制和约束，可怜的俄罗斯精神没有任何自由的空间。这一切何时终结？""未来的人们能够理解、评价我们生存的整个恐怖处境、全部悲剧的方面吗？"他在最后一篇《日记》里写道："对于我们生活在其中的俄罗斯而言，这是个可怕的时代，我们看不到任何出路。"这些话写于四十年代"唯心主义者"的时代，就自己的天赋而言，这是个出色的时代。但是，四十年代出色的人们是一个不大的群体，他们被黑暗包围着。最后，这个情况导致出现"多余的人"，出现了无家可归的漂泊者罗亭（Рудин），还有奥勃洛摩夫（Обломов）。对于更强有力的人们而言，他们应该为"现实"找到意义和证明，以便在观念上与之妥协，或者与"现实"斗争。别林斯基是核心人物，就自己战斗的性格而言，他不能简单地离开"现实"而走向哲学和美学的直观。对他而言，这个问题变得非常令人痛苦。巴枯宁把别林斯基引入黑格尔哲学。从黑格尔那里可以引出与现实的妥协，因为黑格尔说过："所有现实的都是合理的。"这个思想在黑格尔那里有一个相反的方面，他只承认合理的东西是现实的。只能根据黑格尔的泛逻辑主义才能按照他的方式理解现实的合理性。在他看来，并非每一种经验的现实都是现实。当时的俄罗斯人没有充分地理解黑格尔，这就引起了误解。但是，这里并不都是不理解和误解。黑格尔毕竟断然肯定一般对个别的统治、普遍对个体的统治、社会对个性的统治。黑格尔哲学是反人格主义的。黑格尔导致右翼和左翼的黑格尔派的产生，保守主义和革命马克思主义同样都依据他的哲学。这个哲学具有非凡的动态特征。别林斯基经历强烈的危机，按照黑格尔的方式与"现实"妥协，与朋友们断绝关系，与赫尔岑以及其他人断绝关系，去了彼得堡。就性格而言，他是个革命者，倾向于反抗和抗议，有一段不长的时间里，他是个保守主义者，写过一篇引起所有人不安和愤怒的纪念波罗金诺战役的文章，他要求与"现实"

妥协。他全盘接受黑格尔的哲学。他感叹地说："现实这个词对我而言的意义和神是一样的！"别林斯基说："社会总是要比个别人更正确、更高"，这句话是在其关于《聪明误》那篇不公正的文章里说的。由此既可以做出保守主义的结论，也可以做出革命的结论。别林斯基做出保守主义的结论，写文章为政权辩护。他的脑子里突然闪过一个想法，即权力就是力量，力量也是权力，他为征服者辩护。他宣传说，理性要向历史力量妥协。他承认征服者和伟大的艺术家等都有特殊的道德。现实是美好的，痛苦是幸福的形式。有一段时间，诗歌成为生活的精华。别林斯基是个坚定的唯心主义者，对他来说，观念是最高的，高于活生生的人。个性应该服从真理，服从现实，服从在世界历史上发挥作用的普遍理念。这个问题被尖锐地提出来，被狂热地体验。别林斯基不能长时间地这样坚持下去，因此，他与彼得堡的"现实"决裂，返回到朋友们那里。在这个决裂之后开始的是反抗，为了活生生的人，为了个性而反抗历史，反抗世界过程，反抗普遍精神。这样，在我们这里出现了两次黑格尔派的危机：发生在霍米雅科夫身上的宗教危机，以及发生在别林斯基身上的道德-政治的和社会的危机。

2

个性与历史、个性与世界和谐之间冲突的问题是非常具有俄罗斯特色的问题，俄罗斯思想特别尖锐和深刻地体验了这个问题。在这里，别林斯基的反抗占据首要位置。这一点在他给博特金的那封著名的信中获得了表达。[①] 关于自己，别林斯基说，如果一个神秘的谬论钻到他的脑子里，这时他就是个可怕的人。其实，很多俄罗斯人都可以这样说自己。在体验过危机之后，别林斯基在反抗黑格尔的形式里表达自己的新思想，这是为了个性，为了活生生的人而进行的反抗。他从泛神论走向人本主义（антропологизм），这类似于在费尔巴哈身上发生的更加平和的哲学过程。普遍理念、普遍精神的统治——这就是主要的敌人。别林斯基写道："让所有高尚追求和目的都见鬼去吧。我有特别重要的理由向黑格尔发怒，因为我感觉到，我曾经相信他，与俄罗斯的现实妥协了……主体、个体、个性的命运比整个世界的命运更重要……人们对我说，为了精神上的自我满足，就去发展自己精神的全部财富吧；为了获得安慰，就去痛哭吧；为了获得快乐，就去悲伤吧；去追求完善吧，向发展的最高阶段爬吧，如果被绊到了，就倒下去吧，见鬼去吧……叶戈尔·费奥多罗维奇（黑格尔），我十分感谢您，向您的哲学尖顶帽鞠躬；然而，我满怀着对您的庸俗哲学应有的尊敬，荣幸地告诉您，即使我成功地爬到了发展阶梯的最高阶段——我在那里也会请求您让我知道偶然性、迷信、宗教裁判所、菲利普二世等等所

---

① 参见萨库林（П. Сакулин）的书《别林斯基的社会主义》（Социализм Белинского），其中发表了给博特金的信。

导致的全部牺牲品：否则我就从那个最高阶段上一头栽下去。假如我不能心安理得地面对我的每一位骨肉兄弟，我就不想白白地获得幸福……也许，这就是我的终极世界观，我将和它一起死去。"

"对我来说，思考和感受，理解和受苦是一码事。""主体、个体、个性的命运比整个世界的命运和中国皇帝的健康（即黑格尔的普遍性）更重要。"别林斯基所表达的思想与伊万·卡拉马佐夫的思想及其关于小孩子的眼泪与世界和谐的辩证法惊人相似。这完全还是那个个别、个性与一般、普遍的冲突问题，还是那个向上帝退票的行为。"对他（黑格尔）来说，主体自身不是目的，而是对一般的瞬间表达的手段，这个一般在他那里就是相对于主体而言的摩洛（Молох）。"在别林斯基那里，个性对世界历史与世界和谐的反抗导致他崇拜社会性，这一点对俄罗斯意识进一步发展的历史具有重大的、基础性的意义。现实不是合理的，为了人，它应该发生彻底的改变。俄罗斯社会主义起初有个人主义的来源。"在我身上发展出对人的个性自由和独立性的一种野蛮的、疯狂的、狂热的爱，这种爱只有在以正义和勇敢为基础的社会里才是可能的。我理解法国大革命，理解了对一切与人类兄弟团结分离的东西的那种仇恨……现在，我陷入新的极端——这就是社会主义思想，对我而言，它成为一个新思想，存在中的存在，问题中的问题，是信仰与知识的阿尔法和欧米伽。一切都源自于它，一切都为了它，一切都归于它……我越来越成为一位宇宙公民。对爱的疯狂渴望越来越占据了我的内心世界，苦闷越来越沉重、越来越持久……人的个性是这样一个地方，我担心会在这里疯掉。""我开始按照马拉（Марат）的方式爱人类：为了使得一小部分人类获得幸福，我大概可以用火与剑来消灭剩余部分的人类。"他惊呼："社会性、社会性，或者是死亡！"别林斯基是俄罗斯共产主义的先驱，在这方面，他远比赫尔岑和所有的民粹派更甚。他已经肯定布尔什维克的道德了。

关于个性与世界和谐的冲突问题在陀思妥耶夫斯基那里达到了绝妙的尖锐程度。折磨他的是神正论问题。如何调和神与以恶和痛苦为基础的创世？假如在世界上将有无辜的受苦，哪怕是一个小孩子的无辜受苦，那么能够同意创造这个世界吗？伊万·卡拉马佐夫在与阿廖沙的谈话里揭示了关于小孩子眼泪的天才辩证法。这很像别林斯基提出的问题。这个问题首次非常尖锐地在《地下室手记》里被提出来。在这里，对个性的感觉达到了疯狂的地步，这个个性不同意成为世界机器里的一个销钉，不同意成为整体的一个部分，成为确立世界和谐的目的所需要的手段。陀思妥耶夫斯基表达了一些天才的思想，即人根本不是追求幸福的理智存在物，而是有对痛苦的需求的非理性存在物，痛苦是意识产生的唯一原因。地下室人不认同世界和谐，不认同水晶宫，对水晶宫而言，他自己只是手段。地下室人说："自身的、随意的、自由的意愿，自身的，即便是最野蛮的任性，自己的，有时候甚至达到疯狂的想象，这就是那个最有利的利益自身，它不适合于任何一种分类，所有体系和理论都会因为它而灰飞烟灭。"①这样的人不接受进步的成果，不接受强制的世界和谐、幸福的蚂蚁窝，即上百万的人因放弃个性与自由而成为幸福的。在《宗教大法官的传说》里，这个思想获得了最强有力的发展。②地下室人惊呼："因为，比如说，在普遍合乎理智的未来，突然无缘无故地冒出来一位什么绅士，他生着一张并不高贵的面孔，确切地说，是一张顽固落后的、嘲笑的面孔，他两手叉腰，对我们大家说道：怎么样，先生们，我们是否来把这理智整个儿一脚踢开，唯一的目的就是让所有这些对数表都见鬼去，让我们重新按照我们愚蠢的意志来生活！——如果出现这样的事情，我是丝毫也不会感到吃惊的。"③在陀思妥耶夫斯基身上有一种矛盾性。一方面，他不能容忍建立在无辜痛苦的基础上的世界；另一方面，他不能接受"欧几里得大脑"想要建立的那个世界，即没有痛苦但也没有斗争的世界。自由产生痛苦。陀思妥耶夫斯基不希望没有自由的世界，也不希望没有自由的天堂，他最反对强迫的幸福。伊万·卡拉马佐夫关于小孩子眼泪的辩证法表达了陀思妥耶夫

---

① 陀思妥耶夫斯基：《地下室手记》，见《费·陀思妥耶夫斯基全集》第 6 卷，陈燊主编，刘文飞译，石家庄：河北教育出版社，2010 年，第 193 页。译文略有改动。——译者注

② 参见我的书《Миросозерцание Достоевского》。

③ 陀思妥耶夫斯基：《地下室手记》，见《费·陀思妥耶夫斯基全集》第 6 卷，陈燊主编，刘文飞译，石家庄：河北教育出版社，2010 年，第 192 页。——译者注

斯基本人的思想。与此同时，在他看来，这个辩证法是无神论的、反抗神的辩证法，他用自己对基督的信仰来克服它。伊万·卡拉马佐夫说："归根结底，我还是不能接受上帝的世界，即使知道它是存在的，我也完全不能接受它。"世界可能会走向最高和谐，走向普遍的和解，但是，这并不能赎回过去无辜的痛苦。"我受苦受难，可不是为了把自己、把我的罪恶和痛苦当作肥料，去给别人培育未来的和谐。""我决不接受最高的和谐，这种和谐的价值还抵不上一个受苦的孩子的眼泪。"①伊万·卡拉马佐夫把自己的世界和谐的入场券返还给上帝。痛苦的问题位于陀思妥耶夫斯基创作的中心。在这一点上，他是十足的俄罗斯人。俄罗斯人比西方人更有能力忍受痛苦，同时，他对痛苦又是极其敏感的，他比西方人更富有同情心。俄罗斯的无神论是因为道德动机而产生的，是由不可能解决神正论问题而引起的。俄罗斯人身上有一种马西昂主义（маркионизм）。这个世界的创造者不可能是善的，因为世界充满痛苦、无辜的痛苦。对陀思妥耶夫斯基而言，这个问题将由作为世界基础的自由和基督来解决，即通过上帝自己承担起世界痛苦的方式来解决。就性格而言，别林斯基是非常此世的人，在他那里，这个问题导致个人主义的社会主义。别林斯基这样表达自己的社会乌托邦、自己的新信仰："这样的时候会到来，我热切地坚信这一

---

① 陀思妥耶夫斯基：《卡拉马佐夫兄弟》（上），耿济之译，北京：人民文学出版社，1994年，第352、365、366页。——译者注

点，那时任何人都不会被烧死，任何人都不会被砍头，即使罪犯如同请求宽恕和拯救一样祈求一死，也不会把他处死的，但是，活着对他而言如同死刑，就像现在的死亡一样；那时将不再有无意义的形式和礼仪，不再有情感方面的合约和规则，不再有义务和责任，意愿不再向意愿让步，而只向爱让步；那时将不再有丈夫和妻子，将要有的是情夫和情妇，情妇来到情夫那里，说：'我爱另外一个人'，情夫回答说'没有你我不会幸福，我将痛苦一生，但是，到你所爱的人那里去吧'，假如她宽宏大量地留下来和他在一起，那么他也不会接受她所做的牺牲，而是像神那样，对她说：我喜爱仁慈，而不是牺牲……[1]不再有富人，不再有穷人，既不再有皇帝，也不再有臣民，但是，会有兄弟，会有人，按照使徒保罗的说法，基督要把自己的权柄交给圣父，而理性-圣父将重新统治，但那已经是在新的天上，对新的地进行统治。"[2]个人主义的社会主义在最珍视个性的赫尔岑那里也有，七十年代，还出现在米哈伊洛夫斯基和拉夫罗夫（П. Лавров）那里。俄罗斯思想怀疑世界历史和文明的合理性。作为进步论者-革命者的俄罗斯人怀疑进步的合理性，怀疑未来的进步成果可以抵偿过去的痛苦和不公正。但是，只有陀思妥耶夫斯基一个人明白了，这个问题只能在基督教里获得

---

① 参见《马太福音》9：13，"我喜爱怜恤，不喜爱祭祀"（和合本）。——译者注

② См.: *И.Лернер. «Белинский»*.

解决。别林斯基没有发现，在反抗黑格尔的一般-普遍的统治后，他重新让人的个性服从一般-普遍，即社会性，这是同样残酷的主人。个性论（персонализм，又译人格主义）和共通性都是俄罗斯人同样固有的特点。在陀思妥耶夫斯基身上，这两个特点结合在一起。陀思妥耶夫斯基反抗革命者们，这个反抗经常是很不合理的，但这是为了个性和自由的反抗。他回忆："别林斯基全身心地相信，社会主义不但不破坏个性自由，而且相反，可以恢复自由的前所未有的尊严。"陀思妥耶夫斯基本人不相信这一点。他的问题引起各类矛盾，问题的天才性就在于，人似乎脱离了宇宙秩序。这就是对地下室的发现，用科学的语言来说，这是潜意识领域。

3

四十年代，属于下一个时代的那些伟大俄罗斯作家们已经开始写作了。关于陀思妥耶夫斯基和托尔斯泰下面再谈。但是，果戈理的创作属于别林斯基和四十年代人的那个时代。果戈理不但属于文学史，而且也属于俄罗斯宗教探索和宗教-社会探索的历史。宗教问题折磨了伟大的俄罗斯文学。与文化的创造问题相比，关于生命的意义，人、民族和整个人类摆脱恶和痛苦的问题占优势。俄罗斯文学家们不能停留在文学的界限之内，他们跨越这些界限，寻找对生活的改造。他们怀疑文化的合理性，怀疑他们自己创作的合理性。19世纪的俄罗斯文学具有说教的性质，作家们希望成为生活的导师，呼吁改善生活。果戈理是最神秘的俄罗斯作家之一。[1]他经历了令人痛苦的宗教悲剧，最后，他烧掉了《死魂灵》第二部，当时的处境始终是个谜。他怀疑自己的创作，在西方，与他的悲剧类似的是波蒂切利（Боттичелли）的悲剧——后者当时追随萨佛纳罗拉（Савонарола），还有冉森派的拉辛（Расин）的悲剧。和许多俄罗斯人一样，他也寻找人间的天国。但是，这些探索在他那里具有歪曲的形式。果戈理是最伟大和最完美的俄罗斯艺术家之一。他不是现实主义者，也不是讽刺作家，如以前人们以为的那样。他是个幻想家，他描写的不是现实的人，而是低级的恶魔，首先是控制着俄罗斯的谎言魔鬼。他对现实的感觉甚至是很弱的，他都没有能力把真实与虚构区别开。果戈理的悲剧在于，他从来都不能看见和表达人的形象、人身上神的形象。这令他非常痛苦。他对魔鬼力量和巫术力量有强烈的感觉。果戈理是俄罗斯作家中间最大的浪漫主义者，他接近于霍夫曼（Гофман）。在他那里根本没有心理学，没有活生生的灵魂。关于果戈理有人说过，他从死亡的角度看世界。他承认，他没有对人的爱。他是基督徒，狂热地和悲剧式地体验自己的基督教。但是，他信奉的是恐惧和报应的宗教。在他的精神类型里有某种非俄罗斯的东西。令人惊讶的是，基督教作家果戈

---

① См. книгу *К.Мочульского* «Духовный путь Гоголя».

理是俄罗斯作家中间最少人性的，是最具人性的文学中最少人性的作家。①非基督徒屠格涅夫、契诃夫要比基督徒果戈理更有人性。果戈理遭到罪恶感的压制，他几乎是个中世纪的人。他首先寻找拯救。作为浪漫主义者，果戈理起初相信，通过艺术可以达到对生活的改变。他后来丧失这个信仰，在谈及《钦差大臣》时，表达了自己的失望。苦修意识在他身上获得强化，对创造的合理性的苦修式怀疑笼罩着他。在果戈理身上有对恶的强烈感觉，这个感觉根本不仅仅是与社会的恶、与俄罗斯政治制度相关，而是更加深刻的。他倾向于公开忏悔。他有时候承认自己没有信仰。他希望实现宗教道德服务，让自己的艺术创作服从它。他出版《与友人书信选》，这本书引起左翼阵营愤怒的浪潮。他被看作是解放运动的叛徒。

果戈理宣传个人的道德完善，他认为，没有个人道德完善就不会有更好的社会生活，这可能导致对他的不正确理解。这个思想自身是正确的，不能引起对他的不满。但是，实际上，和很多俄罗斯人一样，他宣传社会基督教。这个社会基督教是可怕的。在自己宗教道德教导的热情里，果戈理提出自己神权政治的乌托邦，以及带有古风的田园诗生活。他想要借助于拥有美德的省长及省长夫人来改造俄罗斯，自上而下地保留独裁体制，还有农奴制。在等级上最高的人是有美德的人，在等级上低的人是服从和顺从的人。果戈

---

① 罗赞诺夫因为果戈理的非人性而非常不喜欢他，写到他的时候，很不客气。

理的乌托邦是卑鄙的和奴性的，没有自由精神，没有向上攀升的热切呼唤。一切都被难以忍受的庸俗的道德说教笼罩着。别林斯基不能理解果戈理的宗教问题，这超出了他的意识范围。但是，面对果戈理，别林斯基并非没有根据的陷入极其愤怒的状态，只有他有能力达到这样的状态。他给果戈理写了一封著名的信。他崇拜作为作家的果戈理。突然，伟大的俄罗斯作家拒绝了一切在别林斯基看来是珍贵的和神圣的东西。"鞭子的说教者，无知的使徒，蒙昧主义和顽固专横的拥护者，鞑靼人生活习俗的歌颂者——您这是想干什么！"别林斯基对待基督教和基督的态度在信中获得确定。"您是将东正教会作为这一类教义的靠山，这一点我还能理解：教会一直是笞刑的支柱即专制主义的帮凶，可是在这里您为什么去打扰基督呢？……基督第一个向人们传播关于自由、平等、博爱的学说，并且通过受难印证和确证了自己学说的真实性。""如果您真的受基督的真理鼓舞，而不是受魔鬼教义的鼓舞，——在您的新书中就根本不会是这样的写法。您会对地主说，他的农奴是他的基督兄弟，既然是兄弟就不能是哥哥的奴仆，因此，他就应该给他们以自由，或者至少在享受农民的劳动成果时，尽可能考虑到他们的利益，在自己的良心深处自觉地认识到过去在对待他们时自己的错误。"①果戈理被《与友人书信选》里使用的那个手法压垮了。果戈理是俄

① 别林斯基：《给果戈理的一封信》，《别林斯基文学论文选》，满涛、辛未艾译，上海：上海译文出版社，1999年，第583-584页。译文略有改动。——译者注

罗斯文学和思想史上最悲剧的人物之一。托尔斯泰也宣传个性道德的完善，但是他不建立关于社会的奴性学说，相反，他揭露这个社会的谎言。尽管果戈理这本书有令人厌恶的特征，但是，在他那里毕竟有一个思想，即俄罗斯的使命是给人们带来团结。对人间天国的探索自身是俄罗斯人的探索。俄罗斯文学的宗教道德特征及其弥赛亚主义就从果戈理开始。这就是他除了作为艺术家的意义之外的伟大意义。俄罗斯艺术家们都渴望从艺术作品的创造过渡到对完善生活的创造。宗教形而上学问题以及宗教社会问题折磨着所有著名的俄罗斯作家。

最深刻的俄罗斯诗人之一丘特切夫在自己的诗歌里表达形而上学–宇宙论的主题，他还预见了世界革命。在宇宙的外部遮盖物下面，他看到正在蠕动的混乱。他是一个拥有自然界昏暗心灵的诗人：

无底的深渊在我们面前
袒露出它的恐怖和黑暗。
而我们和它之间没有任何遮拦——
于是我们就这样害怕夜晚！

这个世界就是

第三章　个性与世界和谐的冲突问题

一片盖在深渊上的地毯。
而我们正在海上漂浮游荡，
四周是被照亮的深渊汪洋。

最著名的诗《午夜的大风，你在悲号什么》以下面两句结束：

啊，不要唤醒沉睡的风暴——
要知道它下面蠕动着混沌一片！

在历史的外部覆盖物下面，丘特切夫感觉到这个混乱，并预见到灾难。他不喜欢革命，也不希望革命，但是认为革命不可避免。俄罗斯文学固有先知主义（Профетизм），在其他（国家的）文学里没有如此强大的先知主义。丘特切夫感觉到历史"致命时刻"的临近。在就另外的主题所写的诗歌里，有如下惊人的诗句：

谁在致命时刻出世，
就是一个幸运的人！
所有好运都邀请他，
如交谈者光临酒宴！

我们现在就是这样"幸福的交谈者"，但是，丘特切夫在一百年前就预见到了这一点。他预见了俄罗斯即将面临的灾难：

俄罗斯之星，在云雾后面，
你还要隐藏多久？
或者借助于视觉的欺骗，
你会把自己隐藏到永远？
难道你要用自己散落的
如同虚空的流星一样的光辉，
去迎接在黑夜里把你搜索的贪婪目光？
黑暗越浓，痛苦越深，
灾难越是难以避免。①

丘特切夫有一个完整的、依据充分的神权政治学说，就规模而言类似于索洛维约夫的神权政治学说。很多俄罗斯诗人都有一种感觉，俄罗斯正在走向灾难。莱蒙托夫也有这样的感觉，尽管他表达了几乎是斯拉夫派对俄罗斯未来的信仰。他有一首可怕的诗：

将来到这一年，俄罗斯黑色的一年，

---

① 以上为丘特切夫的诗句，参见《丘特切夫诗全集》，朱宪生译，桂林：漓江出版社，1998 年，第 88、109、158、198、221、432 页。译文有改动，个别诗句重新翻译。——译者注

那时沙皇们的皇冠将要丢到一边；

百姓将要忘记对他们往昔的敬仰，

死亡和鲜血将成为多数人的食粮；

那时被推翻了的法律将不再保护

天真的孩子和无辜的纯洁的妇女；

那时发出恶臭的死尸引起的瘟灾

将在满目凄凉的村落中到处徘徊，

它摇摇手帕便把人从茅屋里唤出，

饥饿将使这可怜的国土受尽痛苦；

漫天的大火将照红河水上的波纹：

那一天将要出现一个有力的伟人，

将来你会认识他——将来你也会知道，

为什么他手中提着明晃晃的钢刀……①

在莱蒙托夫那里已经出现了俄罗斯的创造悲剧——对创造的宗教合理性的怀疑：

主啊，让我从诗的创作的

可怕的渴慕中解救自己，

---

① 莱蒙托夫：《预言》，《莱蒙托夫抒情诗全集》，余振译，杭州：浙江文艺出版社，1994年，第209页。——译者注

那时我将从这条解救的

窄狭的小径重新奔向你。①

　　在这些诗句里已经勾勒出果戈理经历的那个宗教悲剧。莱蒙托夫不是文艺复兴式的人物，普希金是，也许只有普希金一个人是文艺复兴式的人物，而且还不完全是。俄罗斯文学经历了浪漫主义的影响，浪漫主义是西欧的现象。但是，在我们这里，既没有真正的浪漫主义，也没有真正的古典主义。我们这里发生了向宗教现实主义的越来越大的转向。

---

　　① 莱蒙托夫：《祈祷（不要责难我，全能的上帝）》，《莱蒙托夫抒情诗全集》，同上，第98页。——译者注

第三章　个性与世界和谐的冲突问题

第四章
人道主义问题

人道主义与人文主义。陀思妥耶夫斯基与人道主义辩证法。人神类和神人类。索洛维约夫的基督教人道主义。布哈列夫。托尔斯泰。罗赞诺夫。列昂季耶夫。无神论人道主义向反人道主义的过渡。基督教人道主义。

1

19世纪，哲学思想在俄罗斯产生了，这主要是宗教的、道德的和社会的思想。这意味着，核心主题是关于人、关于人在社会和历史中的命运的主题。俄罗斯没有经历过西欧意义上的人道主义，我们这里没有发生文艺复兴。但是，也许，在我们这里，人道主义的危机被特别尖锐地体验到了，文艺复兴的内在辩证法也获得了揭示。人道主义这个词自身在我们这里的用法是不正确的，可能会引起法国人的惊讶，因为他们认为自己才是人道主义者。俄罗斯人总是把人道主义和人文主义混为一谈，不是把它与古希腊罗马联系在一起，与希腊罗马文化的研究联系在一起，而是把它与19世纪的人类宗教联系在一起；不是把它与伊拉斯谟（Эразм）联系在一起，而是与费尔巴哈联系在一起。但是，人道主义这个词毕竟与人联系在一起，并意味着赋予人以特殊的角色。起初，欧洲人道主义根本不意味着承认人的自足性和对人类的神化，它的根源不但在希腊罗马文化里，而且也在基督教里。我已经说过，俄罗斯几乎没有体验过文艺复兴创造过剩的喜悦。俄罗斯人更理解基督教人道主义。只有俄罗斯意识有一个特点，即对文化创造合理性的宗教的、道德的和社会的怀疑。这既是苦修的怀疑，也是末世论的怀疑。施本格勒非常尖锐地，也非常好地评价过俄罗斯，他说，俄罗斯是对古希腊罗马文化的启示录式的反抗。[1]这一点决定了俄罗斯与西欧之间深刻的差别。但是，如果俄罗斯没有西欧文艺复兴意义上的人道主义（гуманизм），那么它是非常具有人性（человечность）的，即有时候大致地被称为人文主义（гуманитаризм）的东西，人的自我肯定的辩证法是在俄罗斯思想里获得揭示的。因为俄罗斯民族是极化的民族，那么，残酷的特征可能与人性混合在一起。但是，人性毕竟是俄罗斯的典型特征之一，它属于俄罗斯理念的最高表现。在高级文化阶层和百姓中间，优秀的俄罗斯人都不能忍受死刑和残酷的惩罚，都怜悯罪犯。他们没有西方人对冷漠公正的崇拜。对他们而言，人高于财产的原则，这一点决定了俄罗斯的社会道德。对堕落的人，对被贬损和被伤害的人的怜悯和同情都是十足的俄罗斯的特征。俄罗斯知识分子之父拉季舍夫是位非常富有同情心的人。俄罗斯道德评价在很大程度上是由对农奴制的反抗决定的。这一点体现在俄罗斯文学里。别林斯基不愿意作为上千人中的一个人的自己去享受幸福——如果他的兄弟们还在受苦。米哈伊洛夫斯基不希望自

---

① Cм.: *Spengler.* « Der Untergang des Abendlandes ». Zweiter Band.

己享有权利——如果庄稼汉们没有权利。整个俄罗斯的民粹派都源自于怜悯和同情。七十年代的忏悔贵族放弃了自己的特权，走向人民，以便为人民服务，与他们融合在一起。俄罗斯天才，富有的贵族托尔斯泰一生都因自己的特权地位而遭受折磨，他忏悔，想要拒绝这一切，平民化，成为庄稼汉。另外一个俄罗斯天才陀思妥耶夫斯基对痛苦和同情着迷，这是他创作的主题。俄罗斯无神论产生于同情，产生于无法忍受世界的恶、历史和文明的恶。这是19世纪意识所体验到的独特的马西昂主义。这个世界的创造者——神遭到否定是因为正义和爱。此世的权力是恶的，对世界的治理是愚蠢的。应该组织另外一种对世界、对人的治理方式，其中不再有无法忍受的痛苦，人对人而言不再是豺狼，而是兄弟。这就是俄罗斯宗教性原初的情感基础，这就是俄罗斯社会主题的内在基础。同时，俄罗斯生活处在尖锐的二元论标志下。无人性、残酷、不公正、对人的奴役都客体化到俄罗斯的国家、帝国里，它们与俄罗斯人是格格不入的，都变成了外部力量。在独裁的君主制国家里，确立了无政府主义理想，在农奴制国家里确立了社会主义理想。被人类痛苦伤害的人，以怜悯为出发点的人，被人性激情所渗透的人，都不接受帝国，不希望政权、强盛和力量。第三罗马不应该是强盛的国家。但是，我们会看到什么样的辩证过程致使俄罗斯的人性变成无人性。

人性是我们19世纪所有社会流派的基础。但是，它们促成了共产主义革命（它拒绝承认人性是自己的激情所在）。人道主义形而上学辩证法（我大致保留这个就自己的意义而言是矛盾的术语）是由陀思妥耶夫斯基揭示的。和尼采一样，他显示的不仅仅是人道主义在俄罗斯的危机，而且是人道主义在世界的危机。陀思妥耶夫斯基拒绝四十年代唯心主义的人道主义，拒绝席勒，拒绝对"崇高与美好"的崇拜，拒绝关于人的本性的乐观主义观念，他转向"真实生活的现实主义"，但这不是肤浅的，而是深刻的现实主义，它能够揭示人的本性及其全部矛盾的神秘深度。他对人道主义（人文主义）的态度是矛盾的。一方面，他深深地被人性所渗透，他的同情心是无限的。有一种对神的反抗的基础是不能忍受世界的痛苦，他能够理解这种反抗。在堕落的存在物自身，他揭示人的形象，即神的形象。人们中间最卑微的人也有绝对的意义。但是，另一方面，他揭露人道主义自我肯定的道路，揭示其终极结果，它们的名称是人神类（человекобожество）。人道主义辩证法被揭示为处在自由中的人的命运，他脱离了世界秩序，而这个世界秩序被认为是永恒的。在陀思妥耶夫斯基那里，有一个关于人的最高观念，他为人辩护，为人的个性辩护，在神的面前保卫人。他的人学是基督教里的新话语。他是人类思想史所知道的人的自由的最热切和最极端的保卫者。但是，他也揭示了人类自我肯定的灾难性结果，揭示了无神的、空洞的自由的灾难性结果。在陀思妥耶夫斯基那里，如果人走向人神类，走向自我神化，那么，同情心和人性将变成无人性和残忍。称他为"残酷的天才"，这不是偶然的。但是，与列昂季耶夫的基督教的反人道主义相比，准确地说，是与他的伪基督教的反人道主义相比，可以称陀思妥耶夫斯基为基督教人道主义者。但是，正是他（陀思妥耶夫斯基）宣布人道主义王国的终结。欧洲人道主义是中间的王国，其中没有揭示出极端的、终极的东西，它不懂得末世论问题，也没有被这个问题所折磨。这个中间的王国想要永远地巩固自己。这主要是个文化的王国。在西方，这个人道主义王国的终结就是尼采现象，他读过一点儿陀思妥耶夫斯基的作品，陀思妥耶夫斯基对他有过影响。尼采现象对人的命运有巨大意义。他想要在没有神、神被杀害的时候经历神，在世界如此低级的时候，经历神魂颠倒的状态，在世界是平面的、没有高峰的时候，体验向高处的上升。在超人的观念里，他表达了自己最终是宗教的主题。在超人里，人将终止自己的存在。人只是个过渡阶段，他只是超人出现的土壤所需的肥料。这里发生的是与基督教道德和人道主义道德的决裂。人道主义过渡到反人道主义。在陀思妥耶夫斯基那里，这个问题的表达带有更大的宗教深度。基里洛夫（Кириллов）是个具有高级精神的人，非常纯洁，也脱离现实，他表达了无神的、自我肯定的人所走的道路的最后结果。"将出现新人，幸福而自豪的新人。——基里洛夫说道，似乎是处在谵妄状态……——谁能克服痛苦和恐惧，他自己就是神。……神就是死亡和恐惧所带来的痛苦。谁能克服痛苦和恐惧，谁自己就成为神。那时就有新的生活，那时就有新的人，一切都是新的。""人将成为神，身体也会发生变化。世界也会变化，各种事情也会发生变化，还有思想、各种感情也是如此。""世界将被一个名叫'人神（человекобог）'的终结。"——'神人（Богочеловек）吧？'——斯塔夫罗金（Ставрогин）追问道。'人神'，——基里洛夫回答说，——差别就在这里。"[①]陀思妥耶夫斯基认为，人神类之路导致希加廖夫（Шигалев）和大法官的体制，即否定作为神的形象和样式的人，否定自由。只有神人类（Богочеловечество）和神人（Богочеловек）之路才能肯定人、人的个性和自由。这就是陀思妥耶夫斯基的生存辩证法。与神和神人脱离的人性将退化为无人性。陀思妥耶夫斯基在无神论的革命者涅恰耶夫（Нечаев）的例子里看到了这个过渡，涅恰耶夫与人道主义道德，与人文主义彻底决裂，并要求残暴行为。同时需要指出，《群魔》作者对涅恰耶夫的描述是不正确的，这个涅恰耶夫是为了革命思想而进行真正苦修的人，在自己的《革命者教义手册》里，他似乎是在写革命者精神生活的训导，要求革命者放弃世界。但是，陀思妥耶夫斯基提出的问题是非常深刻的。20世纪，在我们这里滥用了"人神类（человекобожество）"这个术语，它可能会引起误解，也很难翻译成外文。人应该达到神化，但不能以自我肯

---

① 陀思妥耶夫斯基：《群魔》，《费·陀思妥耶夫斯基全集》第 11 卷，陈燊主编，冯昭玙译，石家庄：河北教育出版社，2010 年，第 143、295 页。译文有改动。——译者注

定和自我满足作为途径。这是基督教的思想，人道主义应该被克服（扬弃，Aufhebung），但不是被消灭，其中有真理的成分，与历史基督教的谎言相比，有时候是很大的真理成分，其中有反对兽道主义（бестиализм）的巨大真理。[①]但是，这里揭示了作为中间王国的人道主义的末世论，俄罗斯思想在这方面做得最好。不能停留在这个中间的文化王国里——如西方的人道主义者们希望的那样，因为它在瓦解，其最后状态也将呈现出来。

索洛维约夫可以被称为基督教人道主义者。但是，这是一种完全特殊的人道主义。在与右翼基督教阵营争论时，索洛维约夫喜欢说，人道主义的历史过程不仅是基督教过程（尽管这一点未曾被表述过），非信徒的人道主义者要比基督教信徒更好地实现了基督教，基督教信徒没有为人类社会的改善做任何事情。近代历史上的非信徒人道主义者尝试建立更人性和更自由的社会，基督教信徒则抵制他们，维护和捍卫以暴力和奴役为基础的社会。索洛维约夫在《论中世纪世界观的衰落》里特别清楚地表达了这一点，并引起列昂季耶夫的强烈不满。当时，索洛维约夫对自己的神权政治乌托邦已经失望了。他认为神人类的观念是基督教的基本观念，当我谈到俄罗斯宗教哲学时，我还会谈及这个观念。这是俄罗斯宗教哲学的主要观念。人道主义（或人文主义）是神人类宗教的主要部分。在

---

① 马克斯·舍勒（Макс Шелер）错误地把基督教与人道主义（人文主义）对立起来，后者与怨恨（ressentiment）有关。参见其《 L'homme du ressentiment 》。

耶稣基督（Иисус Христ）的个性里发生了神的本性与人的本性的结合，于是就出现了神人。同样的事情应该发生在人类里，发生在人类社会里，发生在历史里。神人类的实现、神人类生活的实现要求人发挥积极性。在过去的基督教里，特别是在东正教里，人没有充分发挥积极性，人经常遭到压制。在近代历史上，人的积极性的解放对于实现神人类是必须的。人道主义因此获得了宗教意义，尽管在意识的层面上，人道主义可能不是基督教的，是反基督教的。没有这个人道主义，基督教的目的就无法实现。索洛维约夫尝试在宗教的意义上反思人道主义的经验。这是他的主要贡献之一。但是，他的方向是调和的和综合的，在他那里没有在陀思妥耶夫斯基那里被揭示出来的悲剧冲突和裂开的深渊。只是在生命的最后，悲观主义的启示录情绪和对即将到来的敌基督的等待才控制了他。索洛维约夫的思想包含在关于人和人性的俄罗斯辩证法里，与这个辩证法无法分开。他的宗教哲学渗透着人性的精神，但是，它的外部表达过于冷淡，他所固有的个性神秘主义在其中被理性化了。

布哈列夫（Бухарев）是我们的灵性氛围所产生的最有趣的神学家之一。他是位修士大司祭，但离开了修道生活。他把人性整合到完整的基督教里。他要求用整个完满的人生去获得基督。他认为，任何真正的人性都是基督的人性。他反对贬低基督的人的本性，反对任何基督一性论趋势。

不能把托尔斯泰称为西方意义上的人道主义者。他的宗教哲学的某些方面更接近佛教，而不是基督教。但是，他具有非常深刻的俄罗斯的人性。这个人性表现在他对历史和一切暴力的反抗里，表现在他对普通劳动人民的爱里。托尔斯泰关于不抵抗的学说，以及他对历史暴力的否定，只能在俄罗斯的精神土壤上产生。托尔斯泰是尼采的对立面，他是尼采的俄罗斯反题，也是黑格尔的俄罗斯反题。在更晚的时候，当时还属于斯拉夫派保守阵营的罗赞诺夫愤怒地说，人变成了历史过程的手段，并且问道，什么时候人能够作为目的出现。[①]在他看来，只有在宗教里，人的个性的意义才能呈现出来。罗赞诺夫认为，俄罗斯民族不具有伟大历史的激情，他认为这是其面对西方各民族的优势，西方各民族迷恋历史的伟大。只有一个列昂季耶夫按照与大部分俄罗斯人不同的方式思考问题，他为了美的名义反对人性。在他看来，为了思想的丰富性和多样性，一个民族自己还应该反对自己的主要方向。

列昂季耶夫是文艺复兴式的人，他喜欢繁荣的文化。对他而言，美比人更珍贵。为了美的名义，他同意人们遭受任何痛苦和折磨。他宣传价值的道德，这是美的价值、繁荣文化的价值、国家强盛的价值，他反对以人的个性首要地位以及对人的同情为基础的道德。他不是残忍的人，却为了自己最高价值而宣传残忍，完全和尼采一样。列昂季耶夫是俄罗斯第一位唯美主义者，他思考的"不是

---

① См.:*В.Розанов.* «Легенда о Великом Инквизиторе».

遭受痛苦的人类，而是诗意的人类"。与大部分俄罗斯人不同，他喜欢国家的强盛。对他而言，没有人道的国家，这个观点也许是对的，但是，它不能改变我们的评价判断。人道主义国家是处在瓦解之中的国家。因为在生命树上，一切都在忍受痛苦。接受生命就是接受痛苦。列昂季耶夫不但不相信真理和正义的王国在大地上是可能的，他也不希望实现真理和正义，认为在这样的王国里不再有美。对他而言，美到处都与最大的不平等有关，与不公正、暴力和残忍有关。列昂季耶夫思想的勇敢和极端性就表现在他敢于承认其他人不敢承认的东西。纯粹的善是不美的。为了在生活里有美，就必须要有恶，必须要有黑暗与光明的对比。列昂季耶夫最痛恨幸福主义。他反对人们幸福的观念。他信奉美学的悲观主义。他认为自由—平均主义的进步是丑陋的，同时也是不可避免的。他不相信自己的理想有未来。他以此区别于一般类型的反动分子和保守主义者。世界将走向丑陋的、庸俗的混合。我们会看到，在他那里，自然主义的社会学如何过渡到启示论，美学评价在他那里与宗教评价是一致的。只为了个性的灵魂拯救，他才承认兄弟团结和人道主义。他宣传超验的利己主义。在自己的前半生，他在美里寻找幸福，在后半生，他寻找拯救，摆脱毁灭。[1]但是，他不寻找天国，特别是不寻找地上的天国。与他格格不入的是人们之间团结的俄罗

---

① 参见我的书《Констатин Леонтьев》.

斯理念，还有对普遍拯救的俄罗斯式的探索，俄罗斯的人性也与他格格不入。他揭露陀思妥耶夫斯基和托尔斯泰的"玫瑰色的基督教"。他对陀思妥耶夫斯基的指责是奇怪的，因为陀思妥耶夫斯基的基督教是悲剧的。列昂季耶夫是孤独的思想家，他置身事外，表达了与俄罗斯理念在其中形成的那个极对立的一极。但是，他也希望俄罗斯走独特的道路。他的特点是有巨大的洞察力，他预见和预言了很多东西。他尖锐地提出了文化命运的问题。他预见到文化可能的衰落，他比尼采、戈宾诺（Гобино）、施本格勒更早地说出了很多东西。他有末世论的指向。但是，不能跟随列昂季耶夫，他的追随者都是令人厌恶的。

我已经说过，有一种内在的生存辩证法，人道主义因为它而过渡到反人道主义，人的自我肯定因为它而走向对人的否定。在俄罗斯，这个辩证法的完成时刻是共产主义。它（共产主义）也有人文主义根源，它想要为解放人、使人摆脱奴役而进行斗争。但问题是，社会集体有时会成为人的个性的奴役者，在社会集体里，人本来应该摆脱剥削与奴役。这里确立了社会相对于个性的首要地位，无产阶级——准确地说是无产阶级的观念相对于工人、具体的人的首要地位。摆脱了过去的偶像崇拜之后，人陷入新的偶像崇拜。这一点我们在别林斯基那里已经看到了。

在摆脱了"一般"的统治后，个性服从新的"一般"——社会性的统治。为了社会性的胜利，可以对人的个性实施暴力，为了实现最高目的，任何手段都是允许的。在我们的社会主义运动里，赫尔岑最大程度地摆脱了偶像崇拜。那么，在马克思本人那里如何呢？在这方面，非常有教益的是青年马克思的著作，它们的出版相对比较晚一些。[①]他的根源是人道主义的，他为人的解放而斗争。他对资本主义进行反抗的基础是，在资本主义社会里发生了工人的人的本性的异化、工人的非人化（обесчеловечение）、物化。马克思主义的全部道德激情就建立在反对这个异化和非人性的斗争的基础上。马克思主义要求把人的本性的完满还给工人。在马克思青年时期的作品里出现了生存的社会哲学的可能性。马克思对古典资产阶级政治经济学僵化的范畴进行加工。他否定永恒的经济规律，否定经济具有物质的客观实在性的特征。经济只是人们的积极性和人们之间的关系。资本主义只意味着活生生的人们在生产中的关系。人的积极性可以改变人们之间的关系，改变经济，经济只是历史的构成物，主要是暂时性的构成物。就自己的原初基础而言，马克思主义根本不是他的朋友和敌人后来开始肯定的那种社会学决定论。马克思当时与德国唯心主义还比较近，他就是从其中走出来的。但是，他一开始就承认人的绝对首要地位，对他而言，人是最高价值，这个价值不服从任何更高的东西，因此他的人道主义遭遇生存的辩证瓦解过程。关于商品拜物教的出色学说是生存社会学，

---

① 特别有意思的一篇文章是：《Philosophie und Nazionalekonomie》.

它认为原初的现实是人的劳动积极性，而不是客体化的物质实在，或者是伪实在（quasi-реальность）。人将其视为外部的、奴役他的现实的东西其实是他自己的产品，是他自己制造的客体化和异化。……最后，他看到的人完全是社会、阶级的产物，他彻底地让人服从新社会、理想的社会集体，而不是让社会服从人，不是让人彻底摆脱社会阶级的范畴。俄罗斯共产主义由此做出结论，这里发生的是放弃俄罗斯的人性，但这个放弃不是就目的而言的，而是就手段而言的。如果在神人类之外肯定人，永远都是如此。陀思妥耶夫斯基最深刻地理解了这一点，尽管对他的说法必须给予批判。一个永恒的真理是，只有在下面的情况下，人才能保留自己最高的价值，自己的自由和相对于自然界和社会的独立性，如果神和神人类存在。这是俄罗斯思想的主题。

2

在历史的东正教里占主导地位的是修道-苦修精神。在这个东正教的基础上，关于人的主题没有也不可能获得充分揭示。在这里占优势的是基督一性论。教父学的人学是有缺损的，其中缺少与基督中心论真理的一致性，没有我在《创造的意义》里所谓的人的基督论。基督教教导人身上神的形象和样式，教导神的人化。历史基督教的人学教导的人几乎完全是个罪人，所以，应该教会他如何拯救。只有在尼斯的圣格里高利（св. Григорий Нисский）那里才能找到关于人的高级学说，但是，他没有理解人的创造经验。[①]关于人，关于人在宇宙中核心角色的真理，甚至当它在基督教之外被揭示的时候，也具有基督教的根源，在基督教之外不可能获得理解。在19世纪俄罗斯的基督教思想里，——在霍米雅科夫的自由学说里，在索洛维约夫的神人类学说里，在陀思妥耶夫斯基的全部创作里，在他关于自由的天才辩证法里，在涅斯梅洛夫（Несмелов）出色的人学里，在费奥多罗夫（Н. Федоров）对人的复活积极性的信仰里——关于人的某种新东西略微显露出来。但是，官方东正教、官方教会不愿意听到这个新东西。在历史的东正教里，关于人的基督教真理似乎处在潜在状态。这个潜在性、未获揭示性，完全是俄罗斯民族过去就有的特点。基督教的西方在各种不同的人类积极性中耗尽了自己的力量。在俄罗斯，揭示人的创造力量是未来的事情。这个问题是恰达耶夫提出来的，后来在我们的思想和精神的历史上不断重复。在俄罗斯东正教的基础上，这里指的不是官方形式的东正教，也许，揭示人的新学说是可能的，也就是说，揭示关于历史和社会的学说是可能的。把基督教与人道主义对立起来是错误的。人道主义有基督教的来源。早就被天主教给整合到基督教里的古代的、古希腊罗马的人道主义不懂得人的最高尊严和最高自

---

① 参见耶稣会士 Hans von Balthasar 的著名作品 «Presence et pensee. Essai sur la philosophie religieuse de Gregoire de Nysse ».

俄罗斯理念

由。在希腊意识里，人依赖宇宙力量，希腊世界观是宇宙中心论的。在罗马意识里，人完全依赖国家。只有基督教是人类中心论的，在自己的原则上解放人，使之摆脱宇宙和社会的统治。陀思妥耶夫斯基把神人类与人神类对立起来，这个对立有深刻的意义。但是，术语自身可能引起怀疑，并要求对其进行批判的考察。人应该成为神，应该神化，但是，他只能通过神人和在神人类里做到这一点。神人类以人的积极创造为前提。运动是从人向神，而不仅仅是从神向人。这个从人向神的运动完全不应该在选择的意义上来理解，就是人通过自由意志而实现的那个选择，比如，传统的天主教意识就是这样理解的。这是延续创世的创造运动。但是，关于人的最高意识在我们这里经历了分裂，经历了黑格尔所谓的不幸的意识。果戈理是"不幸意识"的鲜明例子，但是，在托尔斯泰和陀思妥耶夫斯基那里也可以感觉到不幸的意识。在学院范围之外发展的俄罗斯哲学就自己的主题和立场而言始终是生存论的。在我们这里，社会主题只是对人的主题的具体化。

第五章
社会问题

俄罗斯思想的社会色彩。社会主义思想的三个时期。圣西门和傅里叶的原初影响。俄罗斯社会主义的发展。俄罗斯民粹主义和对俄罗斯独特道路的信仰。别林斯基的社会主义。赫尔岑个人主义的社会主义。对西方小市民习气的揭露。车尔尼雪夫斯基与《怎么办？》。皮萨列夫。米哈伊洛夫斯基和"为个体而斗争"。涅恰耶夫与《革命者教义手册》。特卡乔夫是列宁的先驱。社会正义的探索。托尔斯泰。陀思妥耶夫斯基。索洛维约夫。列昂季耶夫。马克思主义的准备：热里亚博夫。普列汉诺夫。

1

在19世纪的俄罗斯意识里，社会问题占有主导地位。甚至可以说，19世纪大部分俄罗斯思想都带有社会主义色彩。如果不考虑理论意义上的社会主义，那么可以说，社会主义深深地根植于俄罗斯的本性里。这一点表现在：俄罗斯人不知道罗马的财产概念。关于"莫斯科的俄罗斯"，有人说它没有土地所有权的罪过，土地唯一的所有者是沙皇，没有自由，但是有更多的公正。这对于解释共产主义的产生是很有意思的。斯拉夫派也否定西方资产阶级对私有财产的理解，这和具有革命指向的社会主义者是一样的。几乎所有人都认为，俄罗斯人的使命是实现社会正义，实现人们之间的团结。

所有人都希望，俄罗斯能够避免资本主义的不公正和恶，它可以不经过经济发展中的资本主义阶段而过渡到最好的社会制度。所有人都以为，俄罗斯的落后是它的优势。俄罗斯人在农奴制和专制制度下成为社会主义者。俄罗斯民族是世界上最具有共通性的民族，俄罗斯人的日常生活，俄罗斯人的习俗都是如此。俄罗斯人的好客是共通性的特征。俄罗斯社会主义的先驱是拉季舍夫和佩斯捷利。当然，佩斯捷利的社会主义具有农业的特征。起初，我们这里有社会神秘主义，比如在处于拉门奈影响下的佩切林那里就有。圣西门和傅里叶的影响是主要的。俄罗斯人是狂热的圣西门主义者和傅里叶主义者。这种社会主义起初与政治是格格不入的。俄罗斯地主彼得拉舍夫斯基（М.В. Петрашевский）是坚定的傅里叶主义者，他在自己的农村建立一个法郎吉，农民把它给烧了，认为它是违背他们生活习惯的新事物。他的社会主义是和平的、非政治的和田园诗式的。这是对幸福生活和公正生活的可能性的信仰。彼得拉舍夫斯基小组成员聚集是为了和平的、幻想式的谈话，谈论"按照新编制"（陀思妥耶夫斯基的说法）组织人类。彼得拉舍夫斯基相信，在俄罗斯，傅里叶式的社会主义在专制君主制的情况下也是可以实现的。他有句著名的话："任何东西都不值得我依恋，无论是女人，还是男人，我注定要献身于为人类服务。"对于历史政权而言，这一切的结局是悲伤的，也是典型的。1849年，被认为是彼得拉舍夫斯基派的人遭到逮捕，21人被判处死刑，其中就有陀思妥耶夫斯基，然后他被改判为服苦役。在小组成员里，斯佩什涅夫（Спешнев）是最具革命倾向的人，也许他可以被看作是共产主义的先驱。他与马克思主义的观念最接近，是战斗的无神论者。他是富有的地主、贵族、"美男子"，是陀思妥耶夫斯基笔下的斯塔夫罗金的原型。最初的马克思主义者是俄罗斯人。居住在巴黎的俄罗斯草原地主萨佐诺夫（Сазонов）差不多是马克思的第一个追随者。马克思不是非常喜欢俄罗斯人，他感到惊讶的是，在俄罗斯人中间，他的追随者要早于在西方人中间出现。他没有预见到他在俄罗斯将发挥什么样的作用。很多人认为俄罗斯人的社会主义具有宗教性质，甚至在它是无神论的社会主义时，也是如此。有人区分出俄罗斯社会主义思想的三个时期：乌托邦社会主义，圣西门和傅里叶思想的影响；民粹派社会主义，最具俄罗斯特征的，与蒲鲁东思想最接近的社会主义；科学社会主义，或称马克思主义的社会主义。[1]我要补充第四个时期：共产主义的社会主义，可以将其界定为唯意志论的社会主义，它让革命的意志变得热烈。起初，在俄罗斯社会主义里，社会因素相对于政治因素占绝对主导地位。不但在乌托邦社会主义里是如此，在七十年代民粹派社会主义里也是如此。只是在七十年代末，在民意党成立时，社会主义运动才成为政治运动，变成激烈斗争。有时候人们常说，俄罗斯的社会问题具有保守的，而

---

① *К.А. Пажитнов.* «Развитие социалистических идей в России»; и *П. Сакулин.* «Русская литература и социализм».

非革命的特征。这主要是与俄罗斯农村村社和工人组合的传统形式有关。这是小生产者的思想。民粹派社会主义者害怕政治自由主义，因为它导致资产阶级的胜利。赫尔岑是政治民主制的反对者。有一段时间，他甚至相信沙皇能扮演有益的角色，并准备支持君主制，假如它能够保卫人民的话。社会主义者们最不希望俄罗斯走西方的发展道路，他们希望，无论如何都要避免资本主义阶段。

2

民粹主义是独特的俄罗斯现象，如同俄罗斯虚无主义和俄罗斯无政府主义也是独特的俄罗斯现象一样。它有各种各样的表现。有保守的和革命的民粹主义，有唯物主义的和宗教的民粹主义。斯拉夫派、赫尔岑、陀思妥耶夫斯基和七十年代的革命者都是民粹派。其基础始终是对作为正义的保卫者的人民的信仰。他们把人民（нород）与民族（нация）区别开，甚至把这两个概念对立起来。民粹主义不是民族主义，尽管可能带有民族主义的色彩。对于宗教民粹主义而言，人民是某种神秘的有机体，与民族相比，人民更能走向大地的深处，走向精神的深处，民族是与国家相关的理性化的历史构成物。人民是由活生生的人构成的具体的共同性（общность），民族则是更抽象的观念。但是，在宗教民粹主义那里，在斯拉夫派那里，在陀思妥耶夫斯基和托尔斯泰那里，人民主要是农民、社会上的劳动阶层。在非宗教的、革命的民粹主义那里，人民与劳动阶层的社会范畴等同起来，人民的利益等同于劳动的利益。人民性和民主性（在社会意义上）被混为一谈了。斯拉夫派以为，在普通人民那里，在农民那里，比在有教养的阶层和统治阶层里更多地保留了俄罗斯的人民性和对俄罗斯人民而言典型的东正教信仰。与民族主义不同，对国家持否定态度是俄罗斯民粹主义的特点。俄罗斯民粹主义有无政府主义倾向，在左翼民粹派里是如此，在斯拉夫派那里也是如此。国家被认为是吸血鬼，它吸食人民的血，是人民身体上的寄生虫。民粹主义的意识与断裂、对立有关，与统一的缺乏有关。人民不是给定的历史民族的统一整体。人民有时候与知识分子和有教养的阶层对立，有时候与贵族和统治阶层对立。一个民粹派知识分子通常不觉得自己是人民整体的有机部分，即在人民生活里履行职能的部分。他意识到自己的地位是不正常的、不应该的，甚至是有罪的。在人民里不但隐藏着正义，而且还隐藏着应该去猜测的秘密。民粹主义是彼得时期俄罗斯历史的非有机特征以及大批俄罗斯贵族寄生性特征的产物。给俄罗斯贵族里相对比较小的优秀部分带来荣誉的是，在其中产生了民粹主义意识。这个民粹主义意识是"良心的工作"，是罪和忏悔的意识。这个罪和忏悔的意识在托尔斯泰那里达到自己的顶峰。在斯拉夫派那里，这是按照另外的方式发生的，并与对俄罗斯历史的前彼得时期错误的理想化有关，那段历史被认为是有机的。因此，社会主题在他们那里没有清晰地呈现出来。可以说，斯拉夫派的社会哲学用村社取代了教会，用教会取代了村社。但是，斯拉夫派社会思想体系具有民粹主义的和反资本主义的特征。根据自己的生活方式，斯拉夫派是典型的俄罗斯贵族。但是，当他们在普通人民和农民阶级里看到正义时，就尝试模仿人民的生活方式。他们幼稚地以为，这种正义似乎就表现在俄罗斯人民的服装里，他们曾经尝试穿这样的服装。恰达耶夫就这个问题开玩笑说，康·阿克萨科夫完全按照俄罗斯的样式穿着，以至于在大街上人们把他当作波斯人。七十年代的忏悔贵族们走向人民，在他们那里，面对人民的有罪意识和忏悔要更深刻一些。但是，无论如何，斯拉夫派相信，俄罗斯的道路是特殊的，我们这里将不会有资本主义的发展，不会形成强大的资产阶级，而是会保留俄罗斯人民生活方式的村社性，这与西方的个人主义是不同的。在西方获得胜利的资产阶级性让他们反感，尽管这种反感没有赫尔岑那么强烈。

　　在自己生命的最后一个时期，别林斯基形成了一种世界观，可以认为它是俄罗斯社会主义的基础。在他之后，在我们的社会主义思想的历史上，政论批评将发挥指导性的作用。为了躲避书刊检查，我们的社会思想就隐藏在政论批评里。这个情况对文学批评自身而言有令人悲伤的后果，文学批评没能站在俄罗斯文学的高度上。如前所述，别林斯基的新口号是"社会性、社会性或者死亡"。别林斯基喜欢文学，在作为批评家的他身上有巨大的敏感性。但是，出于对不幸的人的同情，他拒绝了思考艺术和知识的权利。控制他的是社会乌托邦，以及一种强烈的信仰，即不再有富人和穷人，不再有国王和臣民，人们将是兄弟，最后，人将彻底地站起来。我使用"乌托邦"这个词完全不是为了表达一种未实现性，而仅仅是为了表达最高的理想。以为别林斯基的社会主义是伤感主义的，这是错误的，他是个充满激情的人，但他不是伤感型的，他身上发出不祥的调子："人们如此愚蠢，以至于要强迫他们走向幸福。"为了实现自己的理想，别林斯基不顾暴力和流血。他根本不是经济学家，这方面知识很少，在这一点上，他不同于有良好知识储备的车尔尼雪夫斯基。我上边说过，可以把他看作是俄罗斯马克思主义的社会主义，甚至是共产主义的先驱之一。他不是像赫尔岑那么典型的民粹派。别林斯基说过这样的话："解放后的俄罗斯人是不会去议会的，而是要跑到小酒馆里去喝酒，去砸玻璃，绞死贵族。"他承认资产阶级在俄罗斯发展的积极意义。但是，他也认为，俄罗斯会比欧洲更好地解决社会问题。别林斯基的重要意义在于，一般的俄罗斯社会主义的原初道德基础在他身上获得揭示。

对民粹主义的社会主义而言，更典型的是赫尔岑。他狂热地爱自由，捍卫个性的价值和尊严。但是，他相信，俄罗斯庄稼汉能够拯救世界，使之摆脱无法战胜的小市民习气，他在西方社会主义里，在欧洲的工人那里都看到了这种小市民习气。他严厉地批判议会民主，这对民粹派而言是典型的。在欧洲小市民世界里，他看到两个壁垒："一方面是坚决拒绝放弃垄断权的私有主市民，另一方面是企图从他们手中夺取财富、又无力夺取的非私有主市民，那就是说，一方面是贪婪，另一方面是觊觎。由于在这一切中谈不到真正的道德原则，因此一个人站在这一边或那一边，完全由财产状况和社会地位等外在条件来决定。一个反对的浪潮代替另一个取得了胜利，便是取得了财产或地位，自然也就从觊觎的一边走进了贪婪的一边。要完成这种转变，最好的办法便是通过那种毫无意义的、忽左忽右的议会辩论——它轰轰烈烈又不致越出范围，表面上郑重其事，像是维护公共利益，实际上只是为了达到个人目的。"[1]在这里，赫尔岑显示出巨大的洞察力。他有无政府主义的倾向，但是，这个无政府主义接近于蒲鲁东，而不是巴枯宁，蒲鲁东是最接近于他的社会思想家。令人惊讶的是，具有怀疑和批判精神的赫尔岑在农村村社里寻找拯救。他认为，俄罗斯经济落后是其解决社会问题的巨大优势。这是一个传统的主题。俄罗斯可以不发展资本主义、资产阶级和无产阶级。在俄罗斯民族里包含共通性、共性、人们之间可能的团结的禀赋，这个禀赋在西方各民族那里已经没有了。那里发生了堕落，其后果正在被消除。赫尔岑在很多方面与斯拉夫派是一致的，但是没有他们的宗教基础。对赫尔岑而言，最难的事情是把共性、共通性原则与个性和自由的原则结合起来。赫尔

---

① 赫尔岑：《往事与随想》（中），项星耀译，北京：人民文学出版社，1998年，第425–426页。

岑始终忠实于自己的社会理想，但是，他没有信仰，他固有历史的悲观主义。他拥有别林斯基所没有的经验，而后者的热切信仰是他所不具备的。他有敏锐的观察能力，世界向他呈现为对乐观主义幻想而言不那么有利的图景。就自己的社会世界观而言，他是典型的民粹派，始终是俄罗斯社会思想史上的一个单独的和独特的人物。在给米希勒的那封保卫俄罗斯民族的信中，赫尔岑写道："俄罗斯永远也不会发生这样的革命，其目的是摆脱沙皇尼古拉，用代表-沙皇、法官-沙皇、警察-沙皇来取代他。"他想以此说明，在俄罗斯不会发生资产阶级、自由主义的革命，要发生的是社会革命。这是一个卓越的预见。

六十年代，俄罗斯知识分子的性格和类型发生了改变，其社会组成也有所不同。四十年代的知识分子主要还是贵族的。在六十年代，知识分子成为平民的。平民知识分子的到来是俄罗斯社会思潮历史上非常重要的现象。在俄罗斯出现了知识分子的无产阶级，它将是革命动荡的酵母。从宗教界走出来的知识分子将发挥重大作用。过去的宗教学校学生成为虚无主义者。车尔尼雪夫斯基和杜勃罗留波夫（Добролюбов）都是司祭的儿子，在宗教学校里接受教育。在社会运动的产生中有某种神秘的东西。六十年代，在俄罗斯成立"协会"，形成社会舆论。这些东西在四十年代都不存在，那时有一些单干的人和不大的小组。六十年代俄罗斯社会思想的核心人物是车尔尼雪夫斯基，他是思想领袖。必须指出车尔尼雪夫斯基的道德特征——这样的人后来成为被不那么配得上的人利用的道德资本。就个性道德特质而言，他不但是最优秀的俄罗斯人之一，而且还是个接近圣洁的人。[①]是的，这个唯物主义者和功利主义者，这个俄罗斯"虚无主义"的思想家几乎是位圣徒。当宪兵们押送他去西伯利亚去服苦役时，他们说：让我们押送一个罪犯，我们押送的却是位圣徒。车尔尼雪夫斯基的案件是俄罗斯政府最令人厌恶的造假案件之一。他被判处19年的苦役。有人觉得需要清除车尔尼雪夫斯基，因为这样的人对青年人可以产生有害影响。他英勇地承受了苦役生活，甚至可以说，他满怀基督教的谦卑承受了这场苦难。他说：我为自由而战，但是我不希望为了自己的自由，不让人们以为我是出于自私的目的而战斗。这位"功利主义者"就是这样说和这样写的。他不希望给自己任何东西，他整个就是个牺牲者。当时，有太多的东正教基督徒顺利地安顿自己人间和天上的事务。车尔尼雪夫斯基与妻子处在离别状态，但是他对妻子的爱是男人和女人之间爱的最惊人的表达之一，它高于穆勒（Д.С.Милль）对自己妻子的爱、刘易斯（Льюис）对艾略特（Дж. Элиот）的爱。应该阅读车尔尼雪夫斯基从服苦役的地方写给妻子的信，才能充分评价车尔尼雪夫斯基的道德特征，以及他对妻子的爱的几乎是神秘主义的特征。车尔尼雪夫斯基事件令人惊讶的地方在于，其非常可怜

---

① 参见非常有趣的书《Любовь у людей 60-х годов》，其中收录了车尔尼雪夫斯基的书信，特别是他从服苦役的地方写给妻子的信。

的唯物主义和功利主义的哲学与他的苦修生活、高尚品格是不一致的。这里需要回忆一下索洛维约夫的话：俄罗斯虚无主义者们有个三段论——人来自猿猴，因此，我们就要相互地爱。俄罗斯革命者受到车尔尼雪夫斯基思想的鼓舞。他们提出一个有趣的心理学问题：最优秀的俄罗斯革命者宁愿在此生里忍受迫害、贫困、监狱、流放、苦役、死刑，对另外一种彼岸的生活也不抱任何希望。对那个时候的基督徒而言，对比是非常不利的，他们很珍惜人间幸福生活，也指望天上的幸福生活。车尔尼雪夫斯基是个非常有学问的人，他无所不知，懂得神学、黑格尔哲学、自然科学、历史，还是一位政治经济学专家。但是，他的文化类型不是特别高，低于四十年代唯心主义者们的文化类型，这就是民主化的结果。为了阅读车尔尼雪夫斯基的经济学著作，马克思开始学习俄语。这些著作获得了很高的评价。人们原谅车尔尼雪夫斯基缺乏文学天赋。在他写出来的东西里没有任何外部魅力，他无法与更出色的皮萨列夫（Писарев）相比。车尔尼雪夫斯基的社会主义与赫尔岑的民粹派社会主义接近，他也希望以农村村社、工人组合为支撑，也想让俄罗斯避免资本主义的发展。在自己的《对反对公社所有制的哲学偏见的批判》里，他利用黑格尔辩证法的术语，尝试表明可以跨越中间的资本主义发展阶段，使之降到最低限度——几乎为零。其主要的社会思想是把国家财富与人民福利对立起来。同时，车尔尼雪夫斯基支持工业发展，在这一点上，他不是民粹派——如果把民粹主义理解为这样一种要求，即俄罗斯应该完全成为农业国家，不走工业发展的道路。但是，他相信，这个工业发展可以不按照西方资本主义的道路来实现。在他那里，分配相对于生产的首要地位依然还是一般的民粹主义的思想。车尔尼雪夫斯基甚至愿意在自己身上看到与斯拉夫派之间有某种共同的东西。但是，在车尔尼雪夫斯基和赫尔岑之间的心理差别是非常大的，尽管在社会理想上他们之间有相似之处。这是平民知识分子和贵族、民主主义者和拥有贵族文化的人在内在气质上的差别。关于赫尔岑，车尔尼雪夫斯基写道："多么聪明的人！多么聪明的人！他又是多么落后！要知道，他至今还在莫斯科沙龙里说俏皮话，和霍米雅科夫争辩。现在，时间过得极快：一个月相当于以前的十年。仔细看，在他身上，里面依然坐着一位莫斯科贵族老爷。"这里准确地表达了代与代之间的差别，这个差别在俄罗斯总是发挥巨大作用。就自己的心理结构而言，赫尔岑始终是四十年代的"唯心主义者"，尽管有费尔巴哈的影响，以及他自己的怀疑主义。四十年代更加温和的"唯心主义者"类型被六十年代更加严厉的"现实主义者"类型取代，正如后来更温和的民粹派类型在我们这里被马克思主义者类型取代，更温和的孟什维克类型被布尔什维克类型取代一样。同时，车尔尼雪夫斯基本人完全不是严厉类型的人，他是非常具有人性的、充满爱意的、有牺牲精神的人。但是，他的思想有另外的色彩，其意志有另外的指向。六十年代知识分子是"善于独立思考的现实主义者"，他们不承认过剩的创造力量的游戏，不承认从过剩的业余时间里产生的一切。他们的现实主义是贫乏的，他们的意识是狭窄的，只集中在对他们而言唯一重要的东西上，他们是"犹太人"，而不是"希腊人"。他们抵制所有雅致的东西，也抵制精致的怀疑精神——赫尔岑就敢于怀疑，他们还抵制机智的游戏，他们是教条主义者。在六十年代"虚无主义者们"那里出现了苦修的气质，对以后的革命知识分子而言，这种气质是典型的。没有这个苦修气质就不可能有英勇的革命斗争。不宽容，让自己与整个其他世界孤立起来，这些特征都被大大地强化了。这就导致了涅恰耶夫的《革命者教义手册》的出现。这个苦修元素在车尔尼雪夫斯基的《怎么办？》里也有所体现。

《怎么办？》属于乌托邦小说的类型。这部小说没有文学价值，写得也不完善。在薇拉·帕夫洛夫娜（Вера Павловна）的梦里所表达的社会乌托邦是非常低级的。缝纫合作作坊现在无法让任何人感到害怕，也不会激发出热情。但是，车尔尼雪夫斯基的小说毕竟是非常出色的，有巨大的意义。这个意义主要是道德方面的。这是新道德的说教。被认为是虚无主义教义手册的这部小说遭到右翼阵营代表们的毁谤，那些不适应这种说教的人开始宣传小说的不道德。实际上，《怎么办？》的道德是非常高的，无论如何要比侮辱俄罗斯民族的那部《治家格言》的卑鄙道德无限高。布哈列夫是最出色的俄罗斯神学家之一，他承认《怎么办？》就精神而言是基督教著作。首先，这是苦修的书，其中有苦修元素，俄罗斯革命知识分子被这种元素渗透。小说主人公拉赫梅托夫（Рахметов）睡在钉子上，就是为了让自己准备好去承受酷刑，他准备放弃一切。引起最大攻击的是对自由恋爱的宣传、对嫉妒心的否定——嫉妒心以对私有财产的愚蠢感觉为基础。这些攻击来自右翼的、保守的阵营，该阵营在实践上最大限度地坚持享乐主义道德。性放纵主要在近卫军军官、无所事事的地主和重要官员们的阵营里盛行，而不是在具有苦修倾向的革命知识分子阵营里。《怎么办？》的道德应该被认为是非常纯洁和干净的。宣传自由恋爱是对真诚情感和爱的价值的宣传，这种爱被认为是男女之间关系的唯一证明。双方有一方对爱情的终止就是对双方关系意义的终止。车尔尼雪夫斯基反对对人的情感实施任何社会暴力，他前进的动力是对自由的爱、对自由和真诚情感的尊重。车尔尼雪夫斯基在自己生命中所经历的对女人的唯一的爱是理想爱情的范例。在车尔尼雪夫斯基那里，自由恋爱问题与"对肉体的证明"问题没有任何共同之处，在我们这里，后者在20世纪初精致的和美学化的思潮里发挥作用，而不是在虚无主义者和革命者们那里。"肉体"很少引起车尔尼雪夫斯基的兴趣，它后来引起梅列日科夫斯基（Мережковский）的兴趣，令车尔尼雪夫斯基感兴趣的是自由和正义。我重复一遍，小说《怎么办？》的道德是很高的，对俄罗斯意识而言，这样的道德是典型的。针对性和爱，俄罗斯道德与西方道德有很大区别。在这方面，我们总是比西方人更自由，我们认为，男女之爱的问题是个性的问题，它不涉及社会。如果和法国人说恋爱自由，那么他首先想到的是性关系。俄罗斯人就本性而言不那么感性，这时，他想到的完全是另外的东西——不依赖于社会规则的情感的价值、自由和正义。有知识的俄罗斯人认为，男女之间建立在真正爱情基础上的严肃、深刻的联系是真正的婚姻，哪怕它没有获得教会法和国家法的祝圣。相反，由教会法祝圣的（男女之间的）联系，如果缺乏爱情，如果有父母的强迫、金钱方面的考量，那么，就被认为是不道德的，这种联系可能是隐藏的淫荡。俄罗斯人不像西方人那样严守法律，对他们而言，内容比形式更重要。因此，在深刻和纯洁的意义上，爱情自由是俄罗斯人的教义、俄罗斯知识分子的教义，它包含在俄罗斯理念之中，如同对死刑的否定也在其中一样。在这里我们与西欧人无法达成一致，他们被束缚在法律文明里，特别无法与正统天主教徒达成一致，他们把基督教变成法律的宗教。对我们而言，人是最重要的，对他们而言，最重要的是社会和文明。车尔尼雪夫斯基的哲学是非常可怜的，充斥着他肤浅的意识。但是，其道德本性的深度使他能够做出非常正确和非常切合实际的评价。在他身上有巨大的人性，他为人的解放而斗争。他为人而斗争，反对社会对人的情感的统治。但是，他的思想还是社会的，他没有心理学，在他的人学里也没有人的形而上学深度。《哲学中的人本主义原理》一文有费尔巴哈的味道，这篇文章写得比较差而且肤浅。

皮萨列夫和《俄罗斯言论》（Русское слово）杂志所代表的

是不同于车尔尼雪夫斯基及其《现代人》杂志的六十年代其他思潮。如果车尔尼雪夫斯基被认为是典型的社会主义者，那么皮萨列夫则被看作是个人主义者。但是，在皮萨列夫那里有典型的俄罗斯的社会主题。对他而言，最高价值是自由的人的个性，他幼稚地把这个论断与唯物主义和功利主义哲学联系在一起。我们会看到，俄罗斯"虚无主义"的主要内在矛盾就在这里。皮萨列夫感兴趣的不只是社会，还有人的特质，他希望出现自由的人。他认为，只有知识人、从事思想劳动的人才是这样的人，即"善于思考的现实主义者"。在他身上折射出一种对待体力劳动代表们的傲慢态度，这在车尔尼雪夫斯基那里是看不到的。但是，这并不妨碍他把个性的利益和劳动的利益等同起来，米哈伊洛夫斯基后来发展了这个思想。他（皮萨列夫）要求从事有益的劳动，宣传节约力量的思想。在《现实主义者》一文里，他写道："我们的全部思维和每个诚实的人的全部活动的终极目的毕竟在于要一劳永逸地解决一个无法回避的问题，就是忍受饥饿和缺衣少吃的人的问题；除了这个问题之外，绝对不再有任何值得关注、思考和操心的问题。"这是个极端的说法，但是，在这里，"虚无主义者"皮萨列夫接近于福音书，而不是个"帝国主义者"，哪怕是认为终极目的是国家强盛的东正教"帝国主义者"。在考察俄罗斯虚无主义和对待文化的俄罗斯态度问题时，值得单独研究皮萨列夫。他的重要性在于其对个性问题的关注。他代表了俄罗斯激进的启蒙思潮。他不是民粹派。

3

在我们这里，七十年代主要是民粹主义时代。知识分子走向人民，以便向人民还债，救赎自己的罪过。起初，这并不是革命运动。为了自由而进行的政治斗争退居次要地位。甚至追求重新分配土地、把土地归还农民的"土地平分社（Черный передел）"也反对政治斗争。民粹派知识分子走向人民，以便与人民的生活融合在一起，对他们进行教育，改善他们的经济状况。只是在政府开始迫害民粹派具有文化特征的活动之后，民粹派运动才具有了革命的特征。七十年代民粹派的命运是悲剧的，因为他们不仅遭到来自政权的迫害，人民自己也不接受他们，人民拥有与知识分子不同的世界观，拥有另外的信念。农民有时候把那些准备把自己的生命献给人民的民粹派知识分子出卖给当局。这就导致知识分子转向暴力斗争。在民粹派运动和民粹派幻想的兴盛时期，当时左翼知识分子的思想领袖米哈伊洛夫斯基为了社会正义和各民族的利益而拒绝自由。他要求社会改革，而非政治改革。米哈伊洛夫斯基写道："对'一般人'而言，对'公民'而言，对品尝过全人类的识别善恶之树上的果子的人而言，不可能再有任何东西能比政治自由、良心自由、言论（口头和书面的）自由、思想交流的自由等等更有诱惑力。当然，我们也希望这些东西，但是，如果与这个自由相关的所有权利对我们而言只能发挥鲜艳芬芳的花朵的作用，那么我们就不希望有这些权利和这个自由！如果它们不但不能为我们提供还清债务的可能性，还增加债务的话，让它们都遭受诅咒吧！"这段引文对七十年代民粹派的心理而言是非常典型的。同时，还需要指出，在米哈伊洛夫斯基那里没有人民崇拜，他是知识分子的代表，对他而言，人民的利益是必须的，但人民的意见不是必需的，他根本不追求平民化。他区分两种良心的工作，一种是有待提升的劳动人民所固有的，一种应该为享有特权的、受过教育的阶层所固有，这些阶层的人应该赎回自己对人民犯下的罪。良心的工作是对社会罪过的忏悔，它也引起了米哈伊洛夫斯基的兴趣。七十年代，思想氛围发生改变。虚无主义的极端性有所减弱，发生了从唯物主义向实证主义的过渡。自然科学的绝对统治终止了，毕希纳和摩莱萧特（Молешотт）不再引起人们的兴趣。对左翼知识分子产生影响的是孔德（О. Конт）、穆勒、斯宾塞（Гер. Спенсер）。但是，人们对西方思想流派的态度是更加独立的和更具批判性的。七十年代是我们的陀思妥耶夫斯基和托尔斯泰创作的鼎盛时期，还出现了索洛维约夫。但是，左翼民粹派知识分子始终封闭在自己的世界里，有自己的思想领袖。最有趣的是米哈伊洛夫斯基，他是智力方面有天分的人、出色的社会学家，他提出了重要的问题，但是，其哲学修养并不高，他所熟悉的主要是实证主义哲学。与四十年代的人不同，他几乎完全不懂德国唯心主义哲学，后者可以帮助他更好地解决令他不安的问题，就是社会学中的"主观方法"问题和

"为个体而斗争"的问题。①他有一个非常正确的十足的俄罗斯的思想，就是关于正义—真理与正义—公正的结合的思想，关于人通过全身心而进行完整认识的思想。霍米雅科夫和基列耶夫斯基始终都在思考这个问题，他们拥有的哲学和宗教的世界观完全是另外一种类型的，后来索洛维约夫也思考过这个问题。当米哈伊洛夫斯基反对把自然科学方法转移到社会科学里去时，他是完全正确的。他坚持，在社会学里，"评价"是不可避免的。在自己的著作《英雄与群众》和《病态的魔法》里，他使用心理体验的方法——应该把这个方法与对社会现象的道德评价彻底区分开。在社会学的主观方法里，有尚未被意识到的人格主义真理。和孔德类似，米哈伊洛夫斯基确定人类思想的三个阶段，他称它们为：客观-人中心阶段、离心的阶段和主观-人中心阶段。他把自己的世界观称为主观-人中心的，并将其与形而上学的（离心的）世界观对立。可以按照另外的方式，把存在主义哲学称为主观-人中心的。基督教是人中心的，它解放人，使人摆脱客观世界和宇宙力量的统治。但是，在七十年代，整个智力生活都处在唯科学主义和实证主义的标志下。米哈伊洛夫斯基的问题很难突破实证主义束缚。别林斯基和赫尔岑曾提出的那个问题，就是关于人的个性、个体与自然过程和历史过程之间冲突的问题，在米哈伊洛夫斯基的社会学著作里具有特殊

---

① 参见我的书《Субъективизм и индивидуализм в общественной философии》.

的性质。

这位主观方法的支持者（米哈伊洛夫斯基）的全部社会学思想都由反对社会学中的自然主义、反对社会有机论，以及反对把达尔文主义用于社会过程的斗争决定。但是，他不明白，应该用精神原则与社会学中的自然主义对抗，他不想承认这些精神原则，他也没有发现自己依然是社会学中的自然主义者。米哈伊洛夫斯基肯定作为分化有机体的个体与作为分化有机体的社会之间存在斗争。如果作为有机体的社会获得胜利，那么，个体将变成社会的器官，变成社会的从属物。应该追求这样的社会体制，个体在其中不再是器官和从属物，而是最高目的。对于米哈伊洛夫斯基而言，这样的社会就是社会主义社会。资本主义社会将在最大程度上把个体变成器官和从属物。因此，与赫尔岑一样，米哈伊洛夫斯基也保卫个人主义的社会主义。他不在个体（индивидуум）与个性（личность）之间做哲学上的区分，过多地按照生物学的方式理解个体；完整的个体在他那里具有的完全是生物学的特征。他希望有最大限度的生理学上的劳动分工，并敌视劳动的社会分工。在劳动的社会分工里，在有机类型的社会里，个体只是"社会有机体的脚趾头"。他严厉地批判社会学中的达尔文主义，他的批判经常是非常恰当的。很难把米哈伊洛夫斯基的一个正确思想与他的实证主义调和起来，这个思想就是，自然界的道路与人的道路是对立的。他反对"事物的自然进程"，要求人积极地干预"自然界进程"的变化。在揭露社会学中的自然主义的反动特征，以及反对把达尔文生存竞争思想用于社会生活时，他表现出巨大的洞察力。德国种族主义是社会学中的自然主义。米哈伊洛夫斯基在揭露这个自然主义谎言时，保卫了俄罗斯理念。我按照另外的方式在哲学上表述这个理念。对社会有两种理解：社会或者被理解为自然界，或者被理解为精神。如果社会是自然界，那么强者对弱者的暴力、强者和适应能力强的人的选择、强力的意志、人对人的统治、奴役与不平等、人与人是豺狼关系，都将获得证明。如果社会是精神，那么人的最高价值、人权、自由、平等和博爱就可以获得确定。米哈伊洛夫斯基指的就是这个差别，但是，他对这个差别的表达是很不完善的，用的是生物学术语。这是俄罗斯理念与德国理念的差别，是陀思妥耶夫斯基与黑格尔之间，以及托尔斯泰和尼采之间的差别。

米哈伊洛夫斯基在发展的类型与阶段之间做出了重要的区分。他认为，在俄罗斯有高级发展类型，但是，却处在低级发展阶段上。欧洲资本主义社会的高级发展阶段与低级发展类型有关。斯拉夫派按照另外的方式表达了这个思想，这也是赫尔岑的思想。米哈伊洛夫斯基是位社会活动家，按照社会的方式思考，如同整个左翼俄罗斯知识分子一样。但是，他有时候给人留下社会的敌人的印象，他认为完善的社会是个性的敌人。他说："个性永远也不应该被当作牺牲品；它是神圣的、不可侵犯的。"米哈伊洛夫斯基的民粹主义表现在于，他肯定个性利益与人民利益的一致性，个性与劳动的一致性。但是，这并不妨碍他看到个性与人民大众之间悲剧冲突的可能性，他似乎预见到俄罗斯革命高潮时发生的冲突。"在我的书桌上有别林斯基的半身塑像，我非常珍惜它，这是我的书柜，我在它后面度过了很多夜晚。如果俄罗斯生活带着其全部日常特征闯入我的房间，人们打碎别林斯基的塑像，烧毁我的书籍，那么我也不会向村民屈服；我会战斗的，当然了，如果我的双手没有被束缚。"就是说，可能有个性反对社会有机体的斗争的义务，也有反对人民的斗争的义务。米哈伊洛夫斯基到处都在宣传为个体而斗争的思想。"人的个性是个体性的一个阶段。"他主观地选择了人的个性，认为它具有最高地位。

拉夫罗夫也是个性的保卫者，个人主义社会主义的支持者。他是个知识渊博的人，远比米哈伊洛夫斯基更聪明，但不那么有天分。他写的东西非常枯燥。起初，他是炮兵学院教授，一生的大部分时间侨居国外，是七十年代革命运动思想上的领导者。关于他，人们开玩笑说，他开始按照宇宙演化的方式论证革命社会主义，从星云物质的运动开始。他最著名的东西是自己的著作《历史信札》，用米尔托夫（Миртов）的笔名发表。拉夫罗夫肯定哲学中的人本主义，认为批判地进行思考的个性是历史过程的主要动力。他宣传个性发展的义务。但是，个性的道德价值在他那里是在团体、党派里实现的。拉夫罗夫的人格主义是有局限的。对他而言，作为个别个性的人实质上是不存在的，人是由社会塑造的。在拉夫罗夫那里也有马克思主义的元素。但是他和所有民粹派社会主义者一样，反对为了立宪而进行的自由斗争，希望以农村村社和工人组织为支撑。与实证主义哲学相关的社会主义不能提供论证个性的价值与独立性的可能。陀思妥耶夫斯基真正地提出了个性问题。拉夫罗夫的民粹主义的主要表现是，他承认知识分子面对人民的罪过，要求向人民还债。在七十年代有这样一些民粹主义的类型，它们要求知识分子完全放弃文化价值，不但是为了人民的福利，也为了人民的意见，这些民粹主义形式不保卫个性。有时候民粹主义带有宗教和神秘主义的色彩。在七十年代有一些宗教团体，它们也是民粹主义的一种形式。人民生活在"土地的统治"下，脱离土地的知识分子也愿意服从这个统治。

知识分子对农民阶级的革命性感到失望。对专制君主制的宗教神圣性的旧信仰在人民中间还比较强烈，人民对地主和官吏的敌视甚于对沙皇的敌视。人民不理解知识分子为其提供的启蒙，知识分子与人民的宗教信仰格格不入。这一切给民粹主义带来打击，也可以解释其向政治斗争的过渡。对农民阶级的失望最终导致俄罗斯马克思主义的产生。但是，就所提出的目的而言，尤其是就斗争的手段和方法而言，在俄罗斯有比占统治地位的民粹派社会主义流派更为极端的革命者。涅恰耶夫和特卡乔夫（Ткачев）就是这样的革命者。涅恰耶夫是个暴徒和狂热分子，但是其天性是英雄主义的。他宣传作为社会革命手段的欺骗和抢劫，还有无情的恐怖手段。他是如此强大的人，以至于在自己被关押在（彼得保罗要塞的）阿列克谢耶夫三角堡时，他向监狱的看守搞宣传，通过看守向革命运动转达指示。他专注于一个思想，要求为了这个思想而献出一切。他的《革命者教义手册》是独特的苦修书籍，似乎是革命者精神生活的指南。他提出的要求比叙利亚苦修生活的要求还要严厉。革命者不应该有任何利益、任何事业、任何个人的情感和联系、任何自己的东西，甚至是名字。一切都应该服从唯一的特别的利益、唯一的思想、唯一的激情——革命。服务于革命的一切都是道德的，革命是判断善恶的唯一标准。为了这一个目的需要牺牲很多东西。但是，这就是苦修的原则。在这种情况下，活生生的人的个性遭到压制，为了革命这个神（божество），生活的全部丰富内容都从它那里被剥夺了。涅恰耶夫要求小组要有铁的纪律和最大限度的集中，在这一点上，他是布尔什维克的先驱。涅恰耶夫的革命策略允许某些不道德的手段，这种策略令大部分民粹派俄罗斯革命者反感，甚至让巴枯宁感到害怕，关于巴枯宁的无政府主义，将在另外一章里讨论。作为革命理论家，特卡乔夫在思想上是最有趣的，应该称之为列宁的先驱。[1]特卡乔夫是拉夫罗夫和巴枯宁的反对者，他非常敌视民粹派社会主义者们所特有的一切无政府主义趋势。他是旧革命者中间唯一一个希望取得政权，并思考获得政权的方法的人。

---

① 见: *П.Н. Ткачев*. «Избранные сочинения». Четыре тома. Москва. 1933.

他是国家主义者，拥护专制政权，是民主制和无政府主义的敌人。对他来说，革命是少数人对多数人的暴力。多数人的统治是演化，而非革命。文明人不会去闹革命。他不能允许把国家变成立宪的和资产阶级的。特卡乔夫认为，俄罗斯应该避免资产阶级—资本主义的发展阶段，尽管他与民粹派是有区别的。他反对拉夫罗夫特别坚持的革命的宣传和准备。革命者应该始终认为人民准备好了进行革命。俄罗斯人就本能而言是社会主义者。缺乏真正的资产阶级是俄罗斯社会革命的优势——这是传统的民粹派主题。有趣的是，特卡乔夫认为破坏国家是荒谬的。他是个雅各宾派。无政府主义者希望通过人民发动革命，雅各宾派则希望通过国家发动革命。和布尔什维克一样，特卡乔夫宣传革命的少数派夺取政权，为了自己的目的而利用国家机器。他是强大组织的支持者。特卡乔夫是俄罗斯最先谈论马克思的人之一。他于1875年给恩格斯去信，信中说，俄罗斯革命的道路是特殊的，马克思主义原理不适用于俄罗斯。马克思和恩格斯谈论俄罗斯革命的资产阶级性质，与其说他们是"布尔什维克"，不如说他们是"孟什维克"。在这方面，有趣的是马克思给米哈伊洛夫斯基的信。与马克思和恩格斯相比，特卡乔夫才是布尔什维克的先驱。作为俄罗斯革命的理论家，以及作为布尔什维克的先驱，他是比较重要的。他的思想敏锐，但是，其文化水平非常低。他也是文学批评家，但是非常糟糕的批评家，认为《战争与和平》是一部平庸和有害的作品。这表明在革命运动和文化运动之间存在着鸿沟。

4

现在我们转向俄罗斯天才在其中获得繁荣的另外一个氛围。当人们全身心奉献于社会革命的问题时，它就会压制意识，导致与丰富的创造思想冲突，与文化繁荣冲突。俄罗斯社会革命思想带有独特的苦修主义痕迹。过去的基督教苦修者们认为，应该首先与个人的罪斗争，与此类似，俄罗斯革命者们认为，应该首先与社会的罪斗争，其他问题都会迎刃而解。但是，有这样的人，他们对罪有强烈的感觉，与俄罗斯社会问题也不是格格不入，他们也表现出了天才的创造力。首先，托尔斯泰、陀思妥耶夫斯基和索洛维约夫就是这样的人。伟大的俄罗斯作家们，以及就自己的类型而言是完全相反的宗教民粹主义代表们，两者都相信普通劳动人民的正义。与西欧的天才不同，俄罗斯的天才在上升到顶峰之后，就跳下去，希望与大地和人民融合在一起，他不希望成为享有特权的族类，超人的思想与他格格不入。只要比较一下托尔斯泰和尼采就够了。就自己的世界观基础而言，托尔斯泰和陀思妥耶夫斯基敌视革命的知识分子，而陀思妥耶夫斯基对待革命知识分子甚至是不公正的，他对他们的揭露类似于诋毁。但是，他们俩都追求社会正义，最好是说，他们俩都追求神的国，其中包含社会正义。对他们而言，社会问题获得了宗教问题的特征。托尔斯泰以前所未有的激进态度反对历史、文明、国家和社会基础里的非正义和谎言。他揭露历史的基督教、历史的教会，指责其让基督的训诫适应此世的法律，用恺撒的国取代神的国，背叛神的法律。他对罪有强烈的感觉，不仅是个人的罪，而且还有他所隶属的那个阶层的罪。就出生而言，他生来就是个古老的贵族，是真正的高级贵族（гранд-сеньор），但他却不能忍受自己的特权地位，一生都在与之斗争。放弃自己的贵族地位，放弃自己的财富，最后还放弃自己的荣誉，这些都是西方所不熟悉的。托尔斯泰完全是不彻底的，他没有能够在生活里贯彻自己的信仰，只是在生命最后才通过自己完美的离开而做到这一点。家庭压制了他，使他向下堕落。他是个欲望强烈的人，在他身上有强烈的大地的自发力量，他被自己的本能束缚在大地生活里，他因为这个生活的谎言而感到痛苦。他根本不是拥有素食主义气质的人。他整个都处在对立原则的斗争之中。他是高傲的、易怒的人，这是一个拥有战斗本能的和平主义者，喜欢打猎，是个牌迷，玩牌输掉过上百万。他宣传不抵抗——但他的自然倾向却是抵抗，不能服从任何人和任何事。女人诱惑了他，所以才写出了《克鲁采奏鸣曲》。有一次，在他不在村子里的时候，发生了搜查——这个现象在俄罗斯并不罕见，他如此愤怒，要求政府向他道歉，他请求自己与宫廷接近的姑母向亚历山大三世谈及此事，并威胁永远离开俄罗斯。在逮捕和流放托尔斯泰主义者时，他要求把他也逮捕和流放。他被迫克服自己身上的大地重负，克服自己的大地本性，他宣传与佛教接近的精神宗教。这就是托尔斯泰及其绝无仅有的命运的重要意义。他在普通百姓中间，在劳动里寻找正义和生命的意义。为了与百姓及其信仰融合在一起，他有一段时间强迫自己成为东正教信徒，遵循东正教会的所有规则，但是，他没有办法妥协，因此起来反抗，开始宣传自己的信仰、自己的基督教、自己的福音书。他要求从文明返回到自然界，对他而言，自然界是神圣的。他最彻底地否定土地私有制，认为它是所有恶的根源。他以此否定了自己的地主的本性。在西方社会思想里，对他产生一定影响的是蒲鲁东和亨利·乔治（Генри Джордж）。他与马克思主义有些格格不入。在涉及不以暴力抗恶的学说以及他的无政府主义时，我会谈他对卢梭的态度。比托尔斯泰本人更低的托尔斯泰主义之所以是有趣的，主要是因为它的批判，而不是其肯定的学说。托尔斯泰是一位伟大的热爱正义的人。在极其真实的19世纪俄罗斯文学里，他是最真实的作家。托尔斯泰是作为一个非常重要的元素而进入俄罗斯理念的，没有它就不能思考俄罗斯的使命。如果否定社会不平等、揭露统治阶级的谎言是非常重要的俄罗斯主题，那么在托尔斯泰那里，这个主题达到了极端的宗教表达。

陀思妥耶夫斯基最能表达俄罗斯本性的全部矛盾以及俄罗斯问题异常的紧张程度。年轻的时候，他参与彼得拉舍夫斯基小组，并因此而遭受苦役之刑。他经历了精神的震荡，用普通术语说，他从革命者转而成为反动分子，并揭露革命世界观、无神论社会主义的谎言。但是，关于他的问题是极其复杂的。在陀思妥耶夫斯基身上有很多革命的东西，他是精神的革命者。《宗教大法官的传说》是世界文学里最具革命性的作品之一，甚至可以说，是最具无政府主义性质的作品之一。对于俄罗斯社会问题，他并不是漠不关心的，他有自己的社会乌托邦——这是神权政治的乌托邦，其中教会彻底吞没国家，但也造就自由和爱的王国。可以称他为东正教社会主义者。他反对资产阶级世界、资本主义制度等。他相信，在俄罗斯人民中间有正义，他信奉宗教民粹主义。在他看来，没有国家暴力的神权政治将从东方而来，从俄罗斯而来。有趣的是，陀思妥耶夫斯基成为革命和革命者的敌人，是因为他所谓对自由的爱，他号称在革命的社会主义精神里看到了对自由与个性的否定，认为在革命里，自由将退化为奴役。如果他关于社会主义革命者所说的东西针对涅恰耶夫和特卡乔夫而言是正确的，那么针对赫尔岑或米哈伊洛夫斯基则是完全不正确的。他预见到俄罗斯出现共产主义，并用对社会问题的基督教解决方案与之对抗。他没有陷入把石头变成面包的诱惑，没有接受通过放弃精神自由来解决面包问题的方案。对他来说，放弃精神自由就是敌基督的原则。他在基督教里，在社会主义里都看到了敌基督的原则。他不希望通过暴力实现普世联合。把人类社会变成蚂蚁窝的前景令他非常害怕。"把山夷为平地——是个好的思想。"这是希加廖夫和彼得·韦尔霍文斯基的思想。这是强制性地建立人类幸福生活。希加廖夫说："我从无限的自由出发，以无限的专制结束。"①这里没有任何民主的自由。在先知式的《宗教大法官的传说》里，不但有对威权的天主教的天才洞见，而且还有对法西斯主义、对所有威权制度的天才洞见。针对过去的历史神权政治，这个说法也是正确的。《宗教大法官的传说》和《群魔》里的很多片段主要可以解释为是反对天主教和革命的社会主义的。但实际上，这个问题更为宽泛和深刻。这是关于恺撒王国的问题，关于拒绝此世王国诱惑的问题。此世的所有王国、所有恺撒的王国、旧的君主制王国以及新的社会主义和法西斯主义王国都建立在强迫和对精神自由的否定的基础上。实质上，陀思妥耶夫斯基是位宗教无政府主义者，在这方面，他是十足的俄罗斯人。关于社会主义问题，以及关于按照新编制建设人类的俄罗斯问题是宗教问题，是关于神和永生的问题。在无神论意识里，社会主义问题在俄罗斯也是宗教问题。"俄罗斯男孩子们"、无神论者、社会主义者和无政府主义者们——俄罗斯精神的现象。陀思妥耶夫斯基对此有非常深刻的理解。因此，非常奇怪的是，他有时候非常不公正地，几乎是恶毒地谈论这些俄罗斯的男孩子们，特别是在《群魔》里。他对很多东西都有非常深刻的理解和洞见，看到了这样一些现象的精神基础，在表面上它们只呈现为社会现象。但是，有时候他也是很失败的，在《作家日记》里他就表达过

---

① 陀思妥耶夫斯基：《群魔》，见《费·陀思妥耶夫斯基全集》第11卷，陈燊主编，冯昭玙译，石家庄：河北教育出版社，2010年，第496页。

俄罗斯理念

非常平庸的、保守的政治观点。《作家日记》里的很多东西根本不符合其小说的精神深度。地上天堂的乌托邦问题令陀思妥耶夫斯基非常不安。韦尔西洛夫的梦，尤其是那个荒唐人绝妙的梦都是关于这个问题的。关于世界和谐、关于天堂、关于善的彻底胜利的问题可能有三个解决方案：（1）和谐、天堂，在善里的生活，但这个生活没有选择的自由，没有世界悲剧，没有痛苦，但是也没有创造的劳动；（2）和谐、天堂，处在人间历史顶峰的在善里的生活，这个生活的代价是无数痛苦和所有注定死亡的人们的眼泪，是变成未来幸福者手段的各代人；（3）和谐、天堂，在善里的生活，人通过自由和痛苦而走向它们，而且是在这样一个规划里，所有曾经生活过和遭受过痛苦的人都将进入其中，这个规划就是神的国。陀思妥耶夫斯基否定关于世界和谐和天堂问题的前两个解决方案，只接受第三个解决方案。伊万·卡拉马佐夫的辩证法是复杂的，人们并不总是能够很容易地理解陀思妥耶夫斯基自己站在哪一方。我认为，他有一半是站在伊万·卡拉马佐夫那边。陀思妥耶夫斯基对待恶的态度是复杂的，很多人可能觉得这个态度是个诱惑。一方面，恶就是恶，应该被揭露，应该毁灭恶。但是另一方面，恶是人的精神经验，是人的路。在自己的路上，人可能被恶的经验所丰富。但是，应该认真地理解这一点。能够丰富人的不是恶自身，而是精神力量，它的觉醒是为了克服恶。一个人说：我服从恶是为了丰富自己，这个人永远也不会丰富自己，他将毁灭自己。但是，恶是人的自由的体验。在历史上，在社会生活里，我们看到的是同样的东西。这里似乎有辩证发展的规律，根据这个规律，愚蠢、恶在一定时期里不是被消灭，而是被克服（Aufhebung），在这个克服里包含前一个时期所有肯定的东西。陀思妥耶夫斯基让我们产生上面这些想法。他揭示关于社会正义的俄罗斯问题的形而上学深度。对他来说，这个问题与俄罗斯弥赛亚主义有关。俄罗斯民族是心怀上帝的民族——应该比西方更好地解决社会问题。但是，这个民族也将遭遇巨大的诱惑。

索洛维约夫主要属于俄罗斯哲学的主题，但社会问题也不是完全与他格格不入的。基督教社会可能性的问题折磨他一生，他揭露社会的谎言——这个社会虚假地称自己为基督教的社会。在他关于世界的精神的一切统一（всеединство）的原初直觉里也包括实现社会的正义、完善社会的建立。索洛维约夫有自己的乌托邦，他称之为自由的神权政治。他相信，神的国也可以在大地上实现，他寻找这个实现的途径。只是在生命的最后他才对神权政治以及在大地上实现神的国的可能性感到失望。他的神权政治是真正宗教的乌托邦，它是按照非常理性主义的方式，根据沙皇、最高司祭和先知的三一图示建立的。最有趣的是，他肯定基督教里的先知原则和先知功能。在这一点上，他是十足的俄罗斯人。他说，为了战胜社会主义的谎言，需要承认社会主义的真理，并实现这个真理。但是，索洛维约夫不是民粹派，与俄罗斯思想的其他代表不同，他承认国家有肯定的使命，只是要求国家服从基督教原则。他的梦想是整个宇宙的改变。社会问题服从这个改变。他的巨大贡献是揭露民族主义的谎言，在八十年代，民族主义在我们这里具有了动物学的形式。索洛维约夫是俄罗斯普世主义的代表，而且是在比与他接近的陀思妥耶夫斯基更纯洁的形式上的代表。他对死刑的反抗是十足的俄罗斯的和基督教的反抗，因为这个反抗，他被迫离开大学的教职。但是，索洛维约夫在俄罗斯社会思想和思潮的历史上的作用是次要的。他进入俄罗斯理念是因为自己创作的其他方面，是因为他是19世纪俄罗斯宗教哲学最出色的代表。我们会看到，索洛维约夫的个性是非常复杂的，甚至是神秘的。无论如何，他总是追求实现基督教正义，不但是在个人生活里，而且是在社会生活里。他严厉地反抗二元论：二元论承认福音书道德是针对个性的，但是，针对社会却允许野兽般的道德。

在这一点上，与他有重要差别的是列昂季耶夫，后者恰好在极端形式里肯定这种道德的二元论。列昂季耶夫根本不希望在社会里实现基督教的、福音书中的正义。在他那里，美学评价相对于道德评价占有绝对优势。他带着他所固有的思想偏激和真诚承认，在社会生活里实现基督教正义会导致反常，实际上，他不希望这样的实现。自由和平等导致小市民习气。其实，令他厌恶的"自由主义—平均主义的进步"要比强大国家、贵族政体和君主制更符合基督教道德，因为它们（强大国家、贵族政体和君主制）不惜实施列昂季耶夫所保卫的那些残酷行为。他的全部思想都是对俄罗斯民粹主义、俄罗斯解放运动、社会正义的俄罗斯探索、神的国的俄罗斯探索的美学上的反抗。他是位国家主义者和贵族。但是，首先，他主要是个浪漫主义者，他根本不像实际生活中表现出来的那些反动分子和保守主义者。列昂季耶夫对小市民习气和资产阶级性的痛恨是浪漫主义者的痛恨。经验上的反革命者和保守主义者是小市民和资产者。在生命的最后，部分是在索洛维约夫的影响之下，列昂季耶夫对俄罗斯有机繁荣文化的可能性感到失望。他甚至设计了某种类似于君主制社会主义的东西，支持社会改革，支持解决工人问题，但不是出于对公正的爱以及对实现正义的渴望，而是出于对保护过去美的东西的渴望。列昂季耶夫是我们这里最出色的人之一，他身上的勇敢、真诚和激进的思想都能博得好感，他的宗教命运则令人不安。但是，他处在边缘状态。

对俄罗斯理念而言，对实现社会正义的俄罗斯式追求而言，更核心和典型的人物是费奥多罗夫，但是，他主要是属于20世纪初，而不是19世纪。在他那里，社会问题发挥巨大作用，他甚至与共产主义—集体主义有相似之处，在他那里还有劳动的思想、自然界的调节、设计。这些特质第一次遭遇到宗教思想。

民意党人杀害亚历山大二世导致我们的社会思潮里出现一个严格的界限。八十年代是政治反动和亚历山大三世的虚假俄罗斯风格盛行的时代，在这些年里产生了民族主义——以前未曾有过民族主义，在斯拉夫派那里也没有。旧的民粹派社会主义走向衰落。民意党是对旧革命流派最后的有力表达。热里亚博夫是其主要的表达者。这是个英雄人物。他在（1881年）三月一日的法庭上说的话非常有意思："我洗礼入东正教，但是，我否定东正教，尽管我承认耶稣基督学说的实质。在我的道德愿望里，这个学说的实质占有荣誉位置。我信仰这个学说的真理与公正，并郑重地承认，没有事业的信仰是死的，任何一位真正的基督徒都应该为正义而斗争，为被压迫和软弱的人的权利而斗争，也可以说，为他们而受难：这就是我的信仰。"[①]在八十年代，俄罗斯马克思主义的社会主义正在形成。1883年，在国外建立了以普列汉诺夫（Г.В. Плеханов）为首的"劳动解放社"，他是俄罗斯马克思主义的主要理论家。这个组织开启了俄罗斯社会主义思潮的新时代。与此同时，这也将是俄罗斯知识分子意识的严重危机。我说过，马克思主义者的类型要比民粹派类型更少情绪化。但是，在我们这里，在马克思主义的基础上，在左翼知识分子中间出现了具有更高级和复杂文化的流派，它代表了20世纪初的俄罗斯唯心主义。关于这个问题后面再谈。如果总结一下19世纪俄罗斯思想里的社会主题、社会正义的俄罗斯探索，那么可以说，人们之间与各民族之间团结的理念在俄罗斯酝酿成熟了。这是俄罗斯理念。但是，因为这个理念是在与基督教脱离的情

---

① См.: *А. Воронский*. «Желябов». 1934.

况下被确立的，基督教又是它的根源，那么，这个理念里就包含了一种"毒素"，这也体现在共产主义的现实里，体现在其中包含的真理与谎言的交织里。在别林斯基那里已经有了这种双重性。在涅恰耶夫和特卡乔夫那里，否定的东西相对于肯定的东西已经开始占优势了。精神流派对社会问题更加漠不关心了。这样，在俄罗斯，分化、分裂越来越加深了。

第六章
文化的证明

文化与文明的区分。终结的文化。俄罗斯虚无主义：
杜勃罗留波夫、皮萨列夫。虚无主义里苦修的、末世论的
和道德说教的元素。对自然科学的崇拜。个性原则与唯
物主义之间的矛盾。完善文化与完善生活的对立。托尔斯
泰。托尔斯泰的平民化与卢梭。列昂季耶夫及其对待文化
的态度。

1

文化的证明问题在俄罗斯意识里要比在西方意识里占有更大
的位置。西方人很少怀疑文化的正当性。他们认为自己是地中海希
腊罗马文化的继承者，坚信这一文化传统的神圣性。同时，他们还
认为这个文化是普世的和唯一的，其余世界都是野蛮的。法国人对
此就有特别尖锐的意识。不过，卢梭怀疑文明（法国人喜欢文明这
个词，而不喜欢文化一词）的益处。但这是个特殊的现象，几乎是
丑闻，问题的提法也和俄罗斯人不同。我们会看到（卢梭）与托尔
斯泰的差别。在俄罗斯人那里没有西方人所固有的那种文化崇拜。
陀思妥耶夫斯基说：我们都是虚无主义者。我想说：我们俄罗斯人
都是启示论者（апокалиптики）或虚无主义者。我们之所以是启示
论者或虚无主义者，是因为我们追求终结，不理解历史过程的阶段
性，敌视纯粹的形式。当施本格勒说，俄罗斯就是对古希腊罗马文

化的一种启示论的反抗，即反抗完善的形式、完善的文化，他所指的就是这一点。①但是，弗洛罗夫斯基的意见完全是错误的，他认为俄罗斯虚无主义是反历史的乌托邦主义。②虚无主义属于俄罗斯历史的命运，也属于革命。不能只把保守主义的口味所喜欢的东西看作是历史的。反抗也是历史现象，是实现历史命运的途径之一。没有反抗，俄罗斯人就不能实现自己的命运，这个民族就是这样。虚无主义是典型的俄罗斯现象，它是在东正教的精神土壤上产生的，其中有对东正教苦修的强大因素的体验。东正教，特别是俄罗斯东正教，没有自己对文化的证明，其中，在对待人在此世所创造的一切的态度上，有虚无主义因素。天主教接受了古希腊罗马的人道主义。在东正教里，基督教末世论表达得最强烈。在俄罗斯虚无主义里可以区分出苦修的和末世论的元素。俄罗斯民族是终结的民族，而不是历史过程的中间的民族。人道主义文化就属于历史过程的中间。在一般的用词里，19世纪的俄罗斯文学是俄罗斯文化的最高表现，它不是西方古典意义上的文化，它总是超越文化的界限。伟大的俄罗斯作家感觉到完善文化与完善生活之间的冲突，他们追求完善的、改变的生活。他们意识到，俄罗斯理念不是文化的理念——尽管并不总是能够成功地表达这一点。在这方面，果戈理、托尔斯泰、陀思妥耶夫斯基是非常典型的。我已经说过，俄罗斯文

---

① См.: *Spengler.* «Der Untergang des Abendlandes». Zweiter Band.
② См. *о. Г.Флоровский*. «Пути русского богословия».

学不是文艺复兴式的，它渗透着由人和民族的苦难所带来的痛苦。俄罗斯天才希望贴近大地，贴近民族的自发力量。但是，俄罗斯人也对文化的蒙昧主义进行否定，这个蒙昧主义元素也存在于官方东正教里。当俄罗斯人成为极端东正教徒时，他们很容易陷入蒙昧主义。没有文化或者文化水平非常低的人们关于文化所表达的意见是没有意思的，因为他们提不出任何问题。当为文化证明的问题由创造了俄罗斯文化的最伟大的俄罗斯人提出，或者由在思想上受过西方科学教育的知识分子提出，那么就有意思了。正是在19世纪下半叶，觉醒的俄罗斯意识提出文化的代价问题（这个问题就如同拉夫罗夫（米尔托夫）在《历史信札》里提出的那样），甚至直接提出关于文化的罪恶问题。俄罗斯虚无主义是对特权阶层创造的，并只为这个阶层服务的文化做道德反思。虚无主义者不是文化怀疑主义者，他们是信徒。这是信教的年轻人的运动。当虚无主义者反对道德时，那么他们是以善的名义做的。他们揭露理想原则的谎言，但却是以对不加粉饰的正义的爱的名义做的。他们反对文明程式化的谎言。虚无主义者的敌人陀思妥耶夫斯基也反对"崇高与美好的东西"，与"席勒们"决裂，与四十年代的唯心主义者决裂。对崇高谎言的揭露是重要的俄罗斯主题之一。俄罗斯文学和思想在很大程度上具有揭露的特征。对文明的程式化生活的痛恨引导人们到人民的生活里去寻找正义。由此就有了平民化，剥去自己身上的程式化文化外壳，达到真正的、真实的生活核心的渴望。在托尔斯泰那里，这一点最清楚地表现出来。在"自然界"里比在"文化"里有更多的真理和正义，有更多神圣的东西。需要指出的是，俄罗斯人在施本格勒之前很久就在"文化"和"文明"之间做出区分，甚至当他们是"文化"的支持者时，他们也揭露"文明"。就实质而言，这个区分在斯拉夫派那里，在赫尔岑、列昂季耶夫和很多其他人那里都有，尽管是用其他术语表达的。也许，这里有德国浪漫主义的影响。有人可能会说，俄罗斯人很容易怀疑文化，反抗文化，因为他们很少浸润在希腊罗马文化传统里，需要拒绝的文化财富不多。这个证据不能证明任何东西，它与下面的论断有关，在19世纪的俄罗斯意识和思想里，与历史和传统的重负联系较少。这一情况恰好使得俄罗斯思想具有了更大的自由。不过，不能说，俄罗斯与希腊没有任何联系，这个联系是通过希腊教父而发生的，尽管中断了。有趣的是，国民教育大臣德·托尔斯泰伯爵强加的那种形式的古典教育具有明显的反动特征，同时，在西方，它具有进步的特征，并支持人道主义传统。在我们这里，自然科学被赋予了解放的意义。

2

俄罗斯虚无主义是俄罗斯启蒙运动的激进形式。这是俄罗斯心灵和俄罗斯意识发展中的辩证方面。俄罗斯虚无主义与西方有时候称为虚无主义的东西之间很少有共性。人们称尼采为虚无主义者。可以把莫里斯·巴雷斯（Морис Баррес）这样的人称为虚无主义者。这样的虚无主义可能与雅致有关，但它完全不属于启蒙时代。在俄罗斯的虚无主义里没有任何雅致的东西，它恰好对一切雅致文化进行怀疑，并要求文化能够证明自己。杜勃罗留波夫、车尔尼雪夫斯基、皮萨列夫——俄罗斯的启蒙者。他们很少像西方启蒙者，很少像伏尔泰或狄德罗。伏尔泰和狄德罗不反对世界文明，因为他们自己就是这个文明的产物。对于理解虚无主义的精神根源而言，非常有趣的是杜勃罗留波夫的日记。小男孩时的杜勃罗留波夫就具有非常强烈的苦修倾向，他的心灵形态是东正教–基督教的。他甚至认为对自己欲望的最不显著的满足都是罪恶，比如，如果他吃了过多的果酱。在他身上有某种严酷的东西。在自己热爱的母亲死后，他失去了信仰。东正教神职人员生活在精神上的低级特征让他愤怒，他就是从这个阶层走出来的，他无法把对神的信仰和神的天意，与恶和不公正的苦难的存在调和起来。和一般的俄罗斯无神论一样，杜勃罗留波夫的无神论就自己的原初根源而言与马西昂主义接近，但它是在否定的启蒙时代表现出来的。[1]俄罗斯虚无主义者更爱正义，厌恶谎言和一切粉饰，厌恶一切高尚的空谈。车尔尼雪夫斯基特别爱正义。在他对待爱情的态度上，在他对真诚

---

[1]　См. мою книгу «Психология русского нигилизма и атеизма».

和情感自由的要求上，我们已经看到了这一点。皮萨列夫被认为是俄罗斯虚无主义的领袖，在很多人看来，他的个性像屠格涅夫笔下的巴扎罗夫（Базаров）。实际上，根本不是如此。首先，与车尔尼雪夫斯基、杜勃罗留波夫和六十年代其他虚无主义者不同，他不是平民知识分子，他出身于世袭贵族阶层，是典型的贵族子弟，被娇生惯养的孩子。[①]家里人希望把他培养成为有礼貌的、有良好教养的年轻人（原文为法语）。他是个非常听话的孩子，经常哭泣。他是极其真诚和诚实的，人们称他为"水晶盒子（хрустальная коробочка）"。这位虚无主义者、美的破坏者却成了一位非常有教养的年轻人，法语说得很好，是位无可挑剔的绅士，就自己的品味而言，他是位唯美主义者。在他身上有一种温和，没有杜勃罗留波夫身上的那种道德严酷性。除了对自然科学的迷恋之外，在他身上没有任何与巴扎罗夫相似的东西。皮萨列夫首先希望赤裸的真理、真实，痛恨空谈和粉饰，不喜欢热情。他属于具有现实主义倾向的六十年代，这时发生了反对崇拜四十年代唯心主义者的斗争，人们要求有益的事业，不喜欢幻想。如果是在另外一个时代，他将成为另外一个人，会按照另外的方式为个性斗争。天生的唯美主义者皮萨列夫对普希金、对美学的激烈反抗是与对"唯心主义者"的崇拜所进行的斗争，与享有特权的文化人小群体的奢侈所进行的斗

---

① См.: *Е. Соловьёв.* «Писарев».

争。现实高于艺术，这是车尔尼雪夫斯基的论点。但是，在这里，对现实的理解不同于处在黑格尔时期的别林斯基和巴枯宁的理解。"现实"的概念具有革命的特征，而不是保守的特征。作为典型的启蒙者，皮萨列夫认为，启蒙的理智是改变现实的主要工具。他首先为了个性、为了个体而斗争，他提出个人的道德问题。具有典型意义的是，在少年时代，皮萨列夫就参与了基督教苦修的"思想者协会"。这个苦修的底子在俄罗斯虚无主义里还有所保留。四十年代，和谐发展的个性的理想得以塑造出来。皮萨列夫宣传的六十年代"善于思考的现实主义者"的理想是对个性理想的收缩，是对个性规模和深度的缩小。与此相关的是虚无主义在其为个性解放而进行的斗争中的主要矛盾。个性的坚韧精神体现在虚无主义者的牺牲能力上，体现在这些功利主义者和唯物主义者拒绝一切生活幸福的能力上。皮萨列夫的利己主义宣传完全不意味着利己主义的宣传，而是意味着反抗一般对个体的压制，是不自觉的和在哲学上没有获得很好论证的人格主义。皮萨列夫想要为个体斗争，为个性的权利斗争，在这里他有自己的某种独创性的东西。但是，他的哲学完全不是自己的，也不具有独创性。他对社会问题并不是漠不关心的，但是，与为个性、为思想解放而进行的斗争相比，社会问题退居到次要地位。不过，这一切都发生在六十年代思想启蒙运动的氛围里，即在自然科学的统治之下。

虚无主义者们对高级文化持怀疑态度，但是有对科学，即对自然科学的崇拜，他们期待自然科学解决所有问题。虚无主义者们自己没有做出任何科学发现。他们普及自然科学的哲学，即当时的唯物主义哲学。

在哲学上，这是衰落和可怜的时代，人们把下面的事实当作反对灵魂存在的严肃证据，就是在解剖尸体的时候没有找到灵魂。甚至有更多的依据可以说，假如找到了灵魂，那么这也是有利于唯物主义的证据。人们在毕希纳和摩莱萧特庸俗的哲学上一知半解的唯物主义里找到了人和民族解放的根据。然而，只有精神才能解放人，物质则只能奴役人。在自然科学领域，俄罗斯有出色的、一流的科学家，比如门捷列夫，但是，他们和虚无主义者没有关系。经历对自然科学崇拜的态度，这是寻找正义的知识分子命运里一个方面。这是因为精神变成了奴役人和民族的工具了。人类的命运就是如此。对自然科学的偏执部分地可以用俄罗斯在科学上的落后来解释（尽管也有个别卓越的科学家）。在俄罗斯战斗的理性主义里，特别是在唯物主义里，可以感觉到外省的落后性和文化的低级水平。研究俄罗斯思想发展的历史学家夏波夫与皮萨列夫的思想接近，他认为唯心主义哲学和美学是贵族的，他承认自然科学是民主的。[1]皮萨列夫的思想也是如此。夏波夫认为，俄罗斯人是现实主义者，而不是唯心主义者，天生就倾向于自然科学和技

---

[1] *А. Щапов*. «Социально-педагогические условия умственного развития русского народа».

术，倾向于这样的科学——它们在实践上有有益的结果。只是他忘记了，俄罗斯思维在主要方面具有道德性质，俄罗斯人在宗教上是不安分的，喜欢不断地提出宗教性质的问题。在俄罗斯启蒙运动令人悲伤的历史上，有一件怪事，国民教育大臣希林斯基-希赫马托夫在五十年代取消了哲学教学。他大肆宣传自然科学，在他看来，自然科学实际上是中立的，哲学学科则被看作是自由思想的根源。六十年代，情况有所改变，自由思想的根源被认为是自然科学，哲学则被看作是反动的根源。但是，在这两种情况下，科学和哲学都没有在实质上被认识，而只被看作是工具。针对道德，也应该这样说。人们指责虚无主义否定道德，是非道德主义（аморализм）。实际上，如前所述，在俄罗斯的非道德主义里有强烈的道德动机，这是对世界上盛行的恶和非正义的反抗的动机，是追求美好生活的动机，在这种生活里将有更多的正义：在虚无主义里体现了俄罗斯的极端主义。在这个极端主义里有不自觉的俄罗斯末世论，它表现在可怜的哲学里，还有对终结、终极状态的追求。虚无主义的揭露，消除欺骗的外表，这是不接受握在恶者手下的世界。对恶的世界的这种不接受也存在于东正教苦修主义和末世论里，存在于俄罗斯的分裂派里。不要赋予意识里的思想表述方式太大的意义，一切都是在更大的深度上被决定的。但是，俄罗斯虚无主义的错误是一个基本的矛盾，在皮萨列夫那里，可以非常明显地看到这个矛盾。

皮萨列夫为个性的解放而斗争。他宣传个性自由及其完满生命的权利，要求个性超越社会环境，超越过去的传统。但是，个性从哪里获得进行这种斗争所需要的力量呢？皮萨列夫和虚无主义者们是唯物主义者，在道德上，他们是功利主义者。关于车尔尼雪夫斯基也可以这么说。可以理解这样一个论点，就是把唯物主义和功利主义看作是否定过去的偏见和传统世界观的工具，这些偏见和传统世界观被用来奴役个性。只有借助这个论点才能解释对如此粗浅的、经不起任何哲学批判的理论的迷恋。但是，从肯定的方面说，这些理论能为保卫个性不受自然界和社会环境的奴役，以及达到生命的完满提供什么东西吗？唯物主义是决定论的极端形式，是人的个性受外部环境决定的极端形式，它看不到人的个性内部有任何这样的原则，个性可以用它来抵制周围环境从外部施加的作用。只有精神原则、人的自由的内在根基，以及不是来自外部（即不是来自自然界和社会）的原则才能成为这样的原则。对道德进行功利主义的证明诱惑了虚无主义者，这种证明根本不利于个性的自由，也根本不能证明对生命完满的追求、对生命向广度和深度成长的追求。保卫生命和获得幸福所需要的适应原则是好的。但是，保卫生命和幸福可能与自由和人的尊严矛盾。功利主义是反人格主义的。功利主义者穆勒不得不说，成为不满的苏格拉底（Сократ）要比成为满意的猪更好。俄罗斯虚无主义者们最不希望与满意的猪相像。虚无主义者们承认的发展原则更好一些，即个性在发展的过程里获得实现，但是，发展在这里是按照自然主义的演化论来理解的。个性的斗士皮萨列夫否定个性的创造性的完满，否定个性精神生命的完满，甚至否定个性内心生命的完满，否定在哲学、艺术和最高精神文化里创造的权利。他肯定人的极其狭窄的、贫乏的意识。人注定要完全献身于自然科学，甚至有人建议撰写自然科学方面的通俗文章，以取代小说。这意味着个性的贫乏以及对其自由的压制。这就是俄罗斯人为了解放和社会正义而进行的斗争的反面。其结果体现在俄罗斯革命里，体现在它所实现的对精神的压制。但是，如果把责任全归给虚无主义者和跟随他们的那些人，这是不公正的。把欧洲无神论和对基督教的偏离的责任全部归给18世纪法国的启蒙哲学，同样是不公正的。历史的基督教也有重大罪过，比如东正教。战斗的无神论是对关于神的奴性观念的惩罚，是对历史基督教适应国家力量的惩罚。无神论可能成为净化神的观念的生存辩证的一个方面，对精神的否定可能成为对精神的净化，使之摆脱为占统治地位的世界利益服务的角色。不可能有阶级真理，但可能有阶级的谎言。在历史上，阶级的谎言发挥着不小的作用。虚无主义者是遭受历史基督教和历史精神性诱惑的人。就自己的基础而言，他们的哲学世界观是错误的，但是，他们是热爱正义的人。虚无主义是典型的俄罗斯现象。

3

七十年代关于文化问题的提法与六十年代的虚无主义不同。这首先是关于享用文化的阶层、知识分子面对人民的义务问题。特权阶层的文化成为可能，是因为劳动人民洒下了汗水和鲜血。这笔债务应该偿还。拉夫罗夫在七十年代特别坚持这样提出问题。但是，就实质而言，在他那里没有对文化的敌意。列夫·托尔斯泰更有意思，也更激进。在对待文化的态度上有一种在宗教上有依据的虚无主义，他就是这种虚无主义的天才表达者。在他身上，相对于人民的罪过的意识和忏悔获得了极端的表达。通行的做法是把作为艺术家的托尔斯泰和作为思想家与布道者的托尔斯泰严格地对立起来，过分夸大发生在他身上的革命的激烈程度。但是，在早期中篇小说《哥萨克》里，在《战争与和平》和《安娜·卡列尼娜》里就可以找到托尔斯泰的基本主题和思想。在这里，人民的原始生活真理和文明的谎言已经获得确立，我们的社会生活就建立在这个谎言的基础上。托尔斯泰的艺术创造之美和魅力，与他对双重生活的描述有关：一方面是他笔下的主人公在社会里的生活，这个社会有自己的规范，以及在文明里的生活，这个文明有自己强制性的谎言；另一方面是，当他笔下的主人公们不是面对社会，而是被置于存在的秘密面前，被置于上帝和自然界面前时，他们有所想的东西。这就是处在安娜·帕夫洛夫娜的彼得堡沙龙里的安德烈公爵与受伤后躺在

俄罗斯理念

田野里面对星空的安德烈公爵之间的区别。托尔斯泰时时处处都在描写接近大自然的生活真理，描写劳动的真理、出生和死亡的深度，并把它们与在文明里所谓的"历史的"生活的虚伪和不真实进行对比。对他而言，真理在自然界–无意识里，谎言在文明–意识里。我们会看到，这是托尔斯泰身上所包含的矛盾，因为他想要在理性的基础上论证自己的宗教。列文（Левин）一直都在反对文明社会生活的谎言，他去农村，走向大自然，走向人民和劳动。人们不止一次地指出托尔斯泰的观念与卢梭接近。托尔斯泰喜欢卢梭，但不能夸大卢梭对他的影响。托尔斯泰更深刻，也更激进。在他身上有对自己罪过的俄罗斯意识，这在卢梭那里是没有的。他完全不认为自己的本性是善良的。他的本性充满欲望和对生活的爱，同时，又倾向于苦修主义（总是有某种来自东正教的东西）。卢梭不懂得对生命意义的这种紧张探索、对自己罪恶和过错的这种痛苦意识、对完善生活的这种寻找。卢梭要求从18世纪法国沙龙返回到自然界。但是，他没有对质朴的托尔斯泰式的和非常俄罗斯式的爱，没有对净化的要求。巨大的差别还在于，卢梭没有停留在自然生命的正义里，而是要求社会契约，在此之后建立非常专制的国家，它否定良心自由。但托尔斯泰不希望有任何社会契约，而是希望停留在神圣自然界的正义里，这就是对神的法律的实现。但是，无论卢梭，还是托尔斯泰，都把堕落的自然界与改变了的自然界，与本体的或天堂里的自然界混淆了，在堕落的自然界里占统治地位的是为生存而进行的无情斗争，是利己主义、暴力和残酷。他俩都追求天堂的生活。他俩都批判进步，认为进步是与向天堂、向神的国相反的运动。把约伯的痛苦与托尔斯泰的痛苦进行比较是有趣的，托尔斯泰几近自杀。约伯的哀嚎是一个受苦者的哀嚎，他被剥夺了生活中的一切，成为最不幸的人。托尔斯泰的哀嚎是被置于幸福状态下的受苦者的哀嚎，他拥有一切，但是，他不能忍受自己特权的状态。人都追求荣誉、财富、名声、家庭幸福，认为这一切就是生活幸福。托尔斯泰拥有这一切，但却努力放弃这一切，希望平民化，与劳动人民融为一体。他为这个问题而伤脑筋，在这一点上他是十足的俄罗斯人。他希望终极的、极限的、完善的状态。托尔斯泰的宗教悲剧远比他的宗教哲学观念更深刻。不喜欢托尔斯泰的索洛维约夫说：托尔斯泰的宗教哲学只是其伟大精神的现象学。托尔斯泰完全不是民族主义者，但是他在俄罗斯民族里看到了伟大的正义。他相信，"革命不是在其他某个地方开始，而是在俄罗斯开始，因为无论在哪里，都没有在俄罗斯民族里那么有力和纯粹地坚守住了基督教世界观"。"俄罗斯民族总是按照与欧洲各民族不同的另外一种方式对待政权，它总是把政权看作恶，而不是福祉……通过消除土地私有制解决土地问题，给其他民族指出合理的、自由的和幸福的生活道路——位于工业、工厂和资本主义的暴力和奴役之外的道路——这就是俄罗斯民族的历史使命。"托尔斯泰和陀思妥耶夫斯基都否定欧洲世界、文明的和资产阶级的世界，尽管是按照不同的方式否定的——他们都是革命的先驱。但是，革命没有承认他们，正如他们也没有承认革命一样。在对人的创造的不正当性以及创造之罪的意识上，托尔斯泰也许最接近东正教。但这也是托尔斯泰主义的最大危险。他经历了对自己伟大创作的否定，但是在这一点上，我们完全不能跟随他。他不追求形式上的完善，而是追求生活的智慧。他景仰孔子（Конфуций）、佛陀（Будда）、所罗门（Соломон）、苏格拉底，把耶稣基督也算作智者，但是，对他而言，智者不是文化，而是生活的导师，他自己也想成为生活导师。他把智慧与质朴结合在一起，文化则是复杂的。确实，所有伟大的东西都是简单的。像马塞尔·普鲁斯特（М.Пруст）这样的复杂文化的产物在自身中把精致与质朴结合在一起。所以，可以称他为天才的作家，法国唯一天才的作家。

列昂季耶夫对文化的态度是与托尔斯泰主义和民粹主义完全对立的一极。在他身上，俄罗斯贵族文化阶层似乎在保卫自己特权角色的权利，不愿意就自己的社会罪恶进行忏悔。令人惊讶的是，当非基督徒，至少是非东正教基督徒在忏悔并遭受痛苦时，东正教基督徒却不愿意忏悔。对基督教的历史命运而言，这一点也是有趣的。列昂季耶夫接受秘密剃度而成为修士，他不怀疑繁荣文化的正当性，哪怕是用巨大的痛苦、可怕的不平等和不公正为代价换来的文化。他说，人民的所有痛苦都是公正的——假如普希金的出现因为它们而成为可能的话。普希金不太相信这一点——可以回忆一下他的诗作《农村》。列昂季耶夫与俄罗斯人的良心折磨、道德标准至上格格不入。美学标准对他而言是普遍的，它与生物学标准是一致的。他是把强力意志看作生命激情的那些现代流派的先驱。有一段时间，他相信，俄罗斯可以呈现完全独创的文化，成为人类的领袖。对他而言，美和文化繁荣，与多样性和不平等有关。平均化过程伤害文化，并导致反常。他的道德方针是非常复杂的，但是他得以在文化下降和衰落的灾难性过程里发现某种重要的东西。列昂季耶夫有巨大的思想无畏精神，他敢于表达其他人隐藏和掩盖的东西。只有他一个人敢于承认，他不希望社会生活里的正义和公正，因为这样的公正和正义将意味着生活之美的毁灭。他彻底地激化了历史基督教的矛盾、福音书训诫与对待世界生活和社会生活的多神教态度之间的冲突。他摆脱困境的途径是确立个性道德与社会道德的极端二元论，他为一个领域确立了修道苦修生活，为另一个领域确立美。但是，俄罗斯理念不是繁荣文化和强大王国的理念，俄罗斯理念是神的国的末世论理念。这不是欧洲意义上的人道主义理念。但是，俄罗斯民族将遭遇危险，一个危险是对文化的蒙昧主义否定（而不是对文化进行末世论的批判），另一个危险是摩尼教的、集体主义的文明。只有终结的文化可以克服这两个危险。与此最接近的是费奥多罗夫，他也揭露文化的谎言，希望彻底改变世界，希望获得亲近和团结——不但是社会的，而且是宇宙的亲近和团结。

第七章
政权问题

无政府主义。俄罗斯人对待政权的态度。俄罗斯的自由逃民。分裂。宗派主义。知识分子对待政权的态度：自由派，斯拉夫派。无政府主义。巴枯宁。破坏的欲望是创造的欲望。克鲁泡特金。宗教无政府主义：托尔斯泰的宗教无政府主义。不抵抗的学说。混乱与无政府主义。陀思妥耶夫斯基身上的无政府主义元素。宗教大法官的传说。

1

无政府主义主要是俄罗斯人的杰作。有趣的是，无政府主义意识形态主要是俄罗斯上层贵族建立的。重要的和最极端的无政府主义者巴枯宁是如此，克鲁泡特金（Кропоткин）公爵和宗教无政府主义者列夫·托尔斯泰伯爵也是如此。关于政权和国家的正当性问题完全是俄罗斯的问题。俄罗斯人对待政权有特殊的态度。列昂季耶夫说，俄罗斯国家机器的强大政权是由于鞑靼和德国的元素才建立起来的，他是正确的。他认为，俄罗斯民族，以及一般的斯拉夫民族除了混乱，无法建立任何东西。这个判断言过其实了，俄罗斯民族有巨大的组织能力，比通常人们想象的还要大，有殖民的能力——无论如何比德国人有更大的殖民能力，强力意志和暴力倾向妨碍了他们（德国人）。但是，下面的说法也是正确的，俄罗斯人不喜欢国家，不倾向于把国家看作是自己的，他们或者反抗国家，或者顺从地忍受国家的压迫。俄罗斯人比西方人更强烈地感觉到一切政权的恶与罪。但是，一方面是俄罗斯的混乱和对自由的爱，另一方面是俄罗斯人对国家的顺从（人民同意为庞大的帝国服务），这两个方面之间的矛盾可能让人惊讶。我说过，斯拉夫派的俄罗斯历史观不能解释庞大帝国的形成。榨取人民血汗的国家力量的增长有自己的反面，就是俄罗斯的自由逃民，在身体上或精神上逃离国家。俄罗斯的分裂是俄罗斯历史上的主要现象。在分裂的基础上形成了无政府主义流派。在俄罗斯的宗派主义里也是如此。逃离国家可以获得证明，因为在国家里没有了正义，获得胜利的不是基督，而是敌基督。国家、恺撒的国与神的国、基督的国对立。基督徒在这里没有自己的城，他们追求未来的城。这是十足的俄罗斯理念。但是，二元论、分裂贯穿俄罗斯历史。在官方层面上，国家东正教一直都从宗教上证明和巩固专制君主制和国家力量。只有斯拉夫派尝试把专制的君主与原则上的俄罗斯无政府主义思想结合在一起。但这个尝试没有成功，在他们的后辈那里，君主制国家战胜了无政府主义的正义。从18世纪末开始，从拉季舍夫开始，俄罗斯知识分子就被窒息在专制国家里，他们在社会生活里寻找自由和正义。整个19世纪，知识分子都在与帝国斗争，信奉无国家的、无政权的理想，建立无政府主义意识形态的极端形式。革命-社会主义流派不是无政府主义的，它甚至也无法想象，在革命胜利后把政权掌握在自己手里，以及组建新国家。唯一例外是特卡乔夫。一直有这样一个对立，一方面是"我们"——知识分子、社会、人民、解放运动，另一方面是"他们"——国家、帝国、政权。这种类型的对立是西欧所不知道的。19世纪俄罗斯文学不能忍受帝国，其中有强烈的揭露的成分。和一般的俄罗斯文化一样，俄罗斯文学与俄罗斯的庞大规模相符，它只能在庞大的、拥有漫长边界的国家里产生，但是，它没有把这一点与帝国、国家政权联系在一起。俄罗斯土地辽阔，俄罗斯民族拥有巨大的、强大的自发力量。但是，庞大的国家、帝国被看作是对土地和人民的背叛，是对俄罗斯理念的歪曲。在19世纪俄罗斯所有的社会流派里都可以发现独特的无政府主义因素，比如在宗教和反宗教的流派里，在伟大的俄罗斯作家们那里，在完全不擅长组织活动的俄罗斯性格特征自身里。在实质上，总是混乱的俄罗斯式漂泊生活，以及对自由的俄罗斯式的爱，都有自己的反面，就是俄罗斯的小市民习气，这种习气体现在我们的商人、官员和小市民日常生活里。这还是俄罗斯心灵的那种极化性。就自己的基本追求而言，这是个无政府主义的民族，它有一个带有极其发达和独裁的官僚体制的国家，这个体制包围着专制沙皇，并把他与人民隔离开。这就是俄罗斯命运的特点。具有典型意义的是，在俄罗斯，从来都没有自由主义的意识形态，它是能够鼓舞人，并对人产生影响的。六十年代的活动家们进行了改革，可以称他们为自由主义者，但是，这与确定的意识形态无关，与完整的世界观无关。现在我感兴趣的不是19世纪俄罗斯的历史，而是俄罗斯理念就反映在其中的19世纪俄罗斯思想的历史。俄罗斯的自由激情主要是与原则上的无政府主义联系在一起，而不是与自由主义联系在一起。可以把奇切林（Б. Чичерин）称为唯一的自由主义哲学家，而且，他与其说是纯粹的自由主义者，不如说是自由的保守主义者或者是保守的自由主义者。他有强大的智慧，如索洛维约夫关于他所说的那样，主要是管理的智慧，他是个右翼黑格尔主义者、枯燥的理性主义者，不过，他的影响不大。他仇恨社会主义。社会主义符合俄罗斯人对正义的探索。这是俄罗斯罕见的国家主义者，在这一点上，他非常不同于斯拉夫派，也不同于左翼的西方派。对他而言，国家是比人的个性更高的价值。可以把他称为右翼的西方派。他接受帝国，希望它成为文化的帝国并把自由主义的法制元素纳入自身之中。可以根据奇切林来研究与19世纪俄罗斯思想中占优势的流派里表达出来的与俄罗斯理念对立的精神。

2

前面说过，在斯拉夫派意识形态里有强大的无政府主义元素。斯拉夫派不喜欢国家和政权，他们认为任何政权都是恶。在他们那里有一个观念是十足的俄罗斯观念，即俄罗斯民族的心理气质与对依靠国家力量取得的政权和荣誉的崇拜格格不入。在斯拉夫派中间，最大的无政府主义者是康·阿克萨科夫。他写道："作为一个原则的国家是恶"，"就自己的观念而言，国家是谎言"。在另外一处他写道："东正教的事业应该通过道德途径来实现，不需要外部的、强制的力量帮助。对人而言，一条非常配得上的道路是自由信念的道路，就是神圣的救世主向我启示的那条路，他的使徒们所走的那条路。"对他而言，"西方是外部法律的胜利"。俄罗斯国家的基础是：自愿、自由与和平。在历史现实里，没有任何类似的东西，这是浪漫主义–乌托邦的粉饰。但是，康·阿克萨科夫渴望自愿、自由与和平，这才是现实的。霍米雅科夫说，西方不理解，国家与基督教之间是不相容的。实际上，他不承认基督教国家存在的可能性。同时，斯拉夫派是专制君主制的支持者。如何协调这一点呢？就自己的基础和内在激情而言，斯拉夫派的君主制是无政府主义的，它源自于对政权的厌恶。在对政权根源的理解中，霍米雅科夫是个民主主义者，是人民主权的支持者。[①]全部政权一开始就属于人民，但是，人民不喜欢政权、拒绝政权、选择沙皇，并委托他承担起政权的负担。霍米雅科夫非常珍惜的是，沙皇是人民选出来的。和一般的斯拉夫派一样，在他那里根本没有对专制君主制的宗教论证，没有专制制度的神秘主义。沙皇不是因为神圣权利而统治，而是因为人民的选择、人民意志的表达而统治。斯拉夫派对君主制的论证非常独特。以人民的选择和信任为基础的专制君主制是

---

① 参见我的书《А.С.Хомяков》.

最低限度的国家、最低限度的政权，至少是应该如此。沙皇的观念不是国家的观念，而是人民的观念。它不应该与帝国主义有任何共性，斯拉夫派严格地把自己的君主专制（самодержавие）与西方的独裁制度（абсолютизм）对立起来。国家政权是恶和肮脏。政权属于人民，但人民拒绝政权，把全部政权都交给沙皇。让一个人被政权玷污总比让整个人民被政权玷污要好。政权不是权利，而是重负、义务。任何人都没有权利进行统治，但是，有一个人，他有义务承担起政权的沉重负担。法律保障是不需要的，它们会把人民带入统治的氛围里，带入政治，而政治总是恶的。人民只需要精神自由，思想、良心和言论的自由。斯拉夫派坚决地把地方自治、社会团体与国家对立起来。斯拉夫派深信，俄罗斯民族不喜欢政权和统治国家，也不愿意做这样的事情，而是希望处在精神自由里。实际上，俄罗斯君主专制，特别是尼古拉一世的君主专制，是斯拉夫派所不希望的独裁制度和帝国主义，是斯拉夫派无法忍受的、有无限权力的官僚体制的极度发展。斯拉夫派用自己的只是一种乌托邦的无政府主义意识形态掩盖自己对自由的热爱和自己对无政权理想的好感。与斯拉夫派相反，赫尔岑不掩盖任何东西，不尝试把无法调和的东西调和起来。在他那里，无政府主义的、无国家的倾向是明显的。列昂季耶夫在自己对待国家的态度上与斯拉夫派正好相反。他承认俄罗斯人有无政府状态的倾向，但是，他认为这是巨大的恶。他说，俄罗斯国家是拜占庭原则以及鞑靼和德国元素的产物。他也完全不同意斯拉夫派古旧的家庭的思想，并且认为，在俄罗斯，国家观念比家庭观念更强大。列昂季耶夫远比斯拉夫派更正确地理解了现实，有更加敏锐的观点，但是，就自己的道德评价和自己的理想而言，斯拉夫派比他无限的更高和更正确。下面我们考察真正的俄罗斯无政府主义。

3

巴枯宁从黑格尔的唯心主义转向行动哲学，转向最极端形式的革命无政府主义。他是典型的宣布反抗的俄罗斯贵族。他主要是在西方获得了世界知名度。在德累斯顿的革命起义时，他提议把拉斐尔（Рафаэль）的圣母像摆放在革命战士队伍前面，他相信，军队不敢向它射击。巴枯宁的无政府主义也是斯拉夫–俄罗斯的弥赛亚主义。在他身上有强烈的斯拉夫派元素。对他而言，光从东方来。笼罩世界的烈火将来自于俄罗斯。尽管巴枯宁敌视马克思主义，但是会有某种来自他的东西进入共产主义的革命里。巴枯宁以为，斯拉夫人自己永远也不会建立国家，只有征服性的民族才建立国家。斯拉夫人靠团结和村社生活。他非常不喜欢德国人，他的一部重要著作的名称是《德意志专制帝国》。有一段时间，在巴黎，他与马克思接近，但是，后来与马克思发生严重分歧，并因第一共产国际而产生斗争，马克思在这场斗争中获得胜利。对巴枯宁而言，马克思是国家主义者、泛日耳曼主义者和雅各宾派，而他非常不喜欢雅各宾派。无政府主义者们希望通过人民发动革命，雅各宾派则希望通过国家发动革命。和所有俄罗斯无政府主义者一样，他是民主制的反对者。他完全否定地对待普选权。根据他的意见，当以人民的虚假代表权为支撑的时候，政府的专制是最强大的。让科学和科学家来管理生活，这也是他非常敌视的。马克思主义的社会主义是科学家的社会主义。巴枯宁用自己革命的狄奥尼索斯主义与此对抗。他做出非常恐怖的预言：如果某个民族尝试在自己的国家里实现马克思主义，那么这将是世人能看到的最可怕的暴政。与马克思主义相反，他肯定自己对人民的自发力量的信仰，首先是对俄罗斯人民自发力量的信仰。他认为不需要通过宣传的途径让人民准备革命，只需要激起人民的反抗。他承认斯坚卡·拉辛和普加乔夫是自己的精神先驱。有一句意义重大的话是巴枯宁说的：破坏的欲望是创造的欲望。必须点燃世界大火，必须摧毁旧世界。在旧世界的灰烬上，在旧世界的废墟上将自然而然地产生新的、更好的世界。巴枯宁的无政府主义不是个人主义的——如马克斯·施蒂纳（Макс Штирнер）那样，而是集体主义的。但是，集体主义或共产主义不是组织的事业，它将从自由里产生，在摧毁旧世界之后，自由就会到来。生产联合会的自由的兄弟联盟就会自然而然地产生。巴枯宁的无政府主义是民粹主义的极端形式。和斯拉夫派类似，他相信隐藏在人民自发力量里的正义。但是，他希望激发劳动人民最底层的反抗，准备让强盗和犯罪分子与这些底层结合起来。他首先相信自发力量，而不是意识。巴枯宁有独特的人学。通过摘下识善恶树上的果实，人才成为人。人的发展有三个标志：（1）人的动物性；（2）思想；（3）反抗。反抗是站起来的人的自然标志。在这里，反抗被赋予了几乎是神秘的意义。巴枯宁也是一位战斗的无神论者，他在自己的一本小书《上帝与国家》里表达了这一点。对他来说，国家主要是依靠上帝的观念为支撑。上帝的观念是放弃人的理性，放弃公正和自由。"如果上帝存在，人就是奴隶。"上帝是爱复仇的，所有宗教都是残酷的。在战斗的无神论方面，巴枯宁比共产主义者们走得还远。他说："只有社会革命拥有同时关闭所有小酒馆和所有教堂的力量。"他根本没有能力在实质上提出关于上帝的问题，因为他放弃了这样的社会影响，它们歪曲了人类关于上帝的观念。他所看到和知道的只有歪曲。对他而言，上帝的观念非常类似于恶的上帝——马西昂的世界的创造者。[①] 真诚的无神论者所看到的只有这样的上帝。在这一点上，错误的不仅仅是无神论者，更加错误的是这样的人，他们为了低级和自私的尘世目的，为了维持恶的国家形式而利用对上帝的信仰。巴枯宁是个有趣的、几乎是传奇式的俄罗斯人。尽管他的世界观的基础是错误的，但是他经常接近真正的俄罗斯理念。他的世界观的主要弱点在于缺乏任何深思

---

① *A. Harnack*. «Marcion. Das Evangelium vom Fremden Gott ». 哈纳克（Гарнак）断定，俄罗斯人倾向于马西昂主义。

熟虑的个性观念。他宣布对国家和一切政权的反抗，但这个反抗不是为了人的个性。个性始终服从集体，淹没在人民的自发力量之中。就自己对人的个性的感觉而言，赫尔岑站得更高些。巴枯宁没有彻底否定对人的暴力和统治，在这方面，他的无政府主义是矛盾的。无政府主义革命通过流血暴力的途径实现，它以起来反抗的人民对个性的统治为前提，尽管这个统治是没有组织的。克鲁泡特金的无政府主义是另外一种类型的。它不那么极端，更加田园诗化，它是按照自然主义方式被论证的，以对自然界和人非常乐观主义的态度为前提。克鲁泡特金相信合作的自然倾向。无政府主义者们缺乏对恶的形而上学感觉。在整个俄罗斯民粹主义那里都有无政府主义元素。但是，在俄罗斯革命运动里，本来意义上的无政府主义者们发挥了次要的作用。应该按照另外的方式评价无政府主义，把它看作是对此世王国诱惑的俄罗斯式的拒绝。在这一点上，康·阿克萨科夫和巴枯宁是一致的。但是，在意识上，这一点具有了经不起批判的、经常是荒谬的形式。

4

列夫·托尔斯泰的宗教无政府主义是最彻底和最极端的无政府主义形式，即对政权和暴力原则的否定。有一种无政府主义，它要求为了自己的实现而实施暴力（比如，巴枯宁的无政府主义），认为这种无政府主义是无政府主义的极端形式，这是错误的。认为制造流血最多的流派是最革命的流派，这个看法同样是错误的。真正的革命性要求生命基础的精神改变。通常认为托尔斯泰是理性主义者。但无论针对作为艺术家的托尔斯泰而言，还是针对作为思想家的托尔斯泰而言，这都是不正确的。很容易揭开在托尔斯泰的宗教哲学里包含的那种对理性的天真崇拜。他把理性-智慧、神圣的理性与启蒙主义者们的理性，与伏尔泰的理性，与理智（рассудок）混为一谈了。但是，只有托尔斯泰要求生活里的疯狂，只有他不希望在上帝与世界之间有任何妥协，只有他建议拿一切去冒险。托尔斯泰要求手段与目的之间绝对的一致，而历史生活却建立在手段与目的绝对不一致的基础上。尽管索洛维约夫有自己的神秘主义，但是，针对人类生活的神权政治建制，他编制了一些非常理性的、理智的、无危险的规划，这里有国王，有战争，有私有财产，有世人将其看作是财富的一切。批判托尔斯泰的勿以暴力抗恶的学说是非常容易的，很容易表明，在这种情况下照样是恶和恶人获得胜利。但是，通常情况下，人们不理解所提出问题的深度。托尔斯泰把世界的法律和上帝的法律对立起来。他提议为了实现上帝的法律而拿世界去冒险。基督徒通常为了以防万一而这样来安顿和组织自己的实际生活，以便这种生活是有利的和合理的，让事情进展顺利就好，无论是否有上帝存在。在实际生活里，在个人和社会的生活里，相信上帝的人和不相信上帝的人之间几乎没有任何差别。除了个别圣徒或怪人之外，甚至没有人尝试在福音书原则的基础上安顿自己的生活，所有人实际上都坚信，这样安顿生活会导致生活的毁灭，包括个人生活和社会生活，尽管这并不妨碍他们在理论上承认福音书原则的绝对意义。但是，就自己的绝对性而言，这是位于生活之外的意义。不管有上帝还是没有上帝，世界上的事情都是按照世界的法律安置的，而不是按照上帝的法律。这种情况就是托尔斯泰所不能容忍的，这是他的巨大荣誉——尽管他的宗教哲学很弱，他的学说实际上是无法实现的。托尔斯泰不抵抗暴力的意义要比人们通常所想的更深刻。如果一个人不再用暴力抵抗恶，即不再遵循此世的法律，那么将会有上帝直接干预，神的本性将行使自己的权利。只有在神自己行动的情况下，善才能获得胜利。托尔斯泰的学说是转移到社会和历史生活上来的寂静主义（квиетизм）形式。尽管托尔斯泰的主题非常重要，但是这里的错误在于，托尔斯泰似乎对暴力实施的对象和需要保护不受暴力侵害的人不感兴趣。他是对的，即通过暴力不能战胜恶，也不能实现善，但是他不承认，应该为暴力设置外部界限。有奴役人的暴力，如同有解放人的暴力一样。托尔斯泰的道德极端主义没有看到，善被迫在黑暗的、恶的世界环境里发挥作用，因此，善的行为不是直线的。但是他看到了，善在斗争中染上恶，并开始利用恶的手段。他希望在心中彻底接受登山宝训。托尔斯泰的情况让人产生一个非常重要的想法，真理是危险的，也不能提供保障，人们的全部社会生活都建立在有益的谎言基础上。有谎言的实用主义。这是十足的俄罗斯问题，它与西方文明里更加社会化的各民族格格不入。把无政府主义等同于混乱，这是完全错误的。无政府主义并不与秩序、条理、和谐对立，而是与政权、暴力、恺撒王国对立。无政府状态是混乱和不和谐，即反常。无政府主义是自由的、从内部被决定的和谐与秩序的理想，即是上帝的国对恺撒的国的胜利。在暴力、专制的国家背后通常隐藏着内在的无政府状态与不和谐。原则上说，在精神上有依据的无政府主义与对国家功能意义的承认是相容的，与国家功能的必要性是相容的，但是，与国家至上论，与国家的绝对化，与国家对人的精神自由的侵害，与国家的强力意志是不相容的。托尔斯泰公正地认为，犯罪是历史上形成的国家生活的条件。和陀思妥耶夫斯基、屠格涅夫、索洛维约夫一样，和所有优秀的俄罗斯人一样，他被死刑所震惊。西方人对死刑不感到震惊，死刑没有引起他们的怀疑，他们甚至认为死刑是社会本能的产物。感谢上帝，我们不是如此社会化的人。俄罗斯人甚至彻底怀疑惩罚的公正性。陀思妥耶夫斯基保卫惩罚只是因为他认为罪犯自己需要惩罚以减轻良心的痛苦，而不是因为惩罚对社会有益。托尔斯泰依据福音书，彻底否定审判和惩罚。

陀思妥耶夫斯基在《作家日记》里表达的外部保守的政治观点妨碍人们看清楚他在实质上的无政府主义。陀思妥耶夫斯基的君主主义和斯拉夫派君主主义都属于同一个无政府主义类型。在《卡拉马佐夫兄弟》里呈现的神权政治乌托邦完全是国家之外的，它应该克服国家，国家在其中应该彻底让位于教会，在教会里应该呈现王国，是上帝的国，而非恺撒的国。这是启示录的期盼。陀思妥耶夫斯基的神权政治与"资产阶级"文明对立，与一切国家对立，其中揭露了外部法律的谎言（这是十足的俄罗斯主题，在列昂季耶夫那里甚至就有的主题），其中包括俄罗斯基督教无政府主义和俄罗斯基督教社会主义（陀思妥耶夫斯基直接谈论东正教社会主义）。国家将被教会取代并消失。佩西（Паисий）神父说："灿烂的星星会从东方升起来"，"将来一定会这样，一定会这样，哪怕是到了千年万代之后"。[①]这显然是末世论的情绪。但是，无政府主义的真正宗教和形而上学的依据是在《宗教大法官的传说》里给定的。"传说"的无政府主义特征并没有获得充分的注意，"传说"让很多人产生误解（比如波别多诺斯采夫，他非常喜欢这个"传说"）。显然，"传说"的天主教外表把人弄糊涂了。实际上，《宗教大法官的传说》对任何权威和任何政权都带来可怕的打击，它不但打击天主教里的恺撒王国，而且也打击了东正教和一切宗教里的恺撒王国，同样也打击了共产主义和社会主义里的恺撒王国。陀思妥耶夫斯基的宗教无政府主义具有特殊的性质，拥有与托尔斯泰不同的依据，而且走向更深的地方，对他而言，精神自由问题有核心的意

---

① 陀思妥耶夫斯基：《卡拉马佐夫兄弟》（上），耿济之译，北京：人民文学出版社，1994 年，第 88、89 页。

义，在托尔斯泰那里，精神自由问题没有这样的意义。但是，托尔斯泰在更大程度上摆脱了传统观念的外部侵袭，在他身上更少有混合性。在陀思妥耶夫斯基那里，非常独特的东西是，对他而言，自由不是人的权利，而是责任、义务；自由不是轻松，而是重负。我这样来表述这个问题，不是人向上帝要求自由，而是上帝向人要求自由，上帝认为这个自由是人的尊严，即他的类神性。因此，宗教大法官指责基督，说他把自由的重负放在人的身上，他这样做似乎是因为他不爱人。宗教大法官自己希望把稚弱婴儿的幸福赋予千百万人，从他们身上卸下无法承受的自由重负，剥夺他们的精神自由。[①]整个"传说"都建立在接受或拒绝基督在旷野里遭遇的三个诱惑。宗教大法官接受全部三个诱惑，天主教也接受它们，正如任何威权的宗教、任何帝国主义和无神论的社会主义与共产主义都接受它们一样。宗教无政府主义立足于基督对此世王国诱惑的拒绝。对陀思妥耶夫斯基而言，强迫性地建立尘世王国是罗马的理念，无神论社会主义也继承了这个理念。他把以精神自由为基础的俄罗斯理念与以强迫为基础的罗马理念对立，并为了真正自由的神权政治（索洛维约夫的说法）而揭露虚假的神权政治。虚假的神权政治及其相反的无神论类似物就是现在所谓的极权制度、极权国家。对陀思妥耶夫斯基而言，否定精神自由就是敌基督的诱惑。极

---

① 参见我的书《Миросозерцание Достоевского》，其基础是对《宗教大法官的传说》的解释。

权就是敌基督的原则。这是对基督教历史所经历的权威和强迫最极端的否定，陀思妥耶夫斯基在这里走出历史东正教和一般而言的历史基督教的范围，转向末世论基督教，转向灵的基督教，揭示基督教的先知方面。在历史上的基督教里，对待国家、恺撒王国妥协的、机会主义的、适应的态度通常都这样来证明，即经上说的，恺撒的物当归给恺撒，神的物当归给神（《马可福音》12：17）。但是，在福音书里，对待恺撒王国的原则性态度是由对此世王国诱惑的拒绝来决定的。恺撒根本不是中立的人物，他是此世的王，即与基督相反的原则，是敌基督的原则。在基督教历史上，神的物经常归给了恺撒，每当在精神生活里确立权威和政权的原则，每当实现强迫和暴力时，都会发生这样的情况。陀思妥耶夫斯基似乎没有充分理解由"传说"获得的无政府主义结论。这就是19世纪俄罗斯思想的果敢精神。在世纪末和新世纪初，有一个奇怪的思想家费奥多罗夫，他是俄罗斯人中的俄罗斯人，他也将论证一种独特的无政府主义，它敌视国家，和斯拉夫派一样，它与古老的君主制结合在一起，这种君主制不是国家。他将揭示人类思想史所知道的最庞大和最极端的乌托邦。但是，在他身上，思想彻底转向末世论领域——将有专门一章研究这个问题。俄罗斯各种形式的无政府主义始终是俄罗斯意识和俄罗斯探索的主题。

第八章
宗教问题

俄罗斯哲学的宗教性。神学与宗教哲学的区别。对西方理性主义的批判。基列耶夫斯基与霍米雅科夫的哲学思想。聚和性思想。弗拉基米尔·索洛维约夫。爱欲。一切统一的直觉。存在与存在者。神人类思想。索菲亚学说。《爱的意义》。陀思妥耶夫斯基与托尔斯泰的宗教哲学。神学院里的俄罗斯宗教思想。大主教英诺肯季。涅斯梅洛夫。塔列耶夫。

1

　　在19世纪的俄罗斯文化里，宗教问题有决定性的意义。不但在宗教流派里如此，在宗教之外和反抗神的流派里也是如此，尽管这一点并没有被意识到。在俄罗斯，没有像我们的作家（如陀思妥耶夫斯基和托尔斯泰）那个规模上的哲学家。俄罗斯的学院哲学没有特别的独创性。俄罗斯思想就自己的意向而言是过分极权主义的，它不能成为抽象–哲学的，它同时希望成为宗教的和社会的，其中的道德激情非常强。在俄罗斯，长时间里一直没有形成文化哲学的环境。只是在八十年代，这个环境才开始形成，这时开始出版《哲学与心理学问题》杂志。格罗特（Н. Грот）的活动对于在我们这里普及哲学文化而言是有意义的，尽管他本人是个没有多大意义的哲学家。在我们这里，发展哲学的条件是非常不利的，哲学遭到来自政权的压制，也遭到来自社会的压制，遭到来自右边和来自左边的压制。但是，具有独创性的宗教哲学在俄罗斯形成，并获得发展。这是俄罗斯思想的任务之一。这里说的是宗教哲学，而非神学。在西方，思想和知识是非常分化的，一切都按照范畴分门别类。官方天主教和官方新教都建立了庞大的神学文献，神学是一种职业，从事神学研究的有专家、宗教界人士、神学院系的教授们。神学教授总是不喜欢宗教哲学，在他们看来，宗教哲学太过自由了，被怀疑有诺斯替倾向。作为正统思想的保卫者，他们满怀嫉妒地保卫神学的特殊权利。在俄罗斯，在俄罗斯东正教里，长时间以来都没有形成任何神学或者只有对西方经院哲学的模仿。东正教思想的唯一传统——柏拉图主义和希腊教父学的传统中断了，被遗忘了。在18世纪，理性主义者和启蒙主义者沃尔夫的哲学甚至被认为是最符合东正教的。开始按照东正教的方式进行独创性的哲学思考的不是神学教授，不是教会的主教，而是退伍军官和地主霍米雅科夫。后来，最出色的宗教–哲学思想在我们这里不是由专业的神学家表述的，而是由作家们，由自由的人们表述的。在俄罗斯形成了宗教–哲学的自由逃民，在官方教会圈子里，他们始终遭到怀疑。索洛维约夫是位哲学家，而非神学家。他是编外副教授，因为反对死刑的言论而被赶出大学。他最不像专业神学家和专业哲学家。有趣的是，被驱赶出大学的哲学在神学院为自己找到了栖身之地。但是，神学院没有创造出具有独创性的俄罗斯哲学，只有极少的几个例外情况。

俄罗斯宗教哲学从漫长的思想迷梦中醒来是因为有来自德国哲学的推动力，尤其是谢林和黑格尔。在思想领域有一定意义的唯一的教会主教是大主教英诺肯季（Иннокентий），他属于宗教哲学家，而非神学家。在神学院的教授们中间，最具独创性和最出色的思想家是涅斯梅洛夫，就自己的精神而言，他是宗教哲学家，而不是神学家。他为建立俄罗斯宗教哲学做出了重要贡献。纯神学家以教会的名义思考，主要依靠圣经和圣传，他原则上是教条主义的，其学术是在社会方面被组织的。在认识的途径上，宗教哲学原则上是自由的，尽管其基础是精神经验、信仰。对宗教哲学家而言，启示是精神的经验和精神的事实，而不是权威，他的方法是直觉的。宗教哲学要求理论理性与实践理性的结合，要求获得认识里的完整性。这是总体的精神力量在进行认识，而不仅仅是一个理性在认识。俄罗斯宗教哲学特别坚持的一点是，哲学认识是完整精神的认识，在其中理性、意志和情感结合在一起，其中没有理性主义的分裂。因此，对理性主义的批判是首要任务。理性主义被认为是西方思想的原罪，西方思想不正确地让自己几乎完全染上了理性的色彩。在西方，始终存在这样一些流派，它们抵制理性主义。但是，俄罗斯宗教哲学根据与西方思想的对立来看待自己和确定自己。同时，对俄罗斯宗教哲学而言，谢林、黑格尔、巴德尔有重大意义。[1]在与理

---

① 参见不久前出版的对巴德尔哲学作了最详细表述的书：*E. Suisini.* « Franz von Baader et le romantisme mystique ». Deux volumes.

性主义斗争方面，后者（巴德尔）不亚于斯拉夫派哲学家。但是，俄罗斯宗教思想和哲学思想的独特性是其极权主义特征，以及其对完整性的寻找。我们已经看到，实证主义者米哈伊洛夫斯基对完整的正义、正义–真理和正义–公正的追求并不亚于基列耶夫斯基和霍米雅科夫。用现代说法，可以说，具有宗教色彩的俄罗斯哲学希望成为存在主义的，其中进行认识和哲学思考的人自己就是存在主义的，他表达自己精神和道德的经验，这是完整的，而非分裂的经验。陀思妥耶夫斯基是最伟大的俄罗斯形而上学家和最具存在主义倾向的人。乌纳穆诺（Унамуно）说，西班牙哲学体现在堂吉诃德身上。我们也可以这样说，俄罗斯哲学体现在陀思妥耶夫斯基身上。对19世纪的俄罗斯意识而言具有典型意义的是，俄罗斯非宗教流派——社会主义、民粹主义、无政府主义、虚无主义和我们自己的无神论——都有宗教的主题，都经历过宗教的热情。陀思妥耶夫斯基很好地理解了这一点。他说，俄罗斯社会主义是关于上帝和永生的问题。对革命知识分子而言，革命是宗教的，它是极权主义的，它对待革命的态度也是极权主义的。俄罗斯思想各流派的宗教性质已经表现在这样一点上，即最折磨它们的是神正论问题，恶的存在问题。和陀思妥耶夫斯基一样，这个问题折磨了别林斯基和巴枯宁。俄罗斯无神论也与这个问题有关。

独立的俄罗斯哲学的纲领是由伊万·基列耶夫斯基和霍米雅科

夫首次提出来的。他们经历了德国唯心主义的训练。但是，他们尝试批判地对待自己同时代的欧洲哲学顶峰人物，即谢林和黑格尔。可以说，霍米雅科夫是从黑格尔出发进行思考的，但是，他从来不是黑格尔派，他对黑格尔的批判是非常出色的。伊万·基列耶夫斯基在自己纲领性的哲学文章里写道："非常需要哲学：我们思想的整个发展都要求哲学。我们的诗歌只能靠它存在和呼吸；只有它能够赋予我们处于萌芽状态的科学以灵魂和完整性，也许，我们的生活自身能够从它那里获得雅致与严谨。但是，它从哪里来呢？到哪里寻找它呢？当然，我们通向它的第一步应该是呈现一个国家的思想资源，这个国家在思辨领域超前了所有民族。但是，别人的思想只对发展自己的思想才是有益的。德国哲学在我们这里无法扎根。我们的哲学应该从我们的生活里发展出来，应该从当下的问题里，从我们的人民和个人的存在的主要需求里建立起来。"具有典型意义的是，伊万·基列耶夫斯基希望从生活里引出哲学。霍米雅科夫肯定哲学对宗教经验的依赖性。就自己的类型而言，他（霍米雅科夫）的哲学是行动的哲学。遗憾的是，基列耶夫斯基和霍米雅科夫连一本哲学著作都没有写出来，他们只局限于撰写哲学文章。但是，他们都有出色的直觉。他们宣布抽象哲学的终结，追求完整知识。这里发生了对黑格尔主义的克服，以及从抽象唯心主义向具体唯心主义的过渡。这条路将由索洛维约夫来继续，他将写出表达自己哲学的著作。根据斯拉夫派的图示，天主教产生新教，新教产生唯心主义哲学和黑格尔，黑格尔主义转向唯物主义。霍米雅科夫以其出色的洞察力预见到辩证唯物主义的出现。霍米雅科夫的批判最能揭露黑格尔哲学里存在者、基质的消失。他说："存在者应该彻底被消除。概念自身在自己最完满的抽象里应该从自己内部重建一切。""这是从抽象概念内部发生的永恒的、自我重建的创造，抽象概念在自身中没有任何本质。"俄罗斯哲学的主要观念是具体存在者的观念，它（存在者）存在着，先于理性认识而存在。和索洛维约夫的哲学一样，斯拉夫派哲学与巴德尔最近，部分地还与晚期谢林接近。这里出现非常独特的认识论，可以把它称为聚和性的、教会的认识论。爱被认为是认识的原则，它保证对真理的认识。爱是宗教真理的根源和保障。在爱里的交往、聚和性是认识的标准。这是与权威对立的原则，这也是与笛卡尔的"我思故我在"对立的认识之路。不是我在思想，而是我们在思想，即在爱里的交往在思想，能够证明我存在的也不是思想，而是意志和爱。霍米雅科夫是唯意志论者；他肯定愿望着的理性。"对人而言，意志属于前对象的领域。"能够确定我与非我、内在与外在之间差别的只有意志，只有愿望着的理性，而不是无意志的理性。知识的基础是信仰。信仰可以理解存在者。知识与信仰实质上是同一的。"有一个领域（原初信仰的领域），它先于逻辑认识，其内容是不需要证明和依据的生命意识，在这个领域里，人能够认识什么东西属于他的思想世界，什么东西属于外部世界。"意志在理性意识之前就能够看清楚存在者。但是，在霍米雅科夫那里，意志不是盲目的，也不是非理性的，如在叔本华（Шопенгауэр）那里就是如此，意志是愿望着的理性。这不是非理性主义，而是超理性主义。逻辑意识不能完全理解对象，存在者的实在在逻辑意识之前就能够被理解。在霍米雅科夫那里，哲学非常依赖作为原初经验的宗教经验，以至于他甚至谈论哲学认识对圣三位一体信仰的依赖性。但是，针对德国哲学，霍米雅科夫犯了一个错误。他完全陷入与西方理性主义的斗争中，似乎没有看到，德国形而上学被唯意志论所渗透，这个唯意志论可以追溯到伯麦，在康德、费希特和谢林那里都有。不过，霍米雅科夫本人的唯意志论有些不同。在他那里，意志也意味着自由，但这个自由没有黑暗的、非理性的根源，意志与理性结合在一起，这里没有分裂、有完整性，这是精神的完整性。霍米雅科夫有出色的哲学直觉，基本的哲学观念，但是，它们都处在未展开、未发展的状态。在同一个方向上向前推进的还有索洛维约夫的哲学，不过是在更理性的形式里，特别是谢·特鲁别茨科伊（С. Трубецкой）公爵的哲学及其关于聚和性意识的学说，他没有来得及充分发展这个学说。戈卢宾斯基和库德里亚夫采夫等人的唯灵论哲学来自神学院，具有另外的特征。它与西方思辨的自然神论流派接近。尤尔凯维奇更有趣一些，因为他肯定心的核心意义。在大学的哲学里，最出色的人物是科兹洛夫（Козлов）和洛帕京（Лопатин）。这是与莱布尼兹（Лейбниц）、曼·德·比朗（Мен де Биран）、洛采（Лотце）、泰希米勒（Тейхмиллер）接近的唯灵论哲学。科兹洛夫和洛帕京见证的是，在俄罗斯有过独立的哲学思想，但是他们不代表具有独创性的俄罗斯哲学，就问题的提出而言，俄罗斯哲学始终是极权主义的，始终把理论理性与实践理性结合在一起，始终带有宗教色彩。

霍米雅科夫的神学思想获得了更为详细的展开，不过，这些思想与他的哲学有密切的关系。但是，在神学里，也不能期待霍米雅科夫有系统的著作。遗憾的是，他在与西方信仰派别（包括天主教和新教）争论的形式里展开自己肯定的思想，在对待它们的态度上，他经常是不公正的。特别明显的是，在谈论东正教会时，霍米雅科夫指的是理想的东正教，就是按照自己的观念而言应该是的那个东正教，而在谈到天主教教会时，他指的是经验上的天主教，就是在历史现实中的那个天主教——那种现实经常是糟糕的。霍米雅科夫神学思考的基础是自由和聚和性的观念，是自由与爱、共性的有机结合。他有精神自由的激情（他的整个思维都被这种激情渗透），有对聚和性的天才直觉，在东正教会的历史现实里，他没有看到聚和性，而是在它之外看到了。聚和性属于理性认识的教会形象，针对经验的教会，聚和性是应当的东西。"聚和性"一词无法翻译成外文。聚和性精神是东正教所固有的，聚和性、精神共通性的理念就是俄罗斯理念。但是，在历史上的东正教里很难找到霍米雅科夫的聚和性。霍米雅科夫的神学著作在俄罗斯被书刊检查机关给禁止了，它们在国外以法文的形式出现，很晚之后才出俄文版。这是非常典型的。然而，作为霍米雅科夫的朋友和追随者，萨马林提议认定霍米雅科夫为教会的导师（учитель Церкви）。都主教马卡里（Макарий）的教义神学是天主教经院哲学的拓本，霍米雅科夫称他的教义神学为令人惊叹、愚蠢的，它表达了官方的教会性。霍米雅科夫则尝试表达真正东正教的神学思考。霍米雅科夫的聚和性是什么呢？

霍米雅科夫的神学思考主要针对教会学说，对他而言，这与关于聚和性的学说是一致的，聚和性的精神对他而言就是自由的精神。他坚决和彻底地否定权威原则。我用霍米雅科夫自己的话来叙述他的观点。"我们不承认教会的任何首脑，无论是精神的首脑，还是世俗的首脑。基督是首脑，教会没有另外的首脑。""教会不是权威，正如上帝不是权威、基督不是权威一样；因为权威是对我们而言的某种外在的东西。同时，基督徒的生活，他的内心生活也不是权威，而是真理"。"在希望和信仰之外为爱的精神寻找任何保障的人，他已经是理性主义者了。""无谬误性只能存在于靠相互的爱联合起来的教会的普世性里。"这就是聚和性。"教会知道兄弟团结，但不知道臣服。""我们信奉统一的和自由的教会。""基督教就是在基督里的自由……""与新教徒相比，我承认教会是更加自由的……在教会事务上，强迫的统一是欺骗，强迫的顺从是死亡。""任何外部标志，任何象征都不能限制基督徒良心的自由。""教会的统一就是把诸多个性的自由协调起来。""自由和统一——是两种力量，应该把人类在基督里的自由的秘密赋予它们。""关于真理的知识只能通过相互的爱来获得。"霍米雅科夫的引文还可以增加，特别是取自他的著作集第二卷的引文——这一卷是神学著作。似乎谁都没有表述过对基督教的这种理解（把基督教理解为自由的宗教），对宗教生活里的权威做如此彻底的否定。与权威对立的不只是自由，还有爱。爱是认识基督教真理的主要源泉。教会就是爱和自由的统一。对教会的形式的、理性的定义是不可能的，只能在教会的灵性经验里去辨认这个定义。天主教神学重要的特征以及19世纪和20世纪初俄罗斯神学的典型特征就在这里。在霍米雅科夫和陀思妥耶夫斯基那里，自由问题获得了最充分的表达。西方基督徒、天主教徒和新教徒，通常很难理解，什么是聚和性。聚和性与天主教的权威，与新教的个人主义是对立的，它意味着共通性，共通性既不承认相对于自己的外部权威，也不承认个人主义的孤独与封闭。对霍米雅科夫而言，普世宗教大会也不是把自己对基督教真理的理解强加给教民的权威。教会大会的普世性没有外部形式的标志。圣灵不在普世宗教大会按照形式标志出现的地方发挥作用，在圣灵发挥作用的地方才有普世宗教大会。对圣灵的界定，没有任何外部形式的标志。任何低级的、法律的，与国家生活类似的东西都不可能成为圣灵作用的真实性的标准。理性-逻辑的东西也不能成为教义真理性的标准。除了圣灵自身之外，圣灵没有其他标准。哪里的普世宗教大会是真的，哪里的普世宗教大会不是真的（比如"强盗会议"），这个问题由教民来决定，即由聚和性的精神来决定。这是对天主教教会学说最激烈的反抗。把天主教关于教皇自"宗座"讲话无谬误的学说与似乎是东正教的关于主教会议无谬误的学说对立，这完全是错误的。霍米雅科夫也否定主教团的权威。对他而言，真理不在宗教会议里，而是在聚和性里，在教民的共通性精神里。但是，不幸的是，官方东正教神学倾向于承认主教团的权威，以与教皇权威对立。在东正教会里，有太长时间没有举行宗教会议了。在俄罗斯，需要一场可怕的革命，宗教会议才有可能举行。右翼东正教界认为自己是最正统的，他们甚至断定，聚和性是霍米雅科夫的杜撰。在霍米雅科夫那里，东正教自由带有康德和德国唯心主义自律学说的痕迹。这里有真理的成分，但是这仅仅意味着，霍米雅科夫的神学尝试创造性地思考漫长的近代史的全部灵性经验。在一定意义上，可以把霍米雅科夫称为东正教的现代派，他与天主教现代主义有某种类似——如反对经院哲学，反对对教义的理智主义理解，保卫自由批判思想的强烈的现代主义元素。在他那个时代，还没有天主教的现代主义。但是，他与19世纪上半叶出色的天主教神学家莫勒（Мелер）最相似——莫勒保卫一个非常接近霍米雅科夫的聚和性的思想。[①]霍米雅科夫读过瑞士新教徒维奈（Винэ）的著作，大概是同情他保卫宗教自由。但是，霍米雅科夫的自由精神与共通性精神的结合是十足的俄罗斯理念。霍米雅科夫对英国圣公会最有好感，并与帕尔默尔（Пальмер）通信，他想让后者皈依东正教。和一般的斯拉夫派一样，他对至圣主教公会的管理持否定态度。霍米雅科夫的思想表明，在东正教里可能有很大的思想自由（我说的是内在自由，而不是外在自由）。其中的部分原因是东正教会没有必须接受的体系，与天主教相比，它更彻底地把教义与神学分开。不过，还有更深刻的原因。但是，霍米雅科夫的神学思考有自己的界限，俄罗斯宗教哲学思想后来提出的很多问题，他都没有涉及，比如，宇宙论问题。他的思想指向很少有末世论倾向。他没有对圣灵新启示的期盼，没有保惠师思想（параклетизм）。索洛维约夫宗教哲学思想的规模更大一些，但是，霍米雅科夫关于教会的思考更正确一些。指出下面一点是有趣的，在俄罗斯宗教哲学和神学的思想里，根本没有在西方思想里发挥巨大作用的自然神学观念。俄罗斯意识不区分启示神学和自然神学，因为俄罗斯思维过于完整，认为知识的基础是信仰的经验。

---

① См.: *J. A. Mohler*. «Die Einheit in der Kirche»; и книгу *E. Wermeil. J. A.* «Mohler et l' ecole catholique de Tubingen». 维尔梅里（Вермейль）认为莫勒是现代主义的鼻祖。

2

　　弗拉基米尔·索洛维约夫被认为是19世纪最杰出的俄罗斯哲学家。与斯拉夫派不同，他撰写一系列哲学著作，建立了完整的体系。如果从整体上去看他，那么，他的形象要比他的哲学自身更有趣和更独特。[①]他是个神秘的、矛盾的人，关于他可能会有完全对立的判断，从他那里产生了完全对立的流派。两任至圣主教公会总监都被看作是他的朋友和学生[②]，从他那里走出特鲁别茨科伊兄弟以及与他们如此不同的布尔加科夫（С. Булгаков），俄罗斯象征主义者勃洛克（А. Блок）和别雷（А. Белый）把自己与他联系在一起，并把他当作（象征主义的）创始人来崇拜，维切斯拉夫·伊万诺夫（Вячеслав Иванов）愿意把他看作自己的导师，人智学家们把他看作是自己人。右翼分子和左翼分子、东正教徒和天主教徒同样都引用他的话，在他身上寻找支撑。同时，索洛维约夫是非常孤独的，很少被理解，很晚才获得评价，只是在20世纪初才形成了关于他的神话。促成这个神话形成的原因是，存在一个白天

---

　　① 对于了解索洛维约夫的个性特征而言，莫丘里斯基（К.Мочульский）的《弗拉基米尔·索洛维约夫》（Владимир Соловьев）一书最有趣。在对索洛维约夫哲学的表述和评价方面，最有趣的一本书是叶·特鲁别茨科伊（Е. Трубецкой）公爵的《索洛维约夫的世界观》（两卷本）（Миросозерцание Вл. Соловьева）。

　　② 奥博连斯基公爵（Кн. А. Оболенский）和卢基扬诺夫（Лукьянов）。

的索洛维约夫，还有一个夜晚的索洛维约夫。表面上他敞开自己，但在敞开时却隐藏自己，在最主要的方面不敞开自己。只有在自己的诗歌里，他才揭示隐藏的东西——被其哲学的理性图示掩盖和窒息的东西。和斯拉夫派一样，他批判理性主义，但是，他的哲学是过于理性的，他非常喜欢的图示在其中发挥了太大的作用。他是位神秘主义者，有神秘体验，所有熟悉他的人都能证明这一点。他有巫术的天赋，这种天赋是斯拉夫派完全没有的，但是，他的思维是非常理性的。他属于这样一类人，他们在自己的思想创造里隐藏自己，而不是揭示自己，比如，陀思妥耶夫斯基就在揭示自己及其所有的矛盾。在这一点上，他与果戈理相似。果戈理和索洛维约夫是19世纪俄罗斯文学里最令人费解的人物。我们这位上世纪最优秀的基督教哲学家根本不是日常生活里的人，如斯拉夫派那样。他是带着空气自发力量的人，而不是带着土地自发力量的人，他是此世的漂泊者，而不是定居者。他属于陀思妥耶夫斯基时代，他与陀思妥耶夫斯基有直接联系。他不喜欢托尔斯泰。但是，这个令人费解的漂泊者却总是希望在牢固的客观原则的基础上论证和巩固人们与社会的生活，总是在理性图示里表达这个论证。在索洛维约夫身上，这一点令人惊讶。他总是追求完整性，但在他自己身上却没有完整性。他是爱欲的哲学家，在柏拉图用词的意义上，最高意义上的爱欲（эротика）在他的生活里发挥了巨大的作用，是他的生存论主题。同时，在他身上有强烈的道德说教元素，他要求在生命的完满里实现基督教的道德。这个道德说教元素在他关于基督教政治的文章里以及在他与民族主义者们的斗争里能够特别明显地感觉到。他不但是理性的哲学家，承认理性的权利，还是位神智学家。与他接近的不但有柏拉图、康德、黑格尔、叔本华，而且还有基督教神智学家伯麦、波尔捷日、巴德尔，以及后期的谢林。他希望建立自由的基督教神智学体系，把它与自由的神权政治和巫术（теургия）结合在一起。和任何一位重要的哲学家一样，索洛维约夫有自己的原初直觉，这是对一切统一的直觉。他有对完整性、世界的一切统一、神圣宇宙的认识，在这个神圣宇宙里没有部分与整体的分离，没有仇恨和纷争，没有任何抽象的和自我肯定的东西。这是对美的认识。这是理智的和爱欲的直觉。这是对世界的改变与上帝之国的寻找。一切统一的直觉使得索洛维约夫成为就自己的基本倾向而言的普世主义者。他对天主教的好感就与此有关。非常有趣的是，在这个普世主义背后，在对一切统一的这个追求的背后隐藏着爱欲与神魂颠倒的元素，隐藏着对神圣宇宙之美的迷恋——他给神圣宇宙的一个名字是索菲亚。索洛维约夫是浪漫主义者，作为浪漫主义者，在他那里发生了对神圣智慧的永恒女性之美的迷恋与对具体女性形象之美的迷恋之间难以捉摸的接近与同一，他始终没有能够找到具体女性形象之美。一切统一的直觉、具体的普世主义的直觉使他首先成为"抽象原则"的批判者，他的主要著作就在做这种批判。

索洛维约夫是唯理智主义者，而不是唯意志论者。所以，自由在他那里没有像在唯意志论者霍米雅科夫那里发挥那么大的作用。他的世界观主要是属于普遍的决定论类型，但是，这个决定论是唯灵论的。他的世界观还属于演化论世界观的类型，但这个演化论不是来自关于演化的自然主义学说，而是来自德国唯心主义形而上学。在他那里，一切统一的获得，包括社会的和宇宙的一切统一，具有理智主义特征。在他那里没有非理性的自由。世界脱离上帝就是世界分裂为相互敌对的原则。利己主义的自我肯定和异化是人与世界堕落的主要标志。但是，与最高中心分离的每一个原则都包含部分真理。这些原则的重新联合，以及它们对最高的神圣原则的服从就是达到一切统一。一切统一不是被抽象地思考，而是被具体地思考，所有个体层次都纳入其中。比如，在认识论里，经验主义、理性主义和神秘主义是抽象的原则，在自己片面的自我肯定里，它们是错误的，但是，它们也包含部分真理，这些真理都会进入自由神智学的完整认识里。在实践领域，自由神权政治也是通过把教会、国家和辖区（斯拉夫派的术语，当时人们就是这样表达社会团体）的原则结合起来的途径达到的。索洛维约夫曾一度过分相信自由神智学和自由神权政治的理智观念非常有助于具体的一切统一的获得，后来他自己对此失望了。但是，他的一个思想是非常正确的，即不能把他所谓的"抽象原则"看作恶、罪和错误。比如，经验主义自身是错误，但是其中有部分的真理，后者应该进入更高级类型的认识理论。比如，人道主义在自己片面的自我肯定里是错误和谎言，但是，其中也有巨大的真理，后者可以进入神人类的生活里。对"抽象原则"的克服就是黑格尔所谓的扬弃（Aufhebung）。在这个克服里包含以前的真理成分。索洛维约夫说，为了克服社会主义的谎言，需要承认社会主义的真理。他始终追求完整性，渴望完整的知识。对他而言，与完整性相关的永远不仅仅是真和善，而且还有美。他始终处在黑格尔和德国浪漫主义的路线上，他从那里获得了普世主义和有机性。他没有尖锐地体验自由、个性和冲突的问题，但是，他非常强烈地体验了统一、完整、和谐的问题。他构想的三位一体的乌托邦，即神智学的、神权政治的和巫术的乌托邦依然还是对上帝之国、完善生活的俄罗斯式探索。在这个乌托邦里有社会元素，他的基督教是社会的基督教。根据索洛维约夫的意见，有两个否定的原则——死亡和罪，还有两个肯定的愿望——对永生的愿望和对正义的愿望。自然界的生活是隐藏的腐朽。在自然界里占统治地位的物质远离上帝，是恶无限（дурная бесконечность）。对上帝的信仰就是相信，善是存在的，善是存在者。诱惑就在于，恶具有善的形式。战胜死亡和腐朽是一切统一的获得，不但是人的改变，而且是整个宇宙的改变。但是，索洛维约夫最有趣和最独特的观念与存在和存在者的区分有关。

当然，索洛维约夫处在黑格尔强大的影响之下。但是他毕竟按照另外的方式解决存在的问题。存在只是主体——存在者的谓词，但不是主体自身，不是存在者自身。存在说的是，某个东西是有的，而不是说，什么东西有。不能说，存在是有的，有的只能是存在者、存在着的东西。存在概念在逻辑和语法上有双重含义，有两个意思混在其中。存在意味着，有某个东西，存在也意味着有的那个东西。但是，"存在"的第二个意思应该被消除。（否则的话）存在就是主体和谓词了。人们说："这个东西是有的"，以及"这个感觉是有的"。谓词的实在化就是这样发生的。[①]真正地成为哲学对象的不应该是一般的存在，而是存在属于它的那个东西，即存在者。[②]存在与存在者之间的这个对索洛维约夫而言重要的区分不是用所有语言都能表达出来的。在这里，他似乎接近存在主义哲学。但是，他自己的哲学思考不属于存在主义类型。他的哲学基础是对具体存在者的活生生的直觉，他的哲学是其生命的事业。但是，他的哲学自身始终是抽象的和理性的，其中存在者被图示压制着。他一直坚持哲学里神秘元素的必要性。这一点贯穿他对抽象原则的批判、他对完整知识的探索。知识的基础、哲学的基础是信仰，对外部世界实在性的承认自身以信仰为前提。但是，作为哲学家，索洛维约夫根本不是存在主义者，他没有表达自己内心实质，

---

① См.: *Вл. Соловьев.* «Критика отвлеченных начал» и «Философские начала цельного знания».

② 参见我的一本尚未出版的书 «Творчество и объективизация. Опыт эсхатологической метафизики».

而是隐藏它。他尝试在诗歌里补偿自己，但是，在诗歌里他用笑话隐藏自己，笑话有时候会引起一种不符合主题严肃性的印象。作为思想家和作家的索洛维约夫的特点为塔列耶夫（Тареев）评价他提供了依据："想一想都可怕，关于基督教，索洛维约夫写了那么多东西，但是他没有用一句话来表达对基督的感觉。"[1]塔列耶夫在这里指的是，索洛维约夫在谈到基督时，通常似乎都是在谈新柏拉图主义的逻各斯，而不是拿撒勒的耶稣。但是，他（索洛维约夫）隐秘的精神生活对我们而言始终是隐藏着的，也不应该对它进行评断。应该记住，他的一个特点是非常善良，他把自己的衣服分给穷人，有一次只好裹着被子出现。他属于内心分裂的人，但是，他追求完整性，追求存在者，追求一切统一，追求具体知识。黑格尔也追求具体知识，但是他只能部分地做到这一点，主要是在《精神现象学》里。作为俄罗斯哲学家，对索洛维约夫而言，历史哲学问题是核心问题，在一定意义上，他的全部哲学都是历史哲学，是关于人类通向神人类、关于一切统一、关于上帝之国的道路的学说。他的神权政治是历史哲学理论。对他而言，历史哲学与神人类的学说联系在一起，这是他对俄罗斯宗教哲学思想的主要功绩。在这方面，他的《神人类讲座》有重大意义。由俄罗斯思想孕育的、西方天主教和新教的思想很难理解的神人类观念，意味着对基督教的独

---

① Cм.: *Тареев*. «Основы христианства». Т. IV. «Христианская свобода».

特理解。不能把这个观念与索洛维约夫的演化论等同起来，在演化论里，神人与神人类似乎都是世界演化的结果。但是，在索洛维约夫的演化论里有毫无疑问的真理成分，尽管在主要方面，它是错误的，与自由不相容的。比如，近代历史上的人道主义经验将进入神人类里，其结果就是基督教的演化。索洛维约夫想要按照基督教的方式思考这个经验，并在其关于神人类的出色的学说里表达这个思考。

基督教不但是对上帝的信仰，也是对人的信仰，对在人身上揭示神的东西的可能性的信仰。在上帝与人之间有可比性，正是因为如此，上帝向人的启示才是可能的。纯粹的、抽象的超验主义使得启示成为不可能，它不能揭示通向上帝的道路，并排除人与上帝之间交往的可能性。甚至犹太教和伊斯兰教也不是极端形式的超验主义。在耶稣基督——神人的身上，在个体的个性里，给定了两种本性的完善结合，即神的本性和人的本性。这种结合应该集体地发生在人类里，发生在人类社会里。对索洛维约夫而言，与此相关的是关于教会的观念自身。教会是神人类的有机体，教会的历史是神人类的过程，因此是发展。应该发生神性与人类的自由结合。这就是向基督教人类提出的任务，基督教人类对这个任务完成得不够好。世界上的恶和痛苦没有妨碍这个时期的索洛维约夫看到神人类的发展过程。神人类在多神教世界里，在各类多神教里就获得了准备。在基督出现之前，历史就在追求神人类。在基督出现之后，历史在追求神人。基督教之外和反基督教的人道主义历史时期将进入这个神人类过程。神人类之所以可能，是因为人的本性与基督的人性本性是共存的。在神人类观念里留下了社会和宇宙乌托邦的痕迹，索洛维约夫曾受到这个乌托邦的鼓舞。他希望在历史道路上，在人类社会里实现基督教，而不仅仅是在个体的心里实现基督教，他寻找上帝之国，它也将在大地上显现。我不是在指责的意义上使用乌托邦一词，相反，我认为索洛维约夫的重大功绩在于，他希望社会和宇宙的改变。乌托邦只是意味着完整的、极权主义的理想，意味着最高的完善。但是，乌托邦通常都与乐观主义相关。我们在这里遇到一个基本矛盾：只能自由地思考人类与神性的结合、神人类的获得，这个结合不能是强迫的，不能是必然性的结果。索洛维约夫承认这一点，同时，对他而言，导致神人类的过程似乎是必然的、决定论的演化过程。自由问题没有获得彻底的思考。自由不以连续性为前提，而是以间断性为前提。自由可能是对神人类实现的抵制，也可能是对神人类实现的歪曲，如我们在历史教会里看到的那样。自由的悖论就在于，它可能变成奴役。在索洛维约夫那里，神人类的过程是没有悲剧的，然而，这个过程是悲剧的。自由导致悲剧。在《神人类讲座》里留下了后期谢林影响的毫无疑问的痕迹。然而，索洛维约夫关于神人类的学说是俄罗斯思想的独创性成果，无论在谢林那里，还是在西方思想的其他代表那里，这个学说在这样的形式里都是不存在的。神人类的观念意味着克服人道主义里的人的自足性，同时还意味着肯定人的积极性，肯定他的最高尊严，肯定人身上神的东西。把基督教理解为神人类的宗教，与上帝和人之间关系的司法理解彻底对立，与天主教和新教神学里流行的救赎的司法理论完全对立。神人的出现以及神人类的即将出现，意味着对创世的继续。在自己最优秀的代表们那里，俄罗斯宗教哲学思想与对基督教秘密的一切法律解释做坚决的斗争，这个斗争包含在俄罗斯理念里。同时，神人类观念面向宇宙的改变，这与官方天主教和新教完全是格格不入的。在西方，与俄罗斯宗教哲学的宇宙学说的相似性只能在德国基督教神智学那里找到，在伯麦、巴德尔和谢林那里找到。这就促使我们考察索菲亚问题——索洛维约夫把自己关于神人类的学说与它联系在一起。

在20世纪初宗教哲学和诗学的流派里开始流行的索菲亚学说与柏拉图关于理念的学说有关。索洛维约夫说："索菲亚是表现出来的、获得实现的理念。""索菲亚是上帝的身体，是神性的质料，这种质料被神性的统一所渗透。"索菲亚学说肯定被造世界、宇宙和人类里的神圣智慧的原则，它不容忍造物主与被造物之间绝对的断裂。对索洛维约夫而言，索菲亚也是理想的人类。他让对索菲亚的崇拜与孔德对人类的崇拜接近。为了赋予索菲亚以东正教的特征，他指出诺夫格勒和基辅索菲亚大教堂里神的圣智慧索菲亚圣像。在东正教界，引起最大攻击的是把索菲亚理解为永恒女性，把女性原则引入神里。但是，在原则上，把男性原则引入神里应该引起同样的反驳。与索菲亚相关的是索洛维约夫最隐秘的神秘体验，这些体验主要表达在他的诗歌里。在听到内心的召唤后，他实施了一次去埃及的神秘旅行，去和索菲亚——永恒的女性约会。他在《三次约会》以及其他诗歌里描述了这次约会。

> 我不相信这骗人的世界
> 它隐藏在物质的粗俗外表下面，
> 我触摸到不朽的紫红袍，
> 认出神的光照。

> 我看到一切，一切只是一
> 一个女性的美丽形象……
> 无限落入它的身量。
> 只有一个你，在我里面，在我面前。

> 忙乱世界的一个囚徒
> 在物质的粗俗外表下面
> 我又看到不朽的紫红袍
> 感觉到神的光照。

> 永恒的女友，我无法叫出你的名。

还有：

要知道：今天，永恒女性

在不朽身躯里走向大地。

在新女神永不熄灭的光芒里，

天空与大海深渊融为一片。

———

尘世爱神阿佛洛狄忒全部的美，

就是家园、森林和海洋的喜乐，

她那非尘世之美将容下这一切。

她更完满，更有力，更活跃，也更纯洁。

索菲亚的幻象是神圣宇宙、改变后的世界之美的幻象。如果索菲亚是阿佛洛狄忒，那么也是天上的阿佛洛狄忒，而不是俗世的。索洛维约夫关于索菲亚——永恒女性的学说以及献给索菲亚的诗歌对20世纪初象征主义诗人亚历山大·勃洛克和安德烈·别雷有重大影响，他们相信索菲亚，但很少相信基督，这是他们与索洛维约夫的巨大差别。在西方，在雅科夫·伯麦那里有关于索菲亚的天才学说，但是它带有与索洛维约夫和俄罗斯索菲亚论者有些不同的另外的特征。[1]伯麦关于索菲亚的学说是关于永恒童贞的学说，而不是

---

① 参见我发表在《路》（Путь）上的文章《Учение Якова Бёме о Софии》.

关于永恒女性的学说。索菲亚是童贞，是人的完整性，是人的雌雄同体的形象。人的堕落就是他丧失自己的"童真女-索菲亚"。堕落后，索菲亚就去了天上，在地上出现了夏娃。人思念自己的童真女-索菲亚，思念完整性。性是分裂和堕落的标志。可以发现伯麦关于索菲亚的学说与柏拉图（关于雌雄同体的学说）以及与喀巴拉（Каббала）之间的相似性。伯麦的索菲亚论主要具有人学特征，索洛维约夫的索菲亚论主要具有宇宙论特征。伯麦的学说比索洛维约夫的学说更纯一些，后者允许索菲亚情绪中出现浑浊。无疑，在索洛维约夫那里有宇宙的诱惑。但是，在他对改变了的宇宙之美的期盼中有巨大的真理。在这一点上，他超出历史基督教的范围，这和俄罗斯宗教思想所有独创性的流派一样。索洛维约夫《爱的意义》是他写出来的所有著作中最出色的，这甚至是基督教思想史上关于爱-爱欲所说的唯一具有独创性的话。但是，在其中可以发现与索菲亚学说的矛盾，爱的学说高于索菲亚的学说。索洛维约夫是第一个真正承认男女之间爱的个性意义而不是类的意义的基督教思想家。传统的基督教意识不承认爱的意义，甚至没有发现爱，对它而言，只存在对为了生育的男女结合的证明，即类的证明。圣奥古斯丁就此所写的东西类似于畜牧业方面的著作。不过，占统治地位的教会观点就是如此。索洛维约夫确立个性完善与生育子女之间的对立。这是生物学真理。形而上学真理在于，在个性永生的前景与新出生的各代人更替的前景之间存在着对立。个性似乎在生育子女中瓦解，无个性的类将战胜个性。索洛维约夫把神秘的爱欲与苦修主义结合在一起，在《爱的意义》的天才洞见里提出一个人学问题。在这个问题上，在索洛维约夫身上经常让人感到愤怒的那种综合性的调和少了一些，这种调和在他的《善的证明》里，在他的道德哲学体系里最能引起人们的愤怒，在这部著作（《爱的意义》）里，他的思考则是激进的。在这个领域里，只能把巴德尔称为他唯一的先驱，但是，他的观点毕竟有所不同。[1]

在当时，索洛维约夫获得的评价和理解是不够的。人们主要看重他的神权政治思想，即在他那里最弱的东西；他的自由主义政论作品获得了更广泛的承认。他后来对20世纪初的精神复兴有重大影响，那时，在部分俄罗斯知识分子中间发生了精神危机。如何评价索洛维约夫的事业？他哲学思考的方式属于过去，这种方式比人们今天按照新方式迷恋的黑格尔哲学还陈旧。他的普世神权政治理论以及沙皇、最高司祭和先知的三位一体的服务被他自己破坏了，这个理论根本无法维持下去。他提出的面向教会当局的教会联合方式也是幼稚的，不符合人们的现代情绪，这时，人们赋予灵性人物和神秘主义人物以更大的意义。不过，索洛维约夫的意义还是非常大的。首先，在索洛维约夫的事业里，他对基督教先知方面的肯定有重大意义，在这一点上，他的事业完全可以纳入俄罗斯理念之

---

① См. в «Schriften Franz Baaders». Insel-Verlag: «Saetze aus der erotischen Philisophie» и «Vierzig Saetze aus einer religioesen Erotik».

中。他的先知主义与他的神权政治图示没有必然联系，甚至可以推翻这个图示。索洛维约夫相信基督教里新事物的可能性，他被面向未来的弥赛亚观念所渗透，在这一点上，他离我们最近。他反对对基督教的理解中任何基督一性论的倾向，他肯定人在基督教神人类事业中的积极性，把人道主义和人文主义真理引入基督教。人们关于索洛维约夫的天主教问题的解释通常都是不正确的，包括他的天主教支持者，也包括他的东正教反对者。他从未转向天主教，否则的话，这太过于简单了，也不符合他提出的问题的重要性。他希望同时成为天主教徒和东正教徒，希望属于普世教会（在普世教会里有完满，无论在天主教里，还是在东正教里，在它们的孤立和自我肯定中，都没有这样的完满），他设想超教派共融（интеркоммюнион）的可能性。这意味着，索洛维约夫是超教派的，相信基督教历史中新时代的可能性。特别是当他撰写《俄罗斯和普世教会》一书时表达出来的，对天主教的那些好感和倾向是其普世主义的表达。但是，他从来也没有和东正教断绝关系，临死前他做了忏悔，并在东正教司祭那里领圣餐。在《敌基督的故事》里，东正教长老约翰第一个认出敌基督，东正教的神秘使命通过这一点获得肯定。和陀思妥耶夫斯基一样，索洛维约夫超出历史基督教的界限，这就是他的宗教意义。关于他在生命最后时期的末世论情绪将在下一章里讲述。他对自己神权政治和神智学图示的乐观主义失望了，看到了历史中的恶的力量。但是，这仅仅是其内在命运的一个时刻，他属于弥赛亚式的宗教思想家类型，他们与波兰弥赛亚主义者切什科夫斯基接近。还应该说明的是，索洛维约夫与八十年代盛行的民族主义进行的斗争从外部看似乎完全过时了，但是，对我们的时代而言，它依然还是现实的。这是他的重大功绩。这与他为良心、思想和言论的自由而进行的斗争是一样的。在20世纪，各种不同流派都是从索洛维约夫丰富的、多样的、经常是矛盾的思想里走出来的——布尔加科夫和叶·特鲁别茨科伊的宗教哲学，弗兰克（С. Франк）的一切统一哲学，勃洛克、别雷、维·伊万诺夫的象征主义；世纪初的那些问题都与他有非常密切的联系，尽管狭义上的索洛维约夫主义（соловьевство）在我们这里可能是不存在的。

3

但是，在20世纪俄罗斯的宗教思想和宗教探索里，主要人物不是哲学家，而是小说家——陀思妥耶夫斯基和托尔斯泰。陀思妥耶夫斯基是最伟大的俄罗斯形而上学家，准确地说，是人学家。他做出了关于人的伟大发现，从他开始了人的内心历史的新时代。在他之后，人已经不是在他之前的那个人了。只有尼采和克尔凯郭尔（Кирхегард）可以与陀思妥耶夫斯基分享这个新时代的开创者的荣誉。这个新人学教导人是矛盾和悲剧的存在物，是最不幸的存在物，不但是遭受痛苦的，而且是喜欢痛苦的存在物。在更大程度上，陀思妥耶夫斯基是精神学家（пневматолог），而不是心理学家。他提出精神问题，他的小说描写的都是精神问题。他表达经历过分裂的人。在他那里出现了双重思想的人。在陀思妥耶夫斯基的人的世界里揭示的是存在最深处的极化性，是美自身的极化性。当人的内心精神革命开始时，陀思妥耶夫斯基就对人感兴趣了。他表达了人的分裂的生存辩证法。痛苦不但是深刻地属于人的，它还是意识产生的唯一原因。痛苦可以救赎恶。自由是人的最高尊严的标志，是他类神的标志，这个自由可以转变为任性。任性又可以产生恶。恶是人的内心深处的标志。陀思妥耶夫斯基发现了地下室和地下室人，发现了潜意识的深度。人从这个深处高呼，他希望"按照自己愚蠢的意志"生活，"二二得四"是死亡的开始。陀思妥耶夫斯基的基本主题是自由问题、形而上学问题，它们从未被如此深刻地提出来。与自由相关的还有痛苦。放弃自由就可以减轻痛苦。在自由与幸福之间存在着矛盾。陀思妥耶夫斯基看到了恶的自由与强迫的善的二元论。这个自由的问题是陀思妥耶夫斯基创作顶峰《宗教大法官的传说》的主题。接受自由就意味着相信人，相信精神。放弃自由就是不相信人。否定自由就是敌基督的精神。十字架受难的秘密是自由的秘密。被钉十字架的上帝被自由地选为爱的对象。基督不靠自己的形象强迫人。假如神的儿子成为国王，并组建尘世的王国，那么自由就从人身上被剥夺了。宗教大法官对基督说：

"你希望人自由地爱。"但是,自由是贵族的,对上亿人而言,自由就是无法承受的重负。把自由的重复加给人之后,"你这样行事,似乎根本不爱他们"。宗教大法官接受基督在旷野里拒绝的三个诱惑,否定精神自由,并希望把上亿孩童变成幸福的人。如果几百万人放弃个性和自由,那么他们将是幸福的。宗教大法官希望建造蚂蚁窝,没有自由的天堂。"欧几里得的大脑"不能理解自由的秘密,这个秘密通过理性是无法认识的。可以避免恶和痛苦,但代价是放弃自由。应该毁灭任性的自由所产生的恶,但它也是对考验的一种经历。陀思妥耶夫斯基揭示了犯罪的深度和良心的深度。伊万·卡拉马佐夫宣布反抗,不接受上帝的世界,并把世界和谐的入场券还给上帝。但是,这只是人的路。陀思妥耶夫斯基的整个世界观都与个性永生的观念相关。没有对永生的信仰就无法解决任何一个问题。假如没有永生,那么宗教大法官就是对的。在"传说"里,陀思妥耶夫斯基所指的当然不仅仅是天主教,不仅仅是任何权威的宗教,而且还有拒绝永生和精神自由的共产主义宗教。陀思妥耶夫斯基大概会接受一种独特的基督教共产主义,很可能会认为它比资产阶级的资本主义制度好。但是,他把共产主义看作是敌基督精神的产物。

与陀思妥耶夫斯基的宗教形而上学相比,托尔斯泰的宗教形而上学不那么深刻,也更少基督教色彩。但是,托尔斯泰在19世纪下半叶俄罗斯宗教性里产生了巨大的影响。他唤醒了宗教上冷漠或敌视基督教的社会里的宗教良心。他号召寻找生命的意义。作为宗教思想家的陀思妥耶夫斯基只对相对而言不大的知识分子圈子有影响，只对更复杂的心灵有影响。作为宗教道德的说教者，托尔斯泰对更广泛的圈子有影响，他感染了大众阶层。在宗派主义里可以感觉到他的影响。本来意义上的托尔斯泰派小组的人数不多。但是，托尔斯泰的道德对俄罗斯知识界很多人的道德评价有重大影响。对私有制公正性的怀疑，特别是对土地私有制的怀疑，对审判和惩罚权利的怀疑，对任何国家与政权的恶和谎言的揭露，对自己特权地位的忏悔，对面对劳动人民的罪过的意识，对战争和暴力的厌恶，关于人们之间兄弟团结的梦想——所有这些情绪都是普通俄罗斯知识分子大众所具有的，它们也渗透到俄罗斯社会最高阶层，甚至波及一部分俄罗斯官员。这是柏拉图式的托尔斯泰主义，托尔斯泰道德被认为是无法实现的，却是人们能够想象的最高道德。不过，对待福音书道德的一般态度就是如此。在托尔斯泰身上发生的是俄罗斯社会统治阶层对自己罪过的意识。这首先是贵族的忏悔。托尔斯泰对完善生活有非凡的渴望（这种渴望折磨了他大半生），还有对自己不完善的尖锐意识。[1]他从东正教那里获得了对自己罪过的意识，还有不住地忏悔的倾向。首先应该改正自己，而不是改善其他人的生活，这是传统的东正教思想。在他身上，东正教的基

---

① 比留科夫（П. Бирюков）提供了很多材料——《Л.Н. Толстой. Биография》.

础要比人们通常所想的强大得多。他在对待文化的态度上的虚无主义自身就来自于东正教。有一段时间，他曾努力成为最传统的东正教徒，以便与劳动人民处在精神上的统一之中。但是，他没有经受住考验，起来反抗历史教会的罪与恶，反抗自认为是东正教徒的那些人的不正义的生活。他成为历史教会谎言的卓越的揭发者。在他的批判里有很多真理，在这里，他走得太远了，他开始否定基督教的基础自身，并走向一种与佛教更近的宗教。托尔斯泰被圣主教公会革除教籍，这是个不那么有权威的机关。不过，东正教会不喜欢革除（信徒的）教籍。人们可能会说，托尔斯泰自己把自己给革除教籍了。但是，革除教籍是令人愤怒的，因为它被用在这样一个人的身上——他为了唤醒不信神的社会的宗教兴趣做了很多事情，在这个社会里，对基督教而言已经死去的人们并没有被革除教籍。托尔斯泰首先是反对偶像崇拜的斗士。这是他的正义所在。但是，托尔斯泰精神类型的局限性在于，他的宗教完全是道德说教式的。只有善是他从不怀疑的。托尔斯泰的世界观有时候让人感到沉闷，在托尔斯泰派那里，这种沉闷有时候让人难以忍受。托尔斯泰不喜欢礼仪，原因就在这里。但是，在托尔斯泰道德说教的背后隐藏着对上帝之国的寻找，上帝之国应该在此处、在尘世实现，现在就实现。应该开始（实现上帝之国），现在就开始，但是，他说，上帝之国的理想是无限的。他喜欢故意粗鲁地表达自己，几乎是怀着虚无主义的玩世不恭的态度，他不喜欢任何掩饰。在这一点上，他和列宁非常相似。托尔斯泰有时候说：基督教导不要做蠢事。但是他又说：存在的都是不合理的，合理的是不存在的东西，世界的合理性是恶，世界的荒谬是善。他追求智慧，在这一点上，他希望与孔子、老子、佛陀、所罗门、苏格拉底、斯多葛派，以及他所景仰的叔本华在一起。他认为耶稣基督是最伟大的智者。但是，与基督教相比，他更接近佛教和斯多葛派。托尔斯泰的形而上学在他的《论生命》一书里表达得最好，这个形而上学明显是反人格主义的。只有放弃个性的意识才能战胜死亡的恐惧。他认为个性、个性意识是完善生活的实现以及与神结合的最大障碍。在他看来，个性意识是动物的意识。对他而言，神就是真生命。真生命是爱。托尔斯泰的反人格主义最能把他与基督教分离，最能使他接近印度的宗教意识。他非常尊重涅槃。对陀思妥耶夫斯基而言，人处在中心。对托尔斯泰而言，人只是宇宙生命的一个部分，人应该和神圣自然界融合在一起。他的艺术自身是宇宙论的，在其中似乎是宇宙生命在表达自己。托尔斯泰自己一生的命运，以及他临死前离家出走都具有最重大的意义。在自己的诸多矛盾里，托尔斯泰的个性是非常重要的和天才的。他是大地的人，在自己身上携带着大地的全部重负，但他也追求纯粹精神的宗教。这是他主要的悲剧矛盾。他不能参与托尔斯泰主义者的团体，不是因为自己的软弱，而是因为自己的天才。这位高傲的、充满欲望的、显赫的贵族，真正的高级贵族，一生都有关于死亡的记忆，他一直都想在上帝意志面前谦卑下来。他希望实现生命主人的法律，如他喜欢说的那样。他遭受很多折磨，他的宗教是无恩赐的宗教。人们关于他说道，他希望通过自己的力量实现完善的生活。但是，根据他对神的认识，完善生活的实现是神在人身上的在场。在基督教里，有某种东西是他无法彻底理解的，但是，在这一点上，罪过不在他，不仅仅在他。根据自己对正义、生命意义的探索，根据自己对上帝之国的探索，根据自己的忏悔、自己对历史和文明的谎言的宗教无政府主义反抗来判断，他属于俄罗斯理念。他是黑格尔和尼采的俄罗斯的对立面。

俄罗斯的宗教问题与宗教环境，与神学院，与教会主教门的联系很少。18世纪，圣吉洪·扎东斯基（св. Тихон Задонский）是卓越的宗教作家，他对陀思妥耶夫斯基有重要影响。在他身上有新精神的气息，西方基督教人道主义（如阿伦特（Арндт）等人）对他有影响。在19世纪，在宗教界里只有为数不多的人比较重要，尽管他们位于主要的精神流派之外，比如布哈列夫（修士大司祭费奥多尔）、大主教英诺肯季，特别是涅斯梅洛夫，还有塔列耶夫。布哈列夫的生平充满戏剧性。作为修士和修士大司祭，他经历了精神危机，怀疑自己的修士使命和传统的苦修形式，并脱离修道生活，但是，他始终是位狂热的东正教信徒。后来他结了婚，并赋予婚姻以特别的宗教意义。他终其一生都是一位宗教作家，在他身上，有新东西突破了传统东正教的惰性，他提出了官方东正教思想未曾提出过的问题。当然，他遭到迫害，他的处境是悲剧的和痛苦的。官方东正教界不承认他是自己人，大部分知识分子不读他的著作，也不知道这些著作。人们后来才对他感兴趣，那已经是20世纪初了。他的写作方式非常陈旧，语言也不是俄罗斯文学所特有的，阅读他的东西不是很愉快的事情。他用一生的大部分时间撰写一本关于《启示录》的书，他赋予这本书以特殊的意义，这是他的作品中最弱的一部，非常陈旧，现在已经无法阅读了。只有他对《启示录》的关注自身才是有意义的。在他那里，对东正教与现代性之间关系问题的特殊兴趣是新东西，这是他的一本书的名称。[①]可以把布哈列夫对基督教的理解称为泛基督论（панхристизм）的。他希望为自己获得和接受基督，而不是获得和接受基督的训诫。他把一切都归于基督，归于基督的面孔。在这一点上，他和托尔斯泰之间有明显的区别，托尔斯泰对基督个性的感觉是很弱的。基督的精神不是对人的厌恶，而是仁爱和自我牺牲。布哈列夫特别坚持的是基督为了世界和人的牺牲，而不是人和世界为了上帝的牺牲。这个论点与对基督教的审判的理解对立。上帝之子为了每个人而成为人。羔羊在创世之前就被宰杀了。上帝创造世界，让自己当牺牲品。布哈列夫说：“世界不但向我显现为握在恶者手下的领域，还显现为一个伟大的环境，把世界之恶担在自己身上的神人的恩赐在其中获得揭示。”“基督的国不属这世界，我们利用这个思想只是为自己

---

① См. его книги «Об отношении православия к современности» и «О современных потребностях мысли и жизни, особенно русской».

对待在这世界上从事辛苦而繁重劳动的人们非仁爱的、懒惰和冷淡的态度辩护。"布哈列夫所肯定的不是上帝的专断，而是羔羊的自我牺牲。精神的强大是因为自由，而不是因为恐惧和奴役。他最珍惜的是"基督下降到尘世"。除了罪之外，任何实质上是人的东西都不会被拒绝。恩赐与罪对立，而不是与自然界对立。自然的东西与超自然的东西不可分割。人的创造力是神的话的反光。"无论这个精神的改变在我们这里是否会发生、什么时候发生，我们都会根据它，并按照基督的教导来理解一切尘世的东西；所有公民的秩序都将在恩赐秩序的力量与荣耀中获得我们的理解和自觉的支持。"上帝之国的观念应该用于此世王国的命运和事业。布哈列夫说，基督自己在教会里发挥作用，他（基督）没有把权威交给主教们。他（布尔加科夫）的独创之处在于，他所希望的主要不是在完满生命里实现基督教原则，而是获得基督本人的完满生命，似乎是要延续基督在整个生命里的化身。和后来的费奥多罗夫一样，他肯定教堂外的礼仪。一般而言，俄罗斯宗教思想固有持续的道成肉身的观念，如同在基督显现里持续创世的观念一样。这是俄罗斯宗教思想与西方宗教思想的差别。造物主与被造物之间的关系没有导致任何关于审判过程的观念。布哈列夫固有非凡的人性，他的整个基督教都被人性精神所渗透。他希望实现这个基督教的人性。但是，和斯拉夫派一样，他依然抓住君主制不放，不过，这个君主制完全不像专制制度和帝国主义。有时候我们会觉得，君主主义似乎是19世纪俄罗斯基督教思想的保护色。但是，在他身上也有无法克服的历史浪漫主义。

在谈及俄罗斯宗教哲学时，唯一一位值得一提的教会主教是英诺肯季大主教。[①] 都主教菲拉列特是非常有天赋的人，但是对宗教哲学来说，他完全不重要，在这个领域里，他没有自己有趣的思想。闭关者费奥凡（Феофан Затворник）主教只写灵性生活和苦修方面的著作，而且是按照《爱善集》的精神来写。与其把英诺肯季大主教称为神学家，不如称之为哲学家。同斯拉夫派和索洛维约夫一样，他经历了德国哲学，非常自由地进行思考。正统思想的捍卫者们大概会认为他的很多思想都不完全是东正教的。他说：敬畏神对犹太教而言是合适的，对基督教就不合适了。他还说：假如在人身上，在他心里没有宗教的萌芽，那么上帝自己无法教会他宗教。人是自由的，上帝不能强迫我希望我不希望的东西。宗教喜欢生命和自由。"谁感觉自己依赖上帝，他就会高于一切恐惧，高于专制。"上帝希望看到自己的他者，自己的朋友。启示不应该与最高理智矛盾，不应该贬低人。宗教的根源：圣灵的照耀，被拣选的人，圣传和圣经，第五个根源是牧者。启示是上帝对人的内在作用。不能证明上帝的存在。上帝靠感觉来认识，也靠理智来认识，但不能靠理智和概念来认识。宗教只能靠心来接受。"对宗教而

---

① См. «Сочинения Архиепископа Иннокентия».

言，任何科学、任何善的行为、任何纯粹的享乐都不是多余的。"耶稣基督只提供了教会的计划，把教会的建设交给了时间。主教们不是无谬误的，教会内部就有败坏。和索洛维约夫一样，英诺肯季大主教认为，"任何认识都以信仰为基础"。想象力无法构想出基督教。他的某些思想不符合盛行的神学意见。比如，他公正地以为，灵魂应该先在，它永远在神里，世界不是在时间里被造的，而是在永恒里。他把中世纪看作是迷信和掠夺的时代，这是一种夸张。在英诺肯季大主教的宗教哲学里有现代主义的元素。西方自由主义思潮也波及我们缺乏生气的宗教界。神学院的很多教授都处在德国新教科学强烈的影响之下。这个影响有积极的意义。但遗憾的是，这也导致不真诚和虚伪：那些已经不再是东正教徒的人应该把自己伪装成东正教徒。在神学院教授圈子里也有完全不信教的人。但是，也有这样的人，他们得以把完全的科学自由与真诚的东正教信仰结合起来。杰出的教会史学家博洛托夫（Болотов）就是这样的人，他是个学识渊博的人。但是，在俄罗斯神学文献里，根本没有圣经批判学、圣经的科学释经学方面的著作。这部分原因在于书刊检查制度。圣经批判学始终是个禁区，但也有一些批判思想艰难地渗透进来。这个领域里唯一值得关注的、处在欧洲科学和自由哲学思想高度上的著作是谢·特鲁别茨科伊的书《逻各斯学说》。但是，在教父学方面有很多有价值的著作。宗教书刊检查肆虐。比如，涅斯梅洛夫的书《尼斯的圣格里高利的教义体系》一书遭到宗教检查机构的歪曲，他被迫改变书的结尾，这个改变不利于尼斯的圣格里高利关于普遍拯救的学说。涅斯梅洛夫是出自神学院的俄罗斯宗教哲学里最著名的人物，一般而言，他被认为是最出色的宗教思想家之一。就自己的宗教和哲学的人学而言，他比索洛维约夫更有趣，但是，在他身上当然没有后者的普世主义，缺乏思想的规模，缺乏个性的那种复杂性。

涅斯梅洛夫是喀山神学院的一位普通教授，他指出一种独特的、在很多方面是新的基督教哲学的可能性。①他的主要著作被称为《关于人的科学》。这部著作的第二卷非常重要，其标题是《基督教生活的形而上学》。涅斯梅洛夫希望建立基督教人学，由于他赋予人以特殊的意义，这个人学变成了对整个基督教的理解。关于人的谜——这就是他非常尖锐地提出来的问题。对他而言，人也是世界生命的唯一的谜。人的这个谜由下面的情况决定，一方面，他是自然的存在物，另一方面，他不能被容纳于自然界，超出自然界的界限。在教会导师（учители церкви）中间，对涅斯梅洛夫产生毫无疑问的影响的是尼斯的圣格里高利。尼斯的圣格里高利关于人的学说超越了教父的人学，他希望提升人的尊严，对他而言，人不但是有罪的存在物，而且的确是上帝的形象和样式，是小

---

① 我大概是第一个关注涅斯梅洛夫的人，参见我在 35 年前发表在 «Русская Мысль» 上的文章 « Опыт философского оправдания христианства»。

宇宙（микрокосм）。①对涅斯梅洛夫来说，人的确是个双重的存在物。他是个宗教心理学家，不希望与逻辑概念有关系，而是希望与人的生存中的实在事实有关系，他远比索洛维约夫更加具体。他提出对上帝存在的新的人学证明。"上帝的观念的确赋予了人，但是，它不是从外部某个地方、作为关于上帝的思想赋予人的，而是由他作为上帝新形象的个性的本性在他身上具体-实际地实现的。假如人的个性相对于他自己生存的现实条件而言不是观念的，那么人就不能有上帝的观念，任何启示永远都不能把这个观念交给他，因为他没有能力理解它……人的个性在存在里是实在的，就自己的本性而言是观念的，它以自己观念现实的事实直接肯定作为真正个性的上帝的客观存在。"涅斯梅洛夫特别强调，从自然界出发，人的个性是无法解释的，它超越自然界，以比世界存在更高的存在为前提。有趣的是，涅斯梅洛夫非常重视费尔巴哈，希望把费尔巴哈关于宗教的人学秘密的思想变成保卫基督教的工具。基督教的秘密首先是人学的秘密。费尔巴哈的无神论可以被理解为基督教对上帝认识的辩证方面。抽象神学及其概念游戏应该引起费尔巴哈的人学反抗。这是涅斯梅洛夫的功绩，即他希望把费尔巴哈的人本主义变成有利于基督教的。在他那里，堕落（грехопадение）的心理学是

---

① 天主教徒，主要是耶稣会士现在对尼斯的圣格里高利感兴趣。参见一部有趣的著作：*Hans von Balthasar.* «Presence et pensee. Essai sur la philosophie religieuse de Gregoire de Nysse».

有趣的和独特的。他认为堕落的实质在于对待作为力量和认识源泉的物质事物的迷信态度。"人们希望他们的生命和命运不是由他们自己来决定，而是由外部物质原因来决定。"涅斯梅洛夫一直与基督教里多神教的、偶像崇拜的、巫术的元素斗争。他是救赎的法律理论最极端的反对者和最尖锐的批判者，根据这个理论，救赎是与上帝的交易。他认为寻找拯救和幸福是对基督教的多神教-犹太教的、迷信的歪曲。他把关于真生命的概念与关于拯救的概念对立起来。只有作为真的和完善的生命的获得，拯救才是可以接受的。他还希望把对惩罚的恐惧从基督教中排除，用对不完善的意识取而代之。和奥利金（Ориген）、尼斯的圣格里高利以及东方教会的很多导师一样，他也希望普遍的拯救。他与基督教里的奴性意识做斗争，与对基督教的苦修-修道理解中对人的贬低做斗争。与索洛维约夫的基督教哲学相比，涅斯梅洛夫的基督教哲学是更高程度上的人格主义。俄罗斯宗教哲学思想按照与天主教和新教的人学不同的方式提出宗教人学的问题，它比教父人学和经院哲学的人学走得更远，其中的人性更强大。在这个宗教人学里，涅斯梅洛夫占有很大的位置。

莫斯科神学院教授塔列耶夫建立了具有独创性基督教观念，它与传统东正教的区别非常大。[①]人们在他那里发现了隐藏的新教，

---

① См.: *Тареев*. «Основы христианства». Четыре тома.

当然，这是个相对的术语。但是，在他身上还有某种典型俄罗斯的东西。根据塔列耶夫的意见，俄罗斯民族是谦卑地信仰和温柔地爱着的民族。关于基督的虚己、关于他的自我贬损以及他服从人的生存法律的学说，在他（塔列耶夫）的基督论里占有重要位置。圣言不是与人的力量结合在一起，而是与人的贬损结合在一起。基督神子的名分同时也是每个人的神子的名分。在宗教领域，只有内在地根据与对象的相似性才能发现有价值的东西。真宗教不但在神职体系方面是保守的，也是先知意义上的精神的，不但在自发的意义上是大众的，而且在个性意义上是精神的，它甚至主要是先知意义上的精神的。塔列耶夫是精神基督教的支持者。福音书固有个性精神的绝对性。这个绝对性和精神性不可能表达在自然历史的生命里，因为这个生命始终是相对的。基督教的精神真理不能体现在历史生命里，它在其中只能象征性地，而不是现实地获得表达。塔列耶夫的基督教观念是二元论的，与斯拉夫派和索洛维约夫的一元论有很大的区别。塔列耶夫有很多正确的思想。他是神权政治的坚定的反对者。但他也是任何诺斯替主义的反对者。上帝之国是个性的国，精神-自由人的国。福音书的基本观念是神圣的精神生活的观念。对上帝之国有两个理解：末世论的和神权政治的。末世论的理解是正确的。在福音书里，教会有次要的意义，上帝之国才是一切。在基督的国里不可能有政权和权威。塔列耶夫希望精神的宗教摆脱象征的外壳。他把对上帝的象征性的服务与精神的服务对立起来。福音书信仰是宗教的绝对形式，它深入无限的自由之中。塔列耶夫肯定摆脱历史形式的绝对的精神宗教的自由，以及摆脱宗教政权奢望的自然历史生命的自由。因此，对他而言，不可能有基督教的人民、国家和婚姻。永恒生命不是死后的生命，而是真正的精神生命。精神不是人的本性的一部分，而是人身上神的东西。塔列耶夫无法克服的二元论有自己的反面，即一元论。涅斯梅洛夫的宗教人学高于塔列耶夫的宗教人学。塔列耶夫的二元论有巨大价值，作为对基督教历史体现中的虚伪的批判，这个二元论公正地指出象征与现实的混淆、相对与绝对的混淆。但它（二元论）不可能是彻底的。历史教会及其象征的存在的意义始终是无法理解的。塔列耶夫没有历史哲学。但他是独创性的宗教思想家，就自己的对立见解而言是非常尖锐的思想家。把他与利奇尔（Ричль）相提并论，把他完全归为德国新教的影响，这是不正确的。塔列耶夫的二元论在一切方面都与列昂季耶夫的二元论对立。塔列耶夫倾向于一定形式的内在论。列昂季耶夫信奉极端的超验主义。他的宗教是恐惧与暴力的宗教，而不是爱和自由的宗教，如塔列耶夫那样。这是超验的利己主义宗教。塔列耶夫对传统东正教有偏离，但他的基督教比列昂季耶夫的基督教更具俄罗斯特征，如上所述，列昂季耶夫的基督教根本不是俄罗斯的，而是拜占庭的，完全是修道-苦修的和权威的基督教。必须在按照新方式提出人学和宇宙论问题的俄罗斯创造的宗教思想，与官方修道-苦修的东正教之间做出区分，对后者而言，《爱善集》的权威高于福音书的权威。在与令人窒息的经院哲学有重要区别的创造的宗教思想里，新的东西是一种期盼，它并不总是被公开地表达出来，这是对基督教里的新时代的期盼，是对圣灵时代的期盼。这种期盼是最高程度上的俄罗斯理念。俄罗斯思想在实质上是末世论的，这个末世论具有不同的形式。

第九章
对圣灵新时代的期盼

俄罗斯思想的末世论和先知主义的特征。对资产阶级美德的否定。漂泊。上帝之国的民间探索者。知识分子中间的末世论情绪。革命知识分子歪曲的末世论。托尔斯泰的漂泊。陀思妥耶夫斯基的末世论思想与弥赛亚主义。列昂季耶夫与索洛维约夫关系的破裂。费奥多罗夫关于启示录先知预言的相对性的天才思想。切什科夫斯基的洞见。索洛维约夫、费奥多罗夫和罗赞诺夫论生与死的问题。

1

在自己关于陀思妥耶夫斯基的书里，我曾写道，俄罗斯人要么是启示论者，要么是虚无主义者。俄罗斯是对古希腊罗马文化的启示录式的反抗（施本格勒语）。这意味着，就自己的形而上学本性和自己在世界上的使命而言，俄罗斯民族是终结的民族。启示在我们这里始终发挥重要作用，在大众阶层，在文化高层，以及在俄罗斯作家和思想家们那里，都是如此。与西方相比，在我们的思维里，末世论问题占据更大的位置。这与俄罗斯意识的结构自身有关，俄罗斯意识没有能力，也很少倾向于依靠中间文化的完善形式。实证主义的历史学家可能会说，为了描绘俄罗斯民族，我做了选择，我选择少数的、特殊的东西，但是多数的、普通的东西是有所不同的。不过，民族的理性认识形象只能通过选择的途径勾勒出来，应该直觉般地深入最具表现力和最重要的东西里。我一直都在强调19世纪俄罗斯文化和思想里的先知元素。我也谈过末世论情绪在俄罗斯分裂和宗派主义里发挥的作用。在我们这里，教育的元素和建设性的元素或者非常弱，几乎是缺乏的，或者是可怕的，不像样子的，如在《治家格言》里那样。闭关者费奥凡主教的劝谕性书籍也具有非常粗俗的特征。这一切都与根本的俄罗斯二元论有关。背离基督正义的恶的力量在建设尘世和尘世生活，善的力量在等待未来之城、上帝之国。俄罗斯民族是非常有天分的，但是它在形式方面的天分比较弱。强大的自发力量可以推翻任何形式。这就是西方人觉得是野蛮的东西，特别是法国人——原初的自发力量在他们那里几乎消失。在西欧，文明达到很高的程度，但它越来越掩盖末世论的意识。天主教意识中害怕对基督教的末世论理解，因为这个理解为危险的新事物敞开可能性。追求未来之光，弥赛亚式期盼与天主教教育的、社会建设的特征矛盾，并引起一种担忧，即指导灵魂的可能性会减弱。不相信任何东西的资产阶级社会也担心，末世论意识可能动摇这个资产阶级社会的基础。列昂·布鲁阿（Леон Блуа）是法国罕见的带有启示精神的作家，他敌视资产阶级社会和资产阶级文明。人们不喜欢他，也不重视他。[1]在灾难年代，启示情绪也

---

① 参见列昂·布鲁阿令人惊奇的著作：Л.Блуа. «Exegese des lieux communs»。这是对资产阶级精神和资产阶级"智慧"猛烈的揭露。

表现在欧洲社会里。法国大革命和拿破仑战争之后就是如此。①当时，荣格·施蒂林格（Юнг Штилинг）预言敌基督即将来临。在更遥远的过去，在9世纪的西方，曾经有对敌基督的等待。与俄罗斯人更接近的是佛罗里达的约阿希姆（Иоахим из Флориды）关于圣灵时代，关于爱、友谊、自由时代的预言，尽管这一切与修士们的联系太紧密了。与俄罗斯人接近的还有阿西西的圣方济各（св. Франциск Ассизский），他赎回历史基督教的很多罪过。但是，西方基督教文明是在末世论前景之外建立的。必须解释一下我是如何理解末世的。我指的不是神学体系里的末世论部分，这样的神学体系在天主教或新教神学的任何一门课程里都可以找到。我指的是对整个基督教的末世论理解，应该把这个理解与对基督教的历史理解对立起来。基督教启示是末世论启示，是关于此世终结、关于上帝之国的启示。整个早期基督教都是末世论的，它在等待基督的第二次到来和上帝之国的来临。②历史基督教、历史教会意味着上帝之国没有来临，意味着基督教启示的失败，意味着它迎合了此世的国。因此，在基督教里还有弥赛亚的希望、末世论的期盼，这个期盼在俄罗斯基督教里要比在西方基督教里更加强烈。教会不是上帝之国，教会在历史上出现，并在历史中发挥作用，但它不意味着世

---

① 在 A. Wiatte 那里可以找到很多有趣的材料：«Les sources occultes du romantisme». Deux volumes.

② 对基督教的末世论理解可以在威斯（Вейс）和鲁阿兹（Луази）那里找到。

界的改变，不意味着新天和新地的出现。上帝之国是世界的改变，不但是个体人的改变，也是社会的改变和宇宙的改变。这是此世的终结，是非正义和丑陋的世界的终结，是新世界的开端，是正义和美的世界的开端。当陀思妥耶夫斯基说，美能拯救世界，他指的是世界的改变，上帝之国的来临。这就是末世论的希望。俄罗斯宗教思想的大部分代表都有这个希望。但是，和俄罗斯末世论一样，俄罗斯弥赛亚意识是矛盾的。

弥赛亚主义是俄罗斯民族所固有的。在俄罗斯的弥赛亚主义里，关于上帝之国、正义之国的纯粹弥赛亚观念被帝国主义观念、强力意志给遮蔽了。我们在莫斯科是第三罗马的思想里看到了这一点。在无宗教和反宗教的形式里，俄罗斯弥赛亚观念变成俄罗斯共产主义……尽管俄罗斯人遭遇很多诱惑，但是，对此世的伟大与荣耀的否定依然是他们深刻地固有的特点。至少，地位较高的俄罗斯人是如此。世界的伟大和荣耀始终是诱惑和罪，而不像在西方人那里，是最高价值。具有典型意义的是，俄罗斯人不擅长雄辩的演说，在俄罗斯革命里，根本没有这样的东西，但是在法国大革命里，它发挥了巨大的作用。在这一点上，列宁是个典型的俄罗斯人，他粗放，没有任何粉饰、任何表演成分，他的质朴甚至变成了犬儒主义。针对彼得大帝和拿破仑这两个伟大和荣耀的形象，俄罗斯人制造一个传说，说他们是敌基督。俄罗斯人缺乏资产阶级的美德——就是西欧人非常珍惜的那些美德。资产阶级的恶习在俄罗斯人那里是有的，而且，这些恶习就被认为是恶习。在俄罗斯，"资产者""资产阶级的"带有谴责的性质，但是在西方，这些词意味着令人尊敬的社会地位。与斯拉夫派的意见相反，俄罗斯民族不像西方各民族那样爱家庭，很少被家庭束缚，与家庭决裂相对比较容易。在知识分子、贵族、中等阶层，父母的权威比在西方弱——也许商人是例外。一般而言，俄罗斯人有相对比较弱的等级感，或者它在卑躬屈膝的否定形式里存在，就是说，这还是恶习，而不是美德。在自己精神的深刻表现里，俄罗斯民族是各民族中小市民习气最少的，它最少被决定，最少被束缚在日常生活的有限形式上，最不重视生活中业已确立的形式。同时，俄罗斯的日常生活自身，比如奥斯特洛夫斯基（Островский）描写的商人日常生活常常是如此不成体统，这是西方文明里的各民族不熟悉的。但是，这个资产阶级的日常生活没有被奉为圣物。在俄罗斯人身上很容易发现虚无主义者。陀思妥耶夫斯基说，我们都是虚无主义者。与卑躬屈膝和奴性并列，很容易发现反抗者和无政府主义者。一切都是在极端的对立中发生的。而且，总是有对某种无限的东西的追求。俄罗斯人总是有对另外一种生活、另外一个世界的渴望，总是有对现有事物的不满。在俄罗斯心灵的结构里有末世论的追求。漂泊是非常典型的俄罗斯现象，对于这种程度上的漂泊生活西方是不熟悉的。漂泊者在广袤的俄罗斯大地上行走，永远不定居下来，永远不把自己束缚在任何东西上。漂泊者寻找正义，寻找上帝之国，他追求远方。漂泊者在大地上没有自己居住的城，他追求未来之城。大众阶层总是能够从自己人中间区分出漂泊者。但是，就自己的精神而言，俄罗斯文化最具创造性的代表们也是漂泊者，果戈理、陀思妥耶夫斯基、索洛维约夫和所有革命知识分子都是漂泊者。不但有身体上的漂泊，而且还有精神上的漂泊。漂泊就是不能满足于任何有限的东西，是对无限的东西的追求。但是，这也是末世论的追求，是一种期盼，即一切有限的事物即将终结，最终的正义即将呈现，在不远的将来会有某种异常的现象发生。我称这个期盼为弥赛亚式的敏感性，来自民间的人和拥有高级文化的人同样都有这种敏感性。在一定程度上，俄罗斯人有意无意地都是千禧年主义的信徒（хилиасты）。西方人在更大程度上是定居者，更加束缚于自己文明的完善形式，更加珍惜自己的当下，更加面向尘世的建设。他们害怕无限，把无限看作混乱，在这一点上，他们像古希腊人。"自发力量（стихия）"一词很难翻译成外语。当实在自身弱化了，几乎消失了，就很难给它起名字。但是，自发力量是根源，是过去，是生命的力量，而末世论倾向则是面向未来，面向事物的终结。在俄罗斯，这两条线索结合在一起。

2

　　我有幸在1910年左右亲自接触到流浪的罗斯，接触到寻找上帝和上帝正义的罗斯。我能够不根据书本，而是根据个人印象来谈论这个对俄罗斯而言的典型现象。可以说，这是我生命中最强烈的印象之一。在莫斯科，在弗洛尔（Флор）和拉夫尔（Лавр）教堂附近的小酒馆里，有一段时间，每个星期天都举行民间宗教座谈会。这个小酒馆当时被称为"雅玛（Яма）"。就（所使用的）出色的俄语而言，这些聚会已经带有民间的风格。参加聚会的有各类不同教派的代表。这里有永生派、再洗礼派、托尔斯泰派、各类福音派、通常都在隐藏自己的鞭笞派，还有单个的民间神智学者。我经常参加这些聚会，积极参与座谈。令我震惊的是精神探索的紧张程度，有对某个观念的偏执，有对生活正义的寻找，有时候还有深邃的诺斯替思想。教派倾向总是意味着意识的缩小、普世主义的不足、排斥生活复杂的多样化。但是，对官方东正教而言，这些民间的寻神派是多么大的谴责！一位参加会议的东正教传教士是个非常可怜的人物，他给人的印象是位警官。民间的这些寻找上帝正义的人们希望在生活里实现基督教，他们希望在对待生活的态度上有更大的精神性，不同意对此世法律进行适应。最有趣的是永生派的神秘教派，他们断定，信基督的人永远不死，人们之所以死亡，是因为他们信死亡，不信基督战胜了死亡。我和永生派有过很多交流，他们经常来找我，我确信，说服他们是不可能的。他们保卫真理的某个部分，这部分是不完满的、片面的。一些民间神学家（богомудры）拥有一整套类似于伯麦和其他诺斯替类型的神秘主义者的诺斯替体系。在他们那里，二元论的元素通常是比较强的，折磨他们的是解决恶的问题所遇到的困难。但是，正如经常发生的情况那样，二元论和一元论悖论式地结合在一起。许多年的夏天，我都居住在某省的庄园里，在庄园附近有一个移民区，由一位托尔斯泰主义者建立——他是位出色的人。寻找上帝和上帝正义的人们从俄罗斯四面八方聚集到这个移民区。有时候他们在这个移民区里只住几天，然后继续走，去高加索。所有外来的人都到过我这里，我们进行灵性的谈话，有时候是极其有趣的谈话。有很多杜勃罗留波夫分子。他们是"颓废派"诗人亚历山大·杜勃罗留波夫（Александр Добролюбов）的追随者，后者走向人民、平民化，成为精神生活的导师。与杜勃罗留波夫派的交往比较困难，因为他们许下了沉默的誓言。所有的寻神者通常都有自己拯救世界的体系，并忘我地忠实于这个体系。所有人都认为人们被迫生活在其中的世界是恶的和不信神的，他们都在寻找另外的世界、另外一种生活。针对此世，针对历史、现代文明的情绪都是末世论的。这个世界正在结束，一个新世界在他们那里开始。精神渴望是巨大的，这种渴望在俄罗斯民间的存在是非常典型的。这是俄罗斯的漂泊者。我想起一位普通的农夫，他做粗活儿，还很年轻，我想起了与他的谈话。和他谈精神和神秘主义的话题要比和文化人、知识分子更容易。他描述自己经历的神秘体验，非常类似于爱克哈特和伯麦所写的东西，当然，他根本不知道他们。他获得的启示是上帝从黑暗里的诞生。没有这些寻找上帝正义的人，我无法想象俄罗斯和俄罗斯民族。在俄罗斯，过去一直有，将来也会有这种精神的漂泊，一直会有这种对终极状态的追求。俄罗斯革命的知识分子多半都信奉最可怜的唯物主义思想，在他们那里似乎不可能有末世论。然而，人们之所以这样想，是因为他们赋予有意识的思想以过分特殊的意义，不过，这些思想经常只能涉及人的表面。在没有在意识里获得表达的更深刻的层面上，在俄罗斯虚无主义、社会主义里有末世论的情绪和指向，有向终结的转向。这里说的总是某种终极的完善状态，它应该来取代恶的、不公正的、奴役的世界。"希加廖夫这样看问题，似乎他在等待世界的毁灭，……譬如说在后天上午十点二十五分整。"[①]在这里，陀思妥耶夫斯基猜到俄罗斯革命者身上某种非常重要的东西。俄罗斯革命者、无政府主义者和社会主义者都是不自觉的千禧年主义者，他们等待千年王国。革命的神话是千禧年的神话。俄罗斯人的本性非常有利于理解这个神话。这是俄罗斯理念，即不可能有个体的拯救，拯救是共通性的，所有人为所有人负责。陀思妥耶夫斯基对待俄罗斯革命者–社会主义者的态度是

---

① 陀思妥耶夫斯基：《群魔》，见《费·陀思妥耶夫斯基全集》第11卷，陈燊主编，冯昭玙译，石家庄：河北教育出版社，2010年，170页。译文有改动。

复杂的、矛盾的。一方面，他写过反对他们的诽谤文章。但另一方面，他说，反对基督教的人也是基督的面孔。

3

可以认为，托尔斯泰没有末世论，其一元论的，与印度教接近的宗教哲学不懂得世界终结问题。但是，这个判断停留在表面上。托尔斯泰临死前离家出走是末世论的出走，并充满深刻的意义。他是位精神上的漂泊者，希望在自己的一生中都成为这样的漂泊者，但是他没有成功。漂泊者都追求终结。他想要走出历史，走出文明，进入自然界的神圣生命。这是对终结，对千年王国的追求。托尔斯泰不是演化论者，演化论者希望历史逐渐地向梦寐以求的终结运动，向上帝之国运动。他是极端主义者，希望历史的断裂、历史的终止。他不希望在历史里继续生活，因为历史安于世界的无神的法律，他希望生活在自然界里，并把堕落的自然界与改变了的和获得照耀的、神圣的自然界混在一起。堕落的自然界服从世界的恶的规则不亚于服从历史的恶的规则。但是，托尔斯泰的末世论意向是不容置疑的。他寻找完善的生活。正是因为寻找完善的生活，揭露愚蠢和罪恶的生活，黑色百人团（черная сотня）才呼吁杀害托尔斯泰。黑色百人团是俄罗斯民族的毒瘤，它胆敢自称为俄罗斯民族的联盟，它仇恨俄罗斯民族中一切伟大的东西，仇恨所有的创造，仇恨能够见证俄罗斯民族在世界上的高尚使命的一切。极端的正统派仇恨和拒绝托尔斯泰是因为他被至圣主教公会革除教会。是否可以称至圣主教公会为基督教会的机构，或者它主要是恺撒王国的机构，这是个大问题。拒绝列夫·托尔斯泰就意味着拒绝俄罗斯天才，最终是拒绝俄罗斯在世界上的使命。对托尔斯泰在俄罗斯理念历史上的高度评价不意味着接受他的宗教哲学，我认为它是比较弱的，从基督教意识的观点看是不可接受的。对他的评价应该与他的整个个性，与他的道路、他的探索、他对恶的历史现实以及历史基督教的罪过的批判，与他对完善生活的渴望联系在一起。托尔斯泰与民间环境里的精神运动有接触，关于这个环境我说过了，在这方面，他在俄罗斯作家中间是独一无二的。他和与他完全不相像的陀思妥耶夫斯基一起代表俄罗斯天才的顶峰。一生都在忏悔的托尔斯泰关于自己说过这样一句高傲的话："我就是我所是的样子。我和上帝知道，这是个什么样的我。"当然，我们也应该了解一下，他是什么样的。

陀思妥耶夫斯基的创造完全是末世论的，他感兴趣的只有终极的东西，只有面向终结的东西。在陀思妥耶夫斯基身上，先知元素比俄罗斯任何一位作家都强烈。他的先知艺术可以这样来确定，即他揭示了精神的动荡基础，表达了精神的内在革命。他指出内心世界的灾难，新的灵魂应该从他开始。他与尼采和克尔凯郭尔一起掀开19世纪的悲剧。在人身上有第四个维度。要发现这一点必须转向终极的东西，走出中间的存在，走出人人都应遵守的东西，后者有个名称是"我们大家（всемство）"。只有在陀思妥耶夫斯基身上，俄罗斯弥赛亚意识才是最尖锐的，它远比在斯拉夫派那里更加尖锐。他有一句话，俄罗斯民族是心怀上帝的民族（народ-богоносец）。这句话是通过沙托夫的口说出来的。但是，在沙托夫的形象里，也呈现出弥赛亚意识的双重性——这个双重性在犹太民族那里就有了。在沙托夫还没有相信上帝时，他就开始相信，俄罗斯民族是心怀上帝的民族。对他来说，俄罗斯民族将成为上帝，但他是偶像崇拜者。陀思妥耶夫斯基以巨大的力量揭露这一点，不过始终有一个印象，就是在他自己身上也有某种沙托夫的东西。无论如何，他相信俄罗斯民族伟大的心怀上帝的使命，相信俄罗斯民族在时代终结会说出自己的新话语。人类终极的完善的状态、人间天堂的观念在陀思妥耶夫斯基那里发挥了重要作用，他揭示与这个观念有关的复杂辩证法，这还是那个自由的辩证法。《一个荒唐人的梦》和《少年》里韦尔西洛夫的梦就是关于这个观念的，陀思妥耶夫斯基的思想从来都没有能够摆脱它。他非常清楚地理解了：弥赛亚意识是普遍的，他谈论民族的普遍使命。弥赛亚主义与封闭的民族主义没有任何共同之处，弥赛亚主义使人开放，而不是让人封闭。因此，陀思妥耶夫斯基在关于普希金的演讲里说，俄罗斯人是全人（все-человек），在他身上有普世回应的能力（универсальная отзывчивость）。俄罗斯民族的使命被置于末世论前景里，这个意识以此而区别于三十年代和四十年代唯心主义者们的意识。陀思妥耶夫斯基的末世论表现在关于人神出现的预言里。在这方面，基里洛夫的形象最重要，在他身上预示了尼采及其超人的观念。谁能战胜痛苦和恐惧，他就成为上帝。时间"会在头脑中熄灭"。"终结世界的那个人"的名字将是"人神"。基里洛夫和斯塔夫罗金谈话的气氛完全是末世论的，谈话的对象是时间的终结。陀思妥耶夫斯基描写的不是现在，而是未来。《群魔》描写的是未来，是关于我们的时代，而不是关于当时那个时代。陀思妥耶夫斯基关于俄罗斯革命的预言就是对人的辩证法深处的洞察，这是走出中等正常意识范围的人。具有典型意义的是，否定的预言比肯定的预言更正确。他的政治预言是非常弱的。但是，最有趣的是，陀思妥耶夫斯基的基督教自身面向未来，面向基督教最后的新时代。陀思妥耶夫斯基的先知主义使他摆脱了历史基督教的范围。佐西马（Зосима）长老就是对新长老制的预言，他根本不像奥普塔修道院的阿姆夫罗西（Амвросий）长老。奥普塔修道院的长老们不承认他是自己人。①阿廖沙·卡拉马佐夫是对基督教新人的预言，他很少像东正教的一般人物。佐西马长老、阿廖沙·卡拉马佐夫都不如伊万·卡拉马佐夫和德米特里·卡拉马佐夫成功。这是因为塑造形象的预言艺术是比较难的。但是，列昂季耶夫说，陀思妥

---

① 对陀思妥耶夫斯基产生最大影响的是圣吉洪·扎东斯基的形象，后者是18世纪风格的基督教人道主义者。

耶夫斯基的东正教不是传统的东正教，不是他的拜占庭-修道的东正教，而是新的东正教，其中包含人文主义，他的这个说法是正确的。不过无论如何不能称陀思妥耶夫斯基的东正教为玫瑰色的，它是悲剧的。他（陀思妥耶夫斯基）认为，在人身上反抗上帝的发生只能是因为在人身上有神的东西，因为正义、怜悯和尊严的感觉。陀思妥耶夫斯基宣传约翰的基督教——被改变的大地的基督教，首先是复活的宗教。传统的长老不会说佐西马长老说的那些话："兄弟们，你们不要害怕人们的罪孽，要爱那即使有罪的人……你们应该爱上帝创造的一切东西，它的整体和每一粒沙子。爱每片树叶，每道上帝的光。爱动物，爱植物，爱一切的事物。你如果爱一切事物，就能理解存在于事物中的上帝的神秘。""一面吻着大地，一面无休无止地爱，爱一切人，求得那种欣喜若狂的感觉。"[1]在陀思妥耶夫斯基身上有新基督教人学和宇宙论的萌芽，有向被造物世界的新转向，这个转向与教父学的东正教是格格不入的。在西方，在阿西西的圣方济各身上可以找到类似特征。这已经意味着从历史基督教向末世论基督教的过渡。

19世纪末，在俄罗斯出现了启示录的情绪，它们与世界终结到来和敌基督出现的感觉有关，即它们带有悲观主义色彩。人们等待的与其说是新基督教时代和上帝之国的到来，不如说是敌基督王

---

① 陀思妥耶夫斯基：《卡拉马佐夫兄弟》（上卷），耿济之译，北京：人民文学出版社，1994年，第477、482页。

国的到来。这是对历史道路的深深的失望，意味着不相信还可以实现历史任务。这是俄罗斯理念的断裂。某些人倾向于用对俄罗斯帝国、俄罗斯王国终结的预感来解释对世界终结的这个期盼——俄罗斯王国曾经被认为是神圣的。这些启示录情绪的主要表达者是列昂季耶夫和索洛维约夫。列昂季耶夫的启示录悲观主义有两个根源。列昂季耶夫的历史哲学和有生物学基础的社会学都教导所有社会、国家和文明的衰落必然到来。他把这个衰落与自由主义–平均主义的进步联系在一起。对他而言，衰落也意味着丑陋，意味着与过去的文化精华有关的美的毁灭。这个觊觎科学性的社会学理论在他那里与宗教启示录情绪结合在一起。在这些阴暗的启示录情绪的产生里，具有重要意义的是丧失对俄罗斯独创性的繁荣文化的可能性的信仰。他总是以为，尘世间的一切都是不稳固和不正确的。列昂季耶夫过分地把世界的终结自然主义化了。在他那里，无论什么时候，无论在哪里，精神都不是积极的，也没有自由。他从不相信俄罗斯民族，他不是从俄罗斯民族那里，而是从拜占庭的原则那里等待独创性的成果，这些原则是从上边强加给他的。但是，这样一个时刻到来了，对俄罗斯民族的这个不相信变得尖锐和绝望了。他做出一个可怕的预言："就自己的习惯而言本来就非常平均主义的俄罗斯社会比其他任何社会都更快速地沿着死亡的全面混合之路飞奔……我们意外地从我们国家内部产生了敌基督，这个内部起初是无等级的，后来是非教会的，或者说在教会方面是很弱的。"俄罗斯民族没有能力做任何其他事情。列昂季耶夫预见了俄罗斯革命，猜到了其特征中的很多东西。他预见了，革命不会是"请客吃饭"，其中不会有自由，自由将被彻底取消，革命要求的是古老的服从本能……在预言可怕和残酷的革命时，列昂季耶夫同时意识到，劳动与资本之间的关系问题应该获得解决。他是个反动分子，但是他承认反动的原则是无希望的，革命是不可避免的。他不但预测到俄罗斯的革命，还预测到世界革命。这个对世界革命不可避免性的预感具有末世论形式，革命将是世界终结的到来。列昂季耶夫惊呼："敌基督正在走来！"他对末世论的理解完全是消极的。人不能有任何作为，只能拯救自己的灵魂。这个末世论悲观主义在美学上吸引列昂季耶夫，正义不会在大地上获得胜利，这是他所喜欢的。他没有俄罗斯人那种普遍拯救的渴望，他根本不追求人类与世界的改变。实质上，聚和性观念和神权政治观念与他格格不入。他揭露陀思妥耶夫斯基和托尔斯泰的玫瑰色基督教和人文主义。列昂季耶夫的末世论具有否定的特征，对俄罗斯末世论观念而言，它根本不是典型的。但是，不能不承认其思想的尖锐和彻底，还有他的历史洞察力。

在生命的最后阶段，索洛维约夫的情绪变化非常大，他成为阴沉-末世论者。他写《三次谈话》，其中包含与托尔斯泰之间隐藏的争论，作为附录还有《敌基督的故事》。他对自己的神权政治乌托邦彻底失望，不再相信人道主义进步，不相信自己的主要思想——神人类，或者准确地说，神人类思想在他那里极大地收缩了。控制他的是对历史终结的悲观主义观点，他感觉到历史的终结正在接近。在《敌基督的故事》里，索洛维约夫首先清算自己的过去、自己的神权政治和人道主义的幻想。这首先是神权政治乌托邦的破产。他不再相信基督教国家的可能性，无论对他自己，还是对所有人，这个不信都是有益的。但是，他走得更远，他根本不相信历史任务。历史将结束，超历史将开启。他继续期盼的教会联合将在历史的范围之外发生。根据他的神权政治观念判断，他属于过去。他拒绝这个腐朽的过去，但却陷入悲观主义和末世论的情绪。在神权政治观念与末世论之间存在着对立。历史上实现的神权政治排斥末世论前景，它似乎是把终结变成了内在于历史自身的。被理解为王国的教会、基督教国家、基督教文明将弱化对上帝之国的追求。索洛维约夫以前对恶的感觉是很弱的。现在，对恶的感觉占优势了。他为自己提出一个非常艰难的任务：描绘敌基督的形象，他不是在神学和哲学的形式里描绘，而是在小说的形式里。只是因为戏谑的形式，这样做才成为可能，在谈到隐秘和私密的东西时，他非常喜欢采用这个形式……这令很多人感到不快，但是，可以把这种戏谑理解为一种羞耻感。我不认同那些几乎要把索洛维约夫的《敌基督的故事》置于最高位置的人们的意见。这个"故事"非常有趣，没有它就无法理解索洛维约夫所经历的道路。但是，"故事"是对《启示录》不正确和过时的解释，在这样的解释里，太多的东西属于时间，而非永恒。这是消极的末世论，而不是积极的，也不是创造的末世论。这里没有对圣灵新时代的期盼。他在对敌基督形象的描述中犯了一个错误，就是把敌基督表现为爱人者、人道主义者，他（敌基督）实现社会公正。这似乎是在证明最反革命的和蒙昧主义的末世论理论。实际上，在谈到敌基督时，更正确的说法是，他将是完全非人性的，他符合极端的非人道化阶段。更为正确的是陀思妥耶夫斯基，他把敌基督的原则首先表现为敌视自由并蔑视人的原则。《宗教大法官的传说》要比《敌基督的故事》高很多。英国天主教作家本松（Бенсон）写过一部非常类似于《敌基督的故事》的长篇小说。这一切都处在一条与对世界终结的积极-创造性理解的运动相反的路线上。如果索洛维约夫关于神人类的学说能够贯彻到底的话，那么它应该导致积极的，而非消极的末世论，导致对人在历史终结里创造使命的认识，只有这个认识才能促成世界终结的到来以及使基督的第二次来临成为可能。历史的终结、世界的终结是神人类的，它也依赖于人，依赖于人的积极性。在索洛维约夫那里看不到神人类历史进步的肯定结果是什么。以前，他错误地把这个终结想象为太过演化论的。现在他正确地把历史终结想象成灾难性的。但是，灾难不意味着，对上帝之国而言，不会有人的创造事业的任何肯定成果。在索洛维约夫那里，唯一肯定的东西是以教皇彼得、约翰长老和保罗（Паулус）博士为代表的教会联合。东正教在这里是最神秘的。索洛维约夫的末世论毕竟首先是审判的末世论。这是末世论的一个方面，但还应该有另外一个方面。费奥多罗夫对待启示录完全是另外一种态度。

　　费奥多罗夫生前很少为人所知，很少获得评价。只有我们20世纪初这代人才对他特别感兴趣。[①]他是鲁缅采夫博物馆的一位普通的图书馆馆员，靠17卢布的月薪生活，是位睡在箱子上的苦修者，同时又反对对基督教的苦修主义理解。费奥多罗夫是典型的俄罗斯人，自学成才的天才，也是位古怪的人。他生前几乎没有发表任何东西。死后他的朋友发表了他的两卷本《共同事业的哲学》，免费在小范围内赠送，因为费奥多罗夫认为卖书是不允许的。这是普遍拯救的俄罗斯探索者。所有人为所有人负责的感觉在他身上达到了最尖锐的程度——每个人为整个世界和所有人负责，每个人都应该追求对所有人和所有事物的拯救。西方人比较容易容忍许多人的毁灭。这大概与公正在西方意识里发挥的作用有关。就自己的气质而言，费奥多罗夫不是作家。他所写的一切都只是普遍拯救的“规划”。他有时候很像傅里叶这类人。幻想与实际的现实主义、神秘主义与理性主义、梦想与清醒在他身上结合在一起。一些最著名的俄罗斯人都谈到过他。索洛维约夫给他写信：“我绝对和无条件地接受您的‘规划’。您的‘规划’是人类精神自基督教出现以来沿

---

　　① 我发表在《俄罗斯思想》（Русская мысль）上的《复活的宗教》（Религия воскрешения）是关于费奥多罗夫最早的文章之一。

着基督的道路第一个向前的运动。从自己的方面，我只能认为您是我的导师和精神之父。"①托尔斯泰关于费奥多罗夫说道："我感到自豪的是，和这样的人生活在同一个时代。"陀思妥耶夫斯基对费奥多罗夫的评价也很高，他写道："他（费奥多罗夫）太让我感兴趣了……实际上，我完全同意这些思想。我把它们当作自己的思想来接受。"费奥多罗夫的"规划"是什么，让这些最天才的俄罗斯人感到震惊的非凡思想是什么？费奥多罗夫是唯一一个其生活让托尔斯泰敬仰的人。费奥多罗夫全部世界观的基础是对人们所遭遇痛苦的忧伤。在大地上没有这样的人：关于人们的死亡能够有如此的悲伤，如此渴望他们再活过来。他认为父辈的死是子辈的罪过。他称子辈为浪子，因为他们忘记了父辈的坟墓，迷恋妻子、资本主义和文明。文明建立在父辈的遗骸上。费奥多罗夫世界观的根源与斯拉夫派是接近的。在他那里有对宗法制度、守旧落后的君主制的理想化，对西方文化的敌视。但是，他超出了斯拉夫派的范围，在他身上有完全是革命的元素——人的积极性、集体主义、劳动的决定性意义、经济、对实证科学和技术的高度评价。在苏联时期，在俄罗斯内部有费奥多罗夫分子的流派。说来有些奇怪，在费奥多罗夫的学说和共产主义之间有某些联系，尽管他非常敌视马克思主义。但是，费奥多罗夫对资本主义的敌视要比马克思主义者们

---

① 参见科热夫尼科夫（В.А. Кожевников）材料非常丰富的著作《尼古拉·费奥多洛维奇·费奥多罗夫》（Николай Федорович Федоров）。

更强烈。他的主要观念，他的"规划"与对自然界自发力量的调节有关，与自然界对人的服从有关。对人的强大力量的信仰在他那里超过了马克思主义，这是更大胆的信仰。基督教信仰与对科学技术威力的信仰的结合在他那里完全是独创性的。他相信，可以把生命返回给所有死去的人——积极地复活，而不是消极地等待复活——这不但应该成为基督教的事业、教堂外的礼仪，而且还应该是实证科学的、技术的事业。在费奥多罗夫的学说里有两个方面——他对《启示录》的解释，这是个天才的解释，是基督教历史上唯一的解释；以及他复活死人的"规划"，在这个"规划"里当然有幻想的成分。他的道德意识自身是基督教历史上最高的意识。

费奥多罗夫知识广博，但是他的文化主要是自然科学的，而非哲学的。他很不喜欢哲学唯心主义，不喜欢索洛维约夫那里有的诺斯替倾向。他是个单一观念的人（моноидеист），他完全被一个观念控制，这个观念就是：战胜死亡，把生命返还给死去的人。在他的形象及其思想的形象里有某种严酷的东西。基督教有关于死亡的记忆的祷告，在他那里始终有死亡的记忆，他面向死亡而生，面向死亡而思考，这不是他自己的死亡，而是其他人的死亡，整个历史上所有死去的人的死亡。但是，在他身上有一种严酷性，它不允许过剩力量的任何游戏，这种严酷性与一种乐观主义信仰有关，就是对彻底战胜死亡的信仰，对复活的可能性以及复活行动的可能性的信仰，即人积极地参与生命的共同恢复事业。费奥多罗夫提出一种对启示录预言完全是独创性的解释——与一般的消极解释不同，可以称这个解释为积极的。他建议把启示录预言解释为有条件的，从未有人做过这样的解释。确实，不能把启示录预言的世界终结理解为注定的命运，否则将与基督教的自由观念矛盾。《启示录》里描述的注定终结将作为恶的道路的结果而到来。如果人们不去实现基督的训诫，那么必然会如此。但是，基督教人类共同的兄弟团结的事业是为了战胜死亡，如果把这个事业和普遍的复活联合起来，那么它可以避免注定的世界终结、敌基督的出现、最后的审判和地狱。那时，人类可以直接进入永生。《启示录》是对陷入恶里的人类的威胁，它也给人提出积极的任务。对可怕终结的消极等待是有损于人的。费奥多罗夫的末世论与索洛维约夫和列昂季耶夫的末世论有非常明显的区别，而且他是对的，未来属于他。他坚决反对对永生和复活的传统理解。"最后审判只是对处于婴儿时期的人类的威胁。基督教的遗训在于天与地的结合、神的东西与人的东西的结合；依靠全部内心、全部思想、全部行动，即人类所有子辈的全部力量和能力实现的普遍复活、内在复活就是对基督的这个遗训的实现——他是神的儿子，同时也是人类之子。"复活与容忍所有各代人死亡的进步对立。复活是时间的反转，是人对待过去的态度上的积极性，而不仅仅是对待未来的态度。复活也与文明和文化对立，它们在坟墓上发展，以对父辈死亡的遗忘为基础。费奥多罗夫认为资本主义文明是巨大的恶。他是个人主义的敌人，支持宗教和社会的集体主义、人们之间兄弟团结。共同的基督教事业应该在俄罗斯开始，俄罗斯是最少遭到无神论文明破坏的国家。费奥多罗夫信奉俄罗斯弥赛亚主义。那么，这个引起一些人惊讶和兴奋，引起另外一些人嘲讽的神秘"规划"是什么？这恰好就是避免最后审判的规划。战胜死亡、普遍的拯救不仅仅是上帝的事业（而人却处在消极状态），这是神人类的事业，即人的集体积极性的事业。应该承认，在费奥多罗夫的"规划"里，对启示录预言的解释的天才洞见、非凡的道德意识、所有人对所有人的共同责任的非凡高度与乌托邦幻想结合在一起。规划的作者说，科学和技术可以促进死人的复活，人可以彻底控制自然界的自发力量，调节自然界，使之服从自己。当然，在他那里，这个工作始终是与复活的宗教力量、与对基督复活的信仰结合在一起的。但是，他毕竟把死亡的秘密给理性化了。他没有充分地感觉到十字架的意义，对他而言，基督教完全是复活的宗教。他根本没有感觉到恶的非理性。在费奥多罗夫的学说里，有很多东西应该获得保留，进入俄罗斯理念。在西方与之格格不入的俄罗斯思想家中间，我不知道（还有比费奥多罗夫）更典型的人了。他希望人们之间兄弟团结，不但是在空间上，而且是在时间里；他还相信改变过去的可能性。但是，他提供的复活的物质方法无法获得保留。他没有彻底思考精神与自然界的关系问题。

弥赛亚主义不但是俄罗斯人所固有的，而且也是波兰人所固有的。波兰多灾多难的命运使得那里的弥赛亚主义更加尖锐。把俄罗斯弥赛亚和末世论思想与波兰弥赛亚主义最伟大哲学家切什科夫斯基的思想进行对比是有趣的——他至今也没有获得充分评价。他主要的四卷本著作《我们的天父》（Notre Pere）是在解释祷告词"我们的天父"的形式里写出来的。[①]这是对整个基督教的独特解释——主要是一种基督教历史哲学。和斯拉夫派与索洛维约夫一样，切什科夫斯基经历了德国唯心主义，受到黑格尔的影响。但他的思想始终是独立的和创造性的。他希望始终成为天主教徒，不与天主教会决裂。但是，他超出了历史天主教的范围。他比俄罗斯思想家们更确定地表达圣灵的宗教。他追求他所谓的"启示的启示"。上帝的完满启示是圣灵的启示。上帝就是圣灵，这是上帝的真名。灵是最高的。一切都是灵并通过灵。只有在完满和综合的第三个圣灵的约里才能揭示圣三位一体。三位一体教义还不能在《圣经》里获得揭示。只有对圣灵的沉默才被认为是正统，其他一切都被认为是异端。三位一体的位格是启示的名字、形象和方面。非常正统的人可能会在切什科夫斯基那里发现萨维利主义（撒伯流主义，савелианство）倾向。根据切什科夫斯基的意见，在异端里有部分真理，但是没有完满的真理。他预言圣灵新时代的到来。只有保惠师的时代才能提供完满的启示。跟随德国唯心主义，和索洛维约夫一样，他也肯定精神的进步、精神的发展。人类还不能容纳圣

---

① 用法文出版。Cte A. Ciezkowski. «Notre Pere»。四卷本。

灵，因为它还没有足够成熟。但是，圣灵特殊作用的时代在接近。人的精神成熟时代即将到来，那时他将有能力容纳圣灵的启示，信奉圣灵的宗教。圣灵的作用将波及整个人类。圣灵将包容灵魂和身体。人类进步的社会和文化元素也将进入圣灵时代。切什科夫斯基坚持斯拉夫民族的社会性。他等待圣言在社会行为里的启示。这一点是他与俄罗斯思想的相似性。他宣传圣灵的共同体。人类将为了保惠师而生活。"我们的天父"——是先知主义的祷告。教会还不是上帝之国。在新世界的建立方面，人是积极的。切什科夫斯基的一个非常有趣的思想是关于世界对上帝的作用。在人类内部确立符合圣灵时代的社会和谐将形成在上帝里的绝对和谐。上帝受苦是其圣洁的标志。切什科夫斯基经历了黑格尔，因此承认辩证的发展。圣灵可以包容人类全部社会生活，他主要是在发展的形式里想象圣灵新时代的到来，而不是在灾难的形式里。不可能有新的宗教，但是可能有永恒宗教的创造发展。圣灵的宗教就是永恒的基督宗教。对切什科夫斯基来说，信仰是通过感觉接受的知识。他有很多有趣的哲学思想，在这里我无法研究它们。切什科夫斯基教导的与其说是世界的终结，不如说是时代（век）的终结、新的永世（эон）的到来。对他而言，时间是永恒的一部分。切什科夫斯基当然是位出色的乐观主义者，他满怀一个希望，就是新的永世很快将要到来——尽管周围是很少令人愉快的事件。这个乐观主义是他那个时代所固有的。我们无法如此乐观。但是，这不妨碍对其主要思想的重要意义的评价。他的很多思想与俄罗斯思想，与俄罗斯人的基督教期盼类似。我们根本不知道切什科夫斯基，没有任何人引用他的著作，他也不知道俄罗斯思想。但是，这里的相似是共同的斯拉夫的相似。在某些方面，我愿意把切什科夫斯基的思想置于比索洛维约夫的思想更高的位置，尽管后者的个性是更加复杂和丰富的，其中有更多的矛盾。这里的相似性就在于，基督教里的新时代应该到来，将有圣灵的新涌现，在这里，人将是积极的，而不是消极的。启示录情绪等待最后的启示。新约的教会只是永恒教会的象征形象。

4

关于死亡，关于死亡和出生之间的关系，有三位杰出的俄罗斯思想家表达了非常深刻的思想，他们分别是索洛维约夫、费奥多罗夫和罗赞诺夫。这是不同的思想，甚至是对立的思想。最令人感兴趣的是关于永恒生命对死亡的胜利的主题。索洛维约夫确定个性永恒生命的前景与类的前景之间的对立，在类的前景里，新生命的诞生导致前几代人的死亡。爱的意义在于战胜死亡。费奥多罗夫也在出生和死亡的联系里看到了永恒生命的达成。子辈出生，却遗忘父辈的死亡。但是，对死亡的胜利意味着要求复活父辈，把生的能量变成复活的能量。与索洛维约夫不同，费奥多罗夫不是爱欲的哲学家。罗赞诺夫坚持第三个观点。关于这位非凡的作家将在下一章里谈，现在我只讲述他如何解决死亡和出生的问题。罗赞诺夫的全部创作都在颂扬生育的生命。在生产越来越新的生命的类的过程里，索洛维约夫和费奥多罗夫都看到了死亡、罪的毒害。相反，罗赞诺夫希望把生育的性神化。出生就是对死亡的胜利，是生命之花的永恒盛开。性是圣洁的，因为它是生命的根源，是反死亡。对问题的这个解决方案与对个性的感觉和意识都比较弱有关。无数新的各代人的出生也不能让人们与死亡和解，哪怕是一个人的死亡。无论如何，俄罗斯思想深入地思考了死亡、对死亡的胜利、出生、性的形而上学问题。上述三位思想家都理解了，关于死亡和出生的问题是性的形而上学深度的问题。在索洛维约夫那里，爱-爱欲里性的能量不再是生育的能量，并导致个性的永生，他是位柏拉图主义者；在费奥多罗夫那里，性的能量变成复活死去父辈的能量；在向犹太教和多神教返回的罗赞诺夫那里，性的能量被圣化，被看作是生育新生命，并以此战胜死亡的能量。非常值得注意的一点是，在俄罗斯宗教性里，复活有重要的意义。这是与西方宗教性的实质性差别。在西方宗教性里，复活退居次要地位。对天主教和新教的思想而言，性的问题完全是社会和道德的问题，但不是形而上学和宇宙论的问题，如俄罗斯思想那样。这是因为西方过于封闭于文明里，过于社会化了，基督教有太多的教育性质。复活的秘密自身不是宇宙论秘密，而是丧失了生活意义的教义。宇宙生命的秘密被组织起来的社会性给掩盖了。当然，在西方还有伯麦，他没有陷入有组织的社会性。总体上看，西方思想对宗教人学和宗教宇宙论问题的解决无疑是有重要意义的。但是，除了教会-组织的和教育-指导性的问题之外，官方的天主教和新教的思想很少对这些问题及其全部深度感兴趣。在东正教里，希腊罗马的人道主义没有被有机地接受，在这里，占优势的是苦修式的与世隔绝。但是，正因为如此，在东正教的基础上，关于人和宇宙的新东西更容易获得揭示。东正教也没有西方基督教对待历史的那种积极态度。也许，这是因为它对历史的终结有特殊的态度。在俄罗斯东正教的宗教性里总是隐藏着末世论的期盼。

在俄罗斯东正教里可以区分三个流派，它们可能相互交织：与《爱善集》有关的传统的修道-苦修的流派，宇宙中心论的流派[①]（它在被造世界里看到神的能，并面向世界的改变，索菲亚论与它相关），还有人类中心论、历史哲学、末世论的流派，它指向人在自然界和社会里的积极性。第一个流派不提出任何创造性的问题，过去，它与其说依靠希腊教父学，不如说是依靠叙利亚的苦修文献。第二和第三个流派提出宇宙和人的问题。但是，在这些相互不同的流派背后隐藏着共同的俄罗斯东正教宗教性，它塑造了俄罗斯人的类型及其对此世的不满，还有他内心的温柔，他对此世力量的

---

① 原文此处疑标点有误，已改正。

不爱，他对另外一个世界、终结、上帝之国的追求。俄罗斯人的心灵不是由布道和教义教导培养出来的，而是按照礼仪的方式，并由深入内心结构最深处的基督教慈悲传统培养出来的。俄罗斯人认为，俄罗斯是完全独特的国家，它有独特的使命。但是，主要的不是俄罗斯自身，而是俄罗斯给世界带来的东西，首先是人们之间的兄弟团结和精神自由。在这里，我们接近一个最难的问题。俄罗斯人不追求此世王国，他们前进的动力不是权力意志和强力意志。就自己的精神秩序而言，俄罗斯民族不是帝国主义的民族，它不喜欢国家。在这一点上斯拉夫派是正确的。同时，它也是殖民者的民族，有殖民的天赋，它建立了世界上最大的国家。这意味着什么，如何理解这一点？关于俄罗斯历史的双重结构，说的已经很多了。俄罗斯是个庞大的国家，这不但是俄罗斯民族在历史上的成功和幸福，而且也是俄罗斯民族命运悲剧的根源。应该为辽阔的俄罗斯土地承担责任，担起它的重负。俄罗斯大地的巨大自发力量保卫俄罗斯人，但他自己也应该保卫和治理俄罗斯土地。于是就有了国家的病态扩大——这个国家压制人民，经常残酷地折磨人民。在对俄罗斯理念、俄罗斯在世界上的使命的意识上发生了偷换。莫斯科是第三罗马，以及莫斯科是第三共产国际，都与俄罗斯弥赛亚观念有关，但是，它们都是对这个观念的歪曲。在历史上大概没有这样的民族，它可以把如此对立的方面容纳在自己的历史里。帝国主义始终是对俄罗斯理念和俄罗斯使命的歪曲。但是，俄罗斯如此庞大，这并非偶然。这种庞大是天意，它与俄罗斯民族的理念和使命有关。俄罗斯的庞大是其形而上学性质，而不仅仅是其经验历史的性质。伟大的俄罗斯精神文化只能为庞大的国家、庞大的民族所有。伟大的俄罗斯文学只能在人数众多的、居住在庞大土地上的民族那里产生。俄罗斯文学、俄罗斯思想都充满了对帝国的仇恨，都揭露帝国的恶。同时，它们也都以帝国为前提，以俄罗斯的庞大为前提。这是俄罗斯和俄罗斯民族的精神结构自身固有的矛盾。庞大的俄罗斯可以成为另外一个样子，不成为带有诸多恶的方面的帝国，而是可以成为人民的王国。但是，俄罗斯领土的形成发生在沉重的历史处境里，俄罗斯土地曾经被敌人包围。恶的历史力量利用了这一点。俄罗斯理念是在19世纪、在不同的形式里被意识到的。但是，它与俄罗斯历史处在深刻的冲突之中，这个历史是在帝国占主导地位的力量塑造的。俄罗斯历史命运的悲剧和我们主题的复杂性就在这里。

第十章
20世纪：文化复兴和共产主义

文化复兴的根源。文学里的宗教不安的出现。批判的马克思主义与唯心主义。部分马克思主义者中的宗教探索。梅列日科夫斯基。罗赞诺夫。转向精神文化的价值。宗教哲学聚会。诗歌的繁荣。象征主义。索洛维约夫的影响。勃洛克。别雷。维·伊万诺夫。舍斯托夫。俄罗斯宗教哲学的繁荣。宗教哲学协会。弗洛连斯基。布尔加科夫。别尔嘉耶夫。特鲁别茨科伊。埃恩。洛斯基。弗兰克。文化高层力量与革命的断裂。接近的尝试：《生命问题》杂志。共产主义与俄罗斯弥赛亚观念。19世纪俄罗斯思想的结论：俄罗斯理念。

1

直到20世纪初，19世纪俄罗斯思想的结果才获得评价，被做出总结。但是，到20世纪初，思想的问题域自身非常复杂化了，新的思潮、新的元素进入其中。在俄罗斯，在世纪初出现了真正的文化复兴。只有生活在这个时候的人才知道，我们这里经历了什么样的创作高潮，什么样的精神风尚笼罩着俄罗斯人的心灵。俄罗斯经历了诗歌与哲学的繁荣，经历了紧张的宗教探索、神秘的巫术情绪。正如时时处处发生的那样，时髦也附和到真挚的热情上来，也有不少胡说八道。我们这里曾经有过文化复兴，但是，说曾经有过宗教复兴，这是不正确的。对于宗教复兴，人们还缺少强烈和集中的意志，这里有太多文化上的精致，在文化阶层的情绪里有精致的元素，而这个高级文化阶层太过封闭于自身。有一个令人惊讶的事实，直到20世纪初，批评界才真正地评价了19世纪伟大的俄罗斯文学，首先是陀思妥耶夫斯基和托尔斯泰。俄罗斯文学顶峰的精神问题领域已经被掌握，被深刻地体验到，同时发生了巨大变化。与19世纪的文学相比，变化并不总是有利的。俄罗斯文学非凡的正义性和质朴性消失了。出现了思想矛盾的人。梅列日科夫斯基首先就是这样的人；在对陀思妥耶夫斯基和托尔斯泰的评价中，他有毫无疑问的功绩，传统的政论批评界没有能力评价他们。但是，在梅列日科夫斯基那里已经找不到俄罗斯文学对正义的这种非凡的爱，在他身上，一切都是分裂的。他玩弄词汇组合，把它们当作现实——针对维切斯拉夫·伊万诺夫，几乎针对所有人都应该这样说。但是，出现了一个意义重大的事实——知识分子意识的改变。左翼知识分子传统的世界观动摇了。索洛维约夫战胜了车尔尼雪夫斯基。八十年代下半期和九十年代，这个胜利已经在准备了。这里有叔本华哲学和托尔斯泰的影响。对哲学的兴趣开始出现，形成了文化的哲学氛围。在这一点上，格罗特主编的《哲学与心理学问题》发挥了自己的作用。出现了形而上学方向的有趣哲学家——谢·特鲁别茨科伊公爵和洛帕京。美学意识发生了变化，人们开始赋予艺术以巨大的意义。《北方通讯》杂志及其编辑沃伦斯基

（А. Волынский）是这个变化的见证者之一。这时，梅列日科夫斯基、明斯基（Н. Минский）、巴尔蒙特（К. Бальмонт）开始发表自己的作品。后来出现了文化复兴流派的杂志——《艺术世界》《天平》《新路》《生命问题》。在彼得堡，在帝国俄罗斯，没有完整的文化风格，却形成了多方案性、多层次性，俄罗斯人仿佛生活在不同的世纪里。世纪初发生了一场艰难而令人痛苦的斗争，这是复兴运动的人们反对传统知识分子意识收缩而进行的斗争，是为了创造的自由和为了精神而进行的斗争。有些左翼知识分子非常敌视俄罗斯的精神文化复兴，将其视为对解放运动传统的背叛、对人民的背叛，将其视为一种反动。这是不公正的，因为文化复兴的很多代表们都是解放运动的支持者，都参与其中。这里说的是精神文化摆脱社会功利主义的压抑。但是，世界观基础的改变和新方向的出现都是不容易的。斗争是在不同方向上、在几条路线上进行的。我们的复兴有几个根源，并属于不同的文化方面。但是，在所有的路线上，都需要克服实证主义、功利主义，左派知识分子没有能够摆脱它们。这同时也是向19世纪精神文化的创造顶峰的返回。但不幸的是，在斗争激烈的时候，出于对过时的世界观的自然反应，复兴运动的人们没有充分评价左翼知识分子中存在过的并且依然有效的社会正义。这是对俄罗斯而言依然典型的那种二元论、那种分裂性。这对俄罗斯革命的性质而言、对它的反宗教仪式倾向（духоборство）而言有灾难性的后果。在我们的复兴运动里，以前被压制的美学元素要比伦理元素更强大，后者已经非常弱了。但是，这意味着意志的软弱，意味着消极性。这对宗教复兴的各种尝试有非常不利的影响。世纪初的俄罗斯人被赋予了很多才能。这完全是个天才的、辉煌的时代。有很多没有获得实现的希望。复兴运动不但处在精神的标志下，也处在狄奥尼索斯的标志下。基督教的复兴与多神教的复兴在其中混合在一起。

与俄罗斯复兴相关的精神剧变有几个根源。对知识分子而言，与马克思主义相关的根源有更宽泛的意义。一部分马克思主义者转向唯心主义，最终转向基督教。在很大程度上，俄罗斯宗教哲学就是由此而来的。这个事实可能显得奇怪，需要解释一下。在俄罗斯，马克思主义是左派知识分子的危机，且是与左派的某些传统的决裂。在俄罗斯，马克思主义产生于八十年代下半期，是无法在农民阶级那里找到支撑的俄罗斯民粹派社会主义失败的结果，也是在亚历山大二世被杀害之后民意党遭遇挫折的结果。革命社会主义运动的旧形式显得过时了，需要寻找新形式。在国外出现了"劳动解放社"小组，它为俄罗斯马克思主义奠定了基础，小组成员包括普列汉诺夫、阿克塞尔罗德（Б. Аксельрод）、扎苏利奇（В. Засулич）。马克思主义者们重新评价了民粹派的一个观念，即俄罗斯可以并且应该跨越资本主义发展的阶段，他们支持俄罗斯发展资本主义并不是因为资本主义自身是好的，而是因为资本主义的发展有助于工人阶级的发展，工人阶级才是俄罗斯唯一的革命阶级。

在解放事业里，可以更多地依靠工人阶级，而不是农民阶级——在马克思看来，农民阶级在某种程度上不是革命的。在九十年代下半期的俄罗斯产生了强大的马克思主义运动，它吸引越来越广泛的知识分子。同时，还出现了工人运动。在众多的小组里发生了马克思主义者和民粹派的争吵，胜利越来越倾向于马克思主义者一方。出现了马克思主义的杂志。知识分子的心理类型发生了变化：马克思主义的类型要比民粹派类型更强硬。与旧民粹主义相比，马克思主义起初是西方派。九十年代下半期的部分马克思主义者，文化水平有很大的提高，特别是哲学文化水平。他们出现了更复杂的文化需求，发生了对虚无主义的摆脱。对旧民粹主义知识分子而言，革命是宗教，对待革命的态度是极权主义的，全部思想和文化的生活都服从于民族解放、推翻专制君主制度。19世纪末，开始了分化的过程，文化个别领域摆脱了对革命中心的服从。艺术哲学、一般的精神生活被宣布为自由的领域。马克思主义那里保留了宽泛的历史哲学前景，这是马克思主义的主要魅力。无论如何，在马克思主义的基础上，思想和精神的运动成为可能——这个运动在因循守旧的民粹派知识分子那里几乎终止了，不过，这是批判的马克思主义，而不是正统的马克思主义。某些在社会领域里始终忠实于马克思主义的马克思主义者从一开始就不同意成为哲学里的唯物主义者，他们是康德派或费希特派，即唯心主义者。这就提供了新的可能性。坚持唯物主义的更正统的马克思主义者们非常怀疑地对待哲学上的自由思想，并预言了对马克思主义的脱离。结果就发生了分裂，一些人全面接受马克思主义，另外一些人只是部分地接受马克思主义。在第二组里发生了从马克思主义向唯心主义的转向。这个唯心主义阶段持续时间不长，不久就出现了向宗教的运动，向基督教的运动，向东正教的运动。属于走向唯心主义的那代人的有布尔加科夫，他逐渐地成为司祭，还有笔者，还有司徒卢威（П. Струве）——他是这个小组里最大的政治家，以及弗兰克。所有的人都关注精神文化问题，在以前各代左派知识分子那里，精神文化遭到压制。作为运动的参加者，我可以见证，这个过程伴随着巨大的热情。诸多的世界都敞开了。思想和精神的渴望是巨大的。吹过一股精神的气息。有一种感觉，就是新时代开始了。有一个朝向新的、前所未有的东西的运动。但也出现了向19世纪俄罗斯思想的各种传统的返回，向俄罗斯文学的宗教内容的返回，向霍米雅科夫、陀思妥耶夫斯基和索洛维约夫的返回。我们进入在创造方面非常有天分的非凡时代。大家都非常深刻地经历了尼采，尽管不是所有人同样地经历他。在世纪初的俄罗斯复兴里，尼采的影响是主要的。但是，俄罗斯人认为，尼采的问题主要是宗教问题。易卜生（Ибсен）也有意义。但是，与此并列，和19世纪上半叶一样，有重大意义的是德国唯心主义：康德、黑格尔和谢林。俄罗斯复兴的诸多流派就这样形成了。

复兴的另外一个根源主要是文学的。世纪初，梅列日科夫斯基在激发宗教兴趣和激发文学与文化里的不安的方面发挥了主要的作用。他是文学家，在更大程度上，他彻头彻尾地生活在文学里，生活在词汇的组合和反映里，而不是在现实里。他是出色的文学天才，是一位极其多产的作家，但不是一位重要的艺术家。读他的小说很有趣，小说证明了他的学识，但在艺术上有重大缺陷，它们贯彻了他的思想图示。人们是这样评论它们的，——这是思想与考古学的混合物。他的主要长篇小说有：《叛教者朱利安》《列奥纳多·达芬奇》《彼得大帝》——它们描写的主题是"基督与敌基督"。梅列日科夫斯基走向了基督教，但不是传统的基督教，也不是教会的基督教，而是走向了新宗教意识。他以一部著作在俄罗斯思想史上获得了重要意义，这部著作就是《托尔斯泰与陀思妥耶夫斯基》，其中首次对两位伟大的俄罗斯天才作家的宗教问题给予充分的关注。这本书是非常出色的，但是，该书被梅列日科夫斯基的一般缺陷给毁了——华丽辞藻、思想图示、模糊不清的矛盾思想、词语组合相对于现实的优势。梅列日科夫斯基缺乏19世纪作家和思想家们所具备的非常强的道德感。他追求基督教与多神教的综合，错误地把这个综合和灵与肉的综合等同起来。有时候会有这样一个印象，他希望把基督与敌基督综合起来。基督与敌基督是他的主题。对他而言，基督教里新启示的可能性和对肉体与性的平反有关。梅列日科夫斯基是象征主义者，"肉体"对他而言是整个文化以及社会性的象征。抛开罗赞诺夫对他的影响就不能理解他。

罗赞诺夫是位天才的作家，他的写作是真正的词语巫术，如果在文学形式之外表述自己的观念，那么他会丢掉很多东西。他没有立即充分地表现自己。他的根源是保守的斯拉夫派和东正教。但是，他的重要性不在这里。当罗赞诺夫开始离开基督教，尖锐地批判基督教时，他的写作是极其有趣的。他成为单一思想的人，他这样谈自己："我自己平庸，但我的问题是天才的。"实际上，他是非常有天分的人，他的才干是在一个天才的问题上展开的。这就是作为宗教问题的性的问题。罗赞诺夫把宗教分为生的宗教和死的宗教。犹太教、大部分多神教都是生的宗教，它们歌颂生命，而基督教则是死的宗教。各各他的阴影笼罩世界，破坏了生命的喜乐。耶稣迷惑了世界，在耶稣的甜蜜里，世界是苦涩的。出生与性有关。性是生命的源泉。如果对生命和出生进行祝福和圣化，那么也应该对性进行祝福和圣化。在这方面，基督教始终是模棱两可的。它不敢谴责生命和出生。它甚至认为，对婚姻的证明、男女结合的目的就在于生育子女。但是，它鄙视性，忽视性。罗赞诺夫认为这是虚伪，并挑拨基督徒给予果断的回击。最后，他得出一个结论，基督教是生命的敌人，它是死亡的宗教。他不愿意看到：基督教的终极话语不是受难，而是复活。对他来说，基督教不是复活的宗教，而完全是各各他的宗教。关于性的问题从来没有被如此偏激地、在宗教上如此深刻地提出来过。罗赞诺夫的解决方案是不正确的，这个方案或者意味着对基督教的犹太教化，或者是向多神教的返回，与其说他希望改变性和肉体，不如说是按照本来的样子对它们进行圣化。但是，问题的提法是正确的，这是罗赞诺夫的巨大功绩。在神职人员中间，他有很多崇拜者，他们不太理解他，以为这里说的是家庭的改革。基督教对待性的态度问题变成了基督教对待整个世界、对待人类的态度问题。这里提出了宗教宇宙论和人学的问题。

　　1903年，在彼得堡举行了宗教哲学聚会，在这些聚会上发生了高级文化阶层的俄罗斯知识分子与东正教神职人员代表的相遇。彼得堡神学院院长谢尔吉（Сергий）主教主持这些会议，后来他成为莫斯科的牧首。在教会的主教中间，发挥积极作用的还有安东尼（Антоний）主教，他后来成为活教会的成员（живоцерковник）。会上发言的有来自世俗文化方面的梅列日科夫斯基、罗赞诺夫、明斯基、卡尔塔绍夫（А. Карташов）——他从神学院被赶出来，后来成为临时政府宗教信仰部部长，还有启示录者和千禧年主义者捷尔纳夫采夫（В. Тернавцев）——当时是至圣主教公会总监的特派官员。聚会非常活跃和有趣，这里发生的是来自不同的、完全相互隔离的世界里的人们之间的交往，就这种交往而言，就主题而言，这些聚会是新事物。发挥主要作用的是梅列日科夫斯基。但是，聚会的主题与罗赞诺夫有关。他的影响意味着，关于性的主题占优势。这也是关于基督教对待世界和生命的态度问题。文化代表们追问教会主教们：基督教是否完全是苦修主义的、敌视世界和生命的宗教，或者它是否可以对世界和生命进行圣化。这样，关于教会对待文化和社会生活的态度问题就成了核心问题。世俗文化代表们所说的一切都以新基督教意识、基督教里新时代的可能性为前提。这是教会主教们很难容许的，即使是最开明的主教也是如此。对宗教界代表而言，基督教早就成为平淡的日常生活了，寻找新基督教的人则希望它成为有诗意的。宗教哲学聚会让人感兴趣主要是因为自己的问题，而不是答案。确实，在历史基督教的基础上很难、几乎不可能解决婚姻、公正的社会建制、文化创造、艺术的问题。聚会的一些参加者把这一点总结为对正义在尘世的新启示的期待。梅列日科夫斯基把肉体问题与这一点联系在一起，同时，他使用肉体一词，在哲学上，其意思是不正确的。在历史教会里，恰好有太多的肉体、（物质的）厚重，而缺乏精神性。罗赞诺夫放弃基督的形象，在这个形象里他看到了对生命、出生的敌视，但是他喜欢东正教会的日常生活，在其中看到很多肉体的东西。新基督教更多不是肉体的，而更多是精神的。精神性根本不与肉体、身体对立，而是与必然性的王国对立，与自然界和社会的秩序对人的奴役对立。对圣灵时代的俄罗斯式期盼也反映在宗教哲学聚会上。这个期盼在俄罗斯有各种不同形式，有时候是表达得非常不完善的形式。但是，这（期盼）对俄罗斯而言始终是典型的。在费奥多罗夫那里，这个期盼具有最积极的特征。他的思维是社会性的。宗教哲学聚会的参加者们就不能这么说。这里首先是文学圈子的人，对于解决社会方面的问题，他们既没有理论的训练，也没有实践的训练。然而，他们提出了基督教社会性的问题。梅列日科夫斯基说，基督教没有揭示"三"的秘密，即社会性的秘密。捷尔纳夫采夫撰写过关于启示录的出色著作，他非常相信第一个位格——圣父，还有第三个位格——圣灵，但是，很少相信第二个位格——圣子。所有人都有宗教上的焦虑、宗教上的不安和探索，但是，没有真正的宗教复兴。这个复兴根本不能从文学圈子里产生，这个圈子固有精致的颓废元素。但是，在知识分子中间长期遭到禁止的宗教问题被提到首要位置。谈论宗教话题是非常时髦的，这几乎是一种时尚。就俄罗斯心灵的性质而言，复兴运动的活动家们不能停留在文学、艺术、纯文化问题的范围内。这里提出了终极问题。关于创造、文化、艺术的任务、社会建制、爱的问题等等，都具有宗教问题的性质。这毕竟还是那些"俄罗斯小男孩们"的问题，但是他们变得更有文化了。宗教哲学聚会持续时间不长，知识分子与宗教界的这种相遇再没有重复过。参加这些聚会的知识分子自身也分裂为各种流派。世纪初，在我们这里，在部分神职人员中间有个自由主义运动，主要是白神品神职人员。这个运动敌视主教团和修道制度。但是，其中没有深刻的宗教观念，就是在俄罗斯思想里孕育的那些观念。对官方教会的抵制是非常强大的，非常需要教会改革，但是，它失败了。令人惊讶的是，1917年的宗教大会没有表现出对折磨19世纪和20世纪初俄罗斯思想的那些宗教问题的任何兴趣，只是因为发生了革命，这次大会才得以召开。宗教大会只关注教会组织方面的问题。

2

俄罗斯复兴里的第三个流派与俄罗斯诗歌的繁荣有关。20世纪的俄罗斯文学没有创造出类似于19世纪长篇小说的那种大部头长篇小说，但是却创造了非常出色的诗歌。对俄罗斯意识，对俄罗斯思想流派的历史而言，诗歌的意义非常重大。这是象征主义时代。世纪初最伟大的俄罗斯诗人亚历山大·勃洛克，拥有天才闪光的安德烈·别雷，知识渊博的维切斯拉夫·伊万诺夫——他是象征主义的主要理论家，以及很多影响小一点儿的诗人和作家，他们都是象征主义者。象征主义者们意识到自己属于新流派，与旧文学代表们处在冲突之中。索洛维约夫的影响是对象征主义者的主要影响。在自己的一首诗歌里，他是这样表述象征主义实质的：

> 我们看到的一切，
> 只是来自眼睛看不见的世界的
> 影子和反光。

象征主义在这个可见的现实背后看到的是精神现实。象征是两个世界之间的联系，是另外一个世界在此世的标志。象征主义者们相信有另外一个世界。他们的信仰根本不是教条主义的。只有后来转向天主教的维·伊万诺夫有一段时间非常接近东正教。索洛维约夫把自己对索菲亚的信仰传递给了象征主义者。非常典型的是，与索洛维约夫不同，世纪初的象征主义者们相信索菲亚，并等待她的出现，如同等待美妇人，但他们不相信基督。应该把这种期盼界定为宇宙的诱惑，那一代人就生活在这个诱惑之下。这里的真理就在于对改变后的宇宙之美的渴望。在自己的回忆录里，别雷说道："'妇人'的象征对我们而言成为曙光（成为天与地的结合），这个象征与诺斯替派关于具体智慧的学说交织在一起，具体智慧的名字是新缪斯，它把神秘主义与生活融合在一起。"①产生影响的不是白天的索洛维约夫及其理性化的神学和哲学著作，而是夜晚的索洛维约夫，就是在诗歌和篇幅不大的文章里，以及在关于他所形成的神话里所表现出来的那个索洛维约夫。与索洛维约夫并列，产生影响的还有尼采。这是对俄罗斯复兴运动的最强烈的西方影响。但是，在尼采身上所接受的不是西方关于他写的最多的东西，不是他与生物哲学的接近，不是为贵族种族和文化而进行的斗争，不是强力意志，而是宗教主题。尼采是被当作神秘主义者和先知来接受的。在西方诗人中间，有最大意义的大概是波德莱尔（Бодлер）。但是，俄罗斯象征主义与法国象征主义非常不同。象征主义者们的

---

① 别雷对勃洛克的回忆，发表在四卷本《史诗》（Эпопеи）里，这是描写复兴时代氛围的最好材料，但是在事实方面有很多不准确的地方。

诗歌超出了艺术的范围，这是十足的俄罗斯特点。所谓的"颓废派"和唯美主义时期在我们这里很快就结束了，之后发生了向象征主义的过渡，象征主义意味着对精神秩序的探索发生了向神秘主义的过渡。对勃洛克和别雷而言，索洛维约夫是一扇窗，未来之风从那里吹来。对象征主义诗人而言，面向未来、期盼未来的非凡事件是非常典型的。世纪初的俄罗斯文学和诗歌具有先知的特征。象征主义诗人带着他们所特有的敏感性感觉到，俄罗斯正在飞向深渊，旧俄罗斯正在终结，应该产生新的俄罗斯、未知的俄罗斯。和陀思妥耶夫斯基一样，他们感觉到将要发生内部的革命。19和20世纪文化阶层的俄罗斯人有一个特点，就是代与代之间、各类情绪之间快速更替；子辈与父辈之间不断的争吵对俄罗斯而言是特别典型的。别雷在自己的回忆录里把自己的象征主义诗人圈子的紧张情绪描述为期盼曙光和看见曙光。他们等待未来日子的太阳升起。这不但是对完全新的集体主义的象征主义文化的期盼，也是对未来革命的期盼。别雷把这样的人称为"我们的"，他们看见"曙光"并预感到曙光的启示。这也是对圣灵时代来临的期盼的一种形式。别雷出色地描绘了在其中产生俄罗斯象征主义的那个氛围。这是个非常卓越的时代。但是，令人不快的是年轻的象征主义者们的小组习气，那几乎是宗派主义，严格区分"我们的"和非我们的，自以为是并自我陶醉。这个时代的特点是异常兴奋，爱夸张，夸大有时候并不那么重要的事件，对待自己和他人不够诚实。比如，别雷和勃洛克之间的争吵就获得了异常的、几乎是世界性的关注，尽管在这场争吵背后隐藏的情感里没有任何世界性的东西。勃洛克的妻子有一段时间扮演了索菲亚的角色，她是一位美妇人。在这里有某种不诚实和不愉快的东西，一般而言，这是那个时代固有的生命的游戏。在很大程度上，勃洛克是从索洛维约夫那里获得了对美妇人的崇拜，他的一卷诗歌就是献给美妇人的。他在《木板房》（Балаганчик）里表达了对美妇人的失望。勃洛克和彼得堡文学界似乎是背叛了象征主义艺术，别雷对这个背叛的愤恨被夸大了，也不完全符合事实，因为在这个愤恨的背后隐藏着某种个人的东西。根据别雷的回忆，勃洛克给人留下的印象是最好的。在他身上比在其他人身上有更多的质朴、真诚，更少的谎言。就自己的天分而言，别雷比勃洛克更复杂和多样，他不但是诗人，而且也是位出色的小说家，他喜欢哲学思考，后来成了人智学家。他写过一本很厚的关于象征主义的书，他借助于李凯尔特（Риккерт）的哲学来论证象征主义。他是我们这里唯一杰出的未来学家。在非常独特的长篇小说《彼得堡》里，人和宇宙分解为元素，事物的整体性，以及把一个东西与另外一个东西隔离的界限都消失了；人可以变成灯，灯可以变成街道，街道塌陷到无限的宇宙里。另外一部长篇小说描写的是出生前子宫里的生命。与别雷不同，勃洛克不迷恋任何理论。他是位十足的抒情诗人，是世纪初最伟大的诗人。他对俄罗斯有强烈的情感，献给俄罗斯的那些诗作是天才的。勃洛克有个预感，某种可怕的东西在逼近俄罗斯。

在残月的笼罩下，
野蛮的情欲得以释放……
我远远地看见，在罗斯的上面，
漂浮着悄声无息的火光一大片。

在精美的诗歌《俄罗斯》里，他问，俄罗斯应该献给谁，由此会发生什么。

你把大胆的美人，
随便献给哪一位巫师。
就让他诱惑，就让他欺骗，
你也不会消失，踪影不见，
只是忧伤会遮挡
你美丽的脸。

但是，他最出色的诗歌是《斯基泰人》。这是一首献给东方和西方问题的预言诗。

你们有几百万。我们——无数，无数，无数。

试试与我们开战！

是的，我们是斯基泰人！是的，我们是亚细亚人，

我们有一双斜视且贪婪的眼睛……

俄罗斯是斯芬克司。它欢乐，也忧伤，

溅满一身黑色的血，

它盯着、盯着、盯着看你，

带着恨，也带着爱……

是的，你们那里任何人

早就不像我们的亲人那样去爱！……

我们爱一切，冰冷数字的热情，

还有神圣幻象的天赋。

我们能理解一切，无论法国人敏锐的理智

还是德国人阴郁的天才……

还有几行对西方人而言非常可怕的诗，它们可以证明俄罗斯所引起的不安：

我们有过错吗？你们的骨骼

在我们沉重、温柔的手掌里吱吱作响

在尾声，转向西方：

最后一次机会了，旧世界，醒醒吧！
野蛮人的琴声向你发出最后一次邀请
去参加劳动与和平的团结盛宴，
最后一次邀请你，去参加光明团结的盛宴。

这里非常尖锐地提出了俄罗斯和欧洲的问题，这是19世纪俄罗斯意识的基本问题。它没有在基督教范畴里提出来，但是，基督教主题还保留着。可以说，象征主义诗人的处事态度位于宇宙的标志之下，而不是位于逻各斯的标志之下。因此，在他们那里，宇宙吞噬个性；个性价值被弱化了：在他们那里有鲜明的个体，但是个性表达得比较弱。别雷关于自己甚至说，他没有个性。在复兴运动里有反人格主义的元素。多神教的宇宙论战胜了基督教的人格主义，尽管这是在发生了巨大改变的形式里的宇宙论。

维切斯拉夫·伊万诺夫是复兴运动最典型和杰出的人物。他不属于了看到了曙光的年轻一代诗人。当时他在国外。他是蒙森（Моммзен）的学生，用拉丁文写关于罗马税收的学位论文。这是个受过西方教育的人，有非常渊博的知识，这是勃洛克和别雷所没有的。对他产生影响的主要是叔本华、瓦格纳（Р. Вагнер）和尼采；在俄罗斯人中间，他认识索洛维约夫本人。他与瓦格纳最接近。他很晚才开始写诗。他的诗歌比较晦涩、有学术性、辞藻华丽，随处是从教会斯拉夫语里拿来的说法，它们需要注释。他不仅是个诗人，还是受过训练的语言学家、俄罗斯最好的希腊语文学家、杰出的随笔作家、诗人的导师，他还是神学家和哲学家，也是位神智学家。他是一位拥有多方面知识的人，有综合精神的人。在俄罗斯，他是拥有最精致文化的人——在西方也没有这样的人。重视他的主要是文化精英，对更广大的圈子而言，他是不可及的。他不但是位出色的作家，而且还是位非常善于讲故事的人。他可以和所有人就他们的专业问题交谈。他的思想显然是发生过变化。他是位保守主义者，神秘的无政府主义者，东正教徒，神秘学家，爱国主义者，共产主义者，他在罗马作为天主教徒和十足的右翼分子结束自己的一生。但是，在自己不断的变化中，他实质上始终是他自己。在这个巫师的一生里有很多游戏。从国外回国后，他带来了狄奥尼索斯宗教，关于这个宗教，他写过一部出色的非常学术性的著作。他不但想要让狄奥尼索斯和基督和解，而且几乎要把他们等同起来。和梅列日科夫斯基一样，维·伊万诺夫给自己的基督教加入了很多多神教的东西，这对世纪初的复兴运动而言是典型的。他希望自己的诗歌成为狄奥尼修斯式的，但是，其中没有直接的自发的狄奥尼修斯精神，他的狄奥尼修斯精神是臆造出来的。个性问题与他格格不入。维·伊万诺夫有神秘主义倾向，一般而言，在1910年前后，这种神秘主义在俄罗斯是比较流行的。与18世纪末和19世纪初一样，在这些年里，我们这里有人在寻找真正的玫瑰十字会，有时候是在施泰纳（Р. Штейнер）那里寻找，有时候是在各类神秘团体里寻找。但是，更大程度上的文化精致使得这个流派不如19世纪初那么真诚和质朴。维·伊万诺夫是个多成分和多层次的人，他可以翻转自己的各个方面。他浸淫在过去的伟大文化里，特别是希腊文化，靠它们的反光生活。他部分地宣传几乎是斯拉夫派的观点，但是这种过度的文化性、这种颓废的精致性是他身上非俄罗斯的特点。在他身上没有19世纪文学里令人神往的那种对正义的探索、那种质朴。但是，在俄罗斯文化里，精致的形象和文化多样性的形象也应该被呈现出来。维切斯拉夫·伊万诺夫始终是世纪初最出色的人之一，是复兴运动中重要的人。

在一切方面都与维·伊万诺夫对立的是舍斯托夫，他是20世纪初最具独创性和最出色的思想家之一。与维·伊万诺夫不同，舍斯托夫是个单一思想、单一主题的人，这个主题彻底支配他，他把它放在自己所写的所有东西里。这主题不是"希腊人"，而是"犹太人"。他代表耶路撒冷，而不是雅典。他出自陀思妥耶夫斯基、托尔斯泰和尼采。他的主题与个性的命运有关，这是单一的、不可重复的、唯一的个性。为了这个单一的个性，他与一般，与普遍，与人人都应遵守的道德和人人都应遵守的逻辑斗争。他想站在善恶的彼岸。善与恶的自身产生、自身区分就是堕落。人人都应遵守的特性所产生的必然性就是对人的奴役。作为哲学家，他与哲学斗争，与苏格拉底、柏拉图、亚里士多德、斯宾诺莎、康德、黑格尔斗争。他的主人公——为数不多的经历过震荡的人，这就是以赛亚（Исайя）、使徒保罗、帕斯卡尔（Паскаль）、路德（Лютер）、陀思妥耶夫斯基、尼采、克尔凯郭尔。舍斯托夫的主题是宗教的。这是关于上帝无限可能性的问题。上帝能够把曾经发生的事情变成未曾发生的事情，能够做到让苏格拉底不被毒死。上帝不服从善、理性，不服从任何必然性。对舍斯托夫而言，堕落不是本体论的，而是认识论的，它与对善与恶的认识的产生有关，即与一般、与人人都应遵守、与必然性有关。在陀思妥耶夫斯基的作品中，他赋予《地下室手记》以特别的意义。他希望像地下室人那样进行哲学思考。震荡的经验使人摆脱日常性的王国，与这个王国对立的是悲剧的王国。舍斯托夫把识善恶树与生命树对立起来。但是，他在否定方面远比在肯定方面更有力，在他那里，肯定是非常贫乏的。认为他是心理学家，这是错误的。当他写尼采、陀思妥耶夫斯基、托尔斯泰、帕斯卡尔、克尔凯郭尔时，他感兴趣的与其说是他们，不如说是自己唯一的主题，他把这个主题加给他们。他是位出色的作家，这就掩盖了他思想上的缺陷。在他身上，思想的独立性很迷人；他从不属于任何流派，不受时代精神的影响。他位于俄罗斯思想的主流之外。但是，陀思妥耶夫斯基把他与主要的俄罗斯问题联系在一起，其中首先是个性与世界和谐的冲突问题。在生命最后，他遇到了克尔凯郭尔（的著作），他们之间有很多相似之处。舍斯托夫是独特的存在主义哲学的代表。他的书被翻译成外文，他受到人们的推崇。但是，不能说他被正确地理解了。在后半生，他越来越转向《圣经》。他走向了一种宗教，这与其说是福音书的宗教，不如说是圣经的宗教。但他感觉到了自己与路德的相似性，他独创性地把路德与尼采（在善恶的彼岸）接近。对舍斯托夫而言，主要的是与知识对立的信仰。他寻找信仰，但他没有表达自己的信仰。舍斯托夫这个人物对世纪初俄罗斯的复兴运动是非常重要的。

3

1908年前后，俄罗斯成立了宗教哲学协会，在莫斯科是由布尔加科夫倡议的，在彼得堡是由我倡议的，在基辅是由神学院的教授们倡议的。宗教哲学协会成为宗教哲学思想和精神探索的中心。在莫斯科，协会被称为"纪念索洛维约夫"协会。该协会表明了独创性的宗教哲学在俄罗斯的出现。它们（协会）的典型特征是有巨大的思想自由，不受学院传统的束缚。这里的思想与其说是神学的，不如说是宗教哲学的。对俄罗斯而言，这是典型的。在西方，神学和哲学之间存在着严格的区分，宗教哲学是罕见的，无论神学家，还是哲学家都不喜欢它。在俄罗斯，在世纪初获得巨大繁荣的哲学带有宗教性质，信仰是在哲学上获得论证的。哲学根本不依赖于神学和教会权威，它是自由的，但是，内在地却依赖于宗教经验。宗教哲学囊括了精神文化的所有问题，乃至社会生活的所有原则性问题。宗教哲学协会起初获得很大成功，公开的会议上有报告和讨论，参加的人很多，还有这样的人参加——他们有思想和精神的兴趣，但是没有专门的宗教—基督教兴趣。在莫斯科，宗教哲学协会的核心人物是布尔加科夫，他当时还不是司祭。这里发生了与19世纪各流派的结合，主要是与霍米雅科夫、索洛维约夫、陀思妥耶夫斯基的结合。对真正东正教的探索开始了。人们尝试在萨罗夫的圣谢拉菲姆那里寻找它，他是那个时代人们所喜爱的圣徒，还尝试在长老制里寻找它。人们还转向了希腊教父学。但是，参加宗教哲学协会的还有像维·伊万诺夫这样的人。参加者还有人智学家。俄罗斯宗教哲学从各个方面获得准备。复兴运动中非常典型的人物是弗洛连斯基（Павел Флоренский）神父。这是个拥有各种天赋的人。他是数学家、物理学家、语文学家、神学家、哲学家、神秘主义者、诗人。他出自斯文季茨基（Свентицкий）和埃恩（В. Эрн）小组，这个小组有一段时间尝试把东正教与革命结合起来。但是，他逐渐地成为越来越保守的人，他是莫斯科神学院教授中间的右翼代表。不过，他的保守性和右翼倾向与其说具有现实主义特征，不如说具有浪漫主义特征。这在当时是经常发生的现象。弗洛连斯基先是毕业于莫斯科大学数学系，他本有很大希望成为数学家。在精神危机之后，他进入莫斯科神学院，成为神学院教授，并希望成为修士。按照一位长老的建议，他没有成为修士，而只是成了司祭。当时，知识分子中有很多人都接受神职——弗洛连斯基、布尔加科夫、谢·索洛维约夫、杜里林（С. Дурилин）等。这是进入东正教深处的渴望，是认识其秘密的渴望。

　　弗洛连斯基是位拥有精致文化的人，在他身上有精致颓废的元素。在他身上根本没有质朴和直率，没有任何直接的东西，他一直都在隐藏什么，很多东西都是故意说的，对心理分析而言，他是有意义的。我把他的东正教描述为模仿的东正教。[①]在一切方面他都是个模仿者。他是个唯美主义者，在这一点上，他是自己时代的人，他是一个对基督教道德方面冷淡的人——在俄罗斯东正教思想里第一次出现这样的人。就美感而言，这是个反动分子，但在神学领域，在很多方面都是位革新者。他的那部杰出著作《真理的柱石与根基》在某些圈子里留下了很深的印象，对很多人都有影响，比如对布尔加科夫——后者完全是另外一个形态的人，拥有另外的心理气质的人。就自己的音调而言，弗洛连斯基这本书给人的印象是秋天的落叶，其中散发着秋天的忧郁。它是以给朋友的信的形式写成的。可以把它归入存在主义哲学类型。书中最有价值的是它的心理学方面，特别是关于"悬搁"那一章。与神学和哲学中的理性主

---

　　① 我在《俄罗斯思想》（Русская мысль）上发表的关于弗洛连斯基《真理的柱石与根基》（Столп и утверждение истина）一书的文章就叫《模仿的东正教》（Стилизованное православие）。

义斗争，保卫二律背反也是有积极意义的。弗洛连斯基希望神学是心理—经验的——毕竟不能把他的思想称为基督教里的创造性的话语。他太能模仿了，太希望成为传统的和正统的。但是，就自己的心理气质而言，他仍然还是新人，自己时代的人，甚至是20世纪初那个著名年代的人。他过分地把精神的运动理解为反动，而不是向前的运动。但是，他提出的问题不是传统的。这样的问题首先就是索菲亚——上帝的圣智慧问题。这个问题自身不是传统神学的问题，无论弗洛连斯基怎么尝试以教会导师为依据。索菲亚问题的提出意味着对待宇宙生命、对待被造世界的另外一种态度。索菲亚问题的发展及对其的神学研究将是布尔加科夫神父的工作。但是，弗洛连斯基神父提供了最初的动力。在谈到"新宗教意识"时，他带着敌意，甚至是轻蔑，但是，他还是过多地给人留下一个印象，即他是梅列日科夫斯基、维·伊万诺夫、别雷、勃洛克的同时代人。他自己感觉与罗赞诺夫特别接近。他对自由问题漠不关心，因此对道德问题也是漠不关心。他陷入巫术的氛围里。比较有特点的是，在这样一本书里，几乎完全没有基督。这本书代表一整套神学体系，尽管不是在系统化的形式里。弗洛连斯基努力隐藏的是，他生活在宇宙诱惑之下，在他那里"人"被压制了。但是，作为俄罗斯宗教思想家，他也按照自己的方式等待圣灵的新时代。他在表达这一点时带着很大的顾虑，因为这本书是神学院的学位论文，他后来成为神学院的教授和司祭。无论如何，弗洛连斯基是俄罗斯复兴运动年代的一个有趣的人物。

但是，在俄罗斯思想向东正教的运动中，核心人物是布尔加科夫。他在年轻时是位马克思主义者，是工程学院的政治经济学教授。他出身于宗教阶层，其祖先曾经是神职人员，起初他曾在神品学校学习。东正教的基础在他身上是比较深厚的。他从来不是正统的马克思主义者，在哲学上，他不是唯物主义者，而是康德主义者。他在《从马克思主义到唯心主义》一书里表达了他所经历的转变。在这个流派里，他第一个成为基督徒和东正教徒。在一定时刻，对他产生主要影响的是索洛维约夫。他的兴趣从经济问题转向哲学和神学问题。根据自己的气质，他始终是个教条主义者。1918年，他成为司祭。1922年，他同一批学者和作家一起被驱赶出苏维埃俄罗斯，成为巴黎东正教神学院的教义神学教授。在巴黎，他已经建立一整套神学体系，这个体系的总名称是"论神人类"：第一卷叫"神的羔羊"，第二卷叫"保惠师"，第三卷叫"羔羊的未婚妻"。在1914年战争之前，他就在《不灭之光》里表达了自己的宗教哲学。我不打算表述布尔加科夫神父的思想。他是我们的同时代人。我仅指出（其思想的）一般的特征。他的流派被称为索菲亚论的流派，他的索菲亚论引起右翼—正统圈子的猛烈攻击。他希望为俄罗斯索菲亚论探索提供抽象—神学的表达。他不希望成为哲学家，而是希望成为神学家，但是，在他的神学里有很多哲学元素，对他的思想而言，柏拉图和谢林有重大意义。他始终是俄罗斯宗教哲学的代表。他始终忠实于一个基本的俄罗斯理念，就是神人类理念。神人类是被造物的神化。神人类是通过圣灵来实现的。索菲亚主题是关于神的世界和被造物世界的主题。这首先是宇宙论的主题，它在更大程度上吸引了俄罗斯宗教思想，而不是西方宗教思想。在造物主和被造物之间没有绝对的区分。在上帝里有永恒的非被造的索菲亚，这是柏拉图的理念世界，我们的世界通过这个索菲亚而被造，——这就是被造的索菲亚，它渗透到被造物里。布尔加科夫神父称自己的观点为万有在神论（панентеизм，克劳泽的术语），它不同于泛神论。也可以把这个观点称为泛灵论（панпневматизм）。这里发生的似乎是圣灵降临到宇宙里。一般地说，对俄罗斯宗教思想而言，泛灵论是典型的。对索菲亚论而言，最大的困境与恶的问题有关，这个问题没有被充分地提出和解决。这是个乐观主义体系。主要的不是自由的观念，而是索菲亚观念。索菲亚是神的永恒女性，这个理解引起了最多的责难。布尔加科夫的问题自身有很大意义，它在基督教里没有获得充分的解决。它的提出表明在俄罗斯东正教里有创造性的思想。但是，"索菲亚"的定义中的模糊性遭到了批判。原来，索菲亚既是圣三位一体，又是圣三位一体的每一个位格，还是宇宙、人类，以及圣母。这里就出现一个问题，是不是增加了太多的中介？布尔加科夫神父坚决反对把索菲亚与逻各斯等同起来。不清楚的是，什么东西应该归到启示，什么东西应该归到神学，什么东西应该归到哲学；不清楚的还有，应该把什么样的哲学看作是必然与东正教神学联系在一起的。

　　不清楚的是，如何把末世论前景与索菲亚论的乐观主义协调起来。这里发生的是教会与上帝之国的混同，这与末世论的期盼是矛盾的。我不认同索菲亚论这个流派，但是非常重视在布尔加科夫神父那里发生的东正教思想运动，重视新问题的提出。他的哲学不属于存在主义类型。他是客观主义者和普遍主义者，在自己原初的基础上，他是个柏拉图主义者，他太相信通过概念可以认识神，在他那里，肯定的元素相对于否定的元素有太大的优势。和俄罗斯宗教哲学思想的所有代表一样，他追求新的东西，追求圣灵的国，但是，始终不清楚的是，在什么程度上他承认新的第三个启示的可能性。布尔加科夫神父代表了俄罗斯宗教思想的流派之一，这些流派主要集中在宇宙的神圣性的主题上。他的最大真理在于他相信人身上的神的原则。他是普遍拯救的热情保卫者。在这个意义上，他的思想与托马斯主义是对立的，特别是与巴特主义（бартианство）对立，也与传统的东正教修道—苦修的神学对立。

　　我自己属于俄罗斯复兴这一代，参与它的运动，与复兴运动的活动家和创造者们接近。但是，在很多方面，我与这个卓越时代的人们有分歧。我是俄罗斯宗教哲学的创立者之一。我不准备叙述自己的哲学观念。谁有兴趣，可以根据我的著作了解它们。对我而言非常重要的著作，都是在国外、在流亡的时候撰写的，即它们超

俄罗斯理念

出了我所描写的复兴时代的界限。但是，我认为界定我与其他人之间区别的特征对于描述我们复兴时代的多样性是有好处的，我有时候和他们在一起活动。我的世界观的独特性表达出现在我的著作《创造的意义：为人辩护的尝试》里，它写于1912—1913年。那是狂飙突进时期。这本书研究我的生活和我的思想里的一个基本主题——关于人及其创造使命的问题。关于人是创造者的思想后来在我的书《人的使命：悖论伦理学简论》里获得发展，这本书已经在西方出版了，这个思想在其中发展得更好些，但少了些热情。人们称我为自由的哲学家不是没有依据的。关于人和创造的问题与关于自由的问题联系在一起，这就是我的基本问题域，但人们经常不太理解它。伯麦对我有重要意义，在我生命的一定时刻，我满怀热情阅读他的著作。在纯哲学家中间，我最应该感谢的是康德，尽管在很多方面我与康德主义有分歧。陀思妥耶夫斯基对我有原初的决定性意义。后来是尼采，再后来特别是易卜生对我有意义。在我很年轻的时候，在我对周围世界里的不公正、历史和文明的不公正的态度上，对我有很大意义的是托尔斯泰，然后是马克思。我关于创造的主题与复兴时代接近，但与那个时代大部分哲学家并不接近，这不是关于文化创造的问题，不是人在"科学与艺术"里创造的问题，这是更深刻的形而上学问题，是关于人对创世的延续问题、关于人对上帝的回应问题，这个回应可以丰富神的生命自身。我的观点在表面上可能发生改变，这主要依赖于我对当下占主导地位的东西有时候过于尖锐和充满情感的反应，但我一生都是精神自由这一人的最高价值的保卫者。我的思想有人中心论的指向，而不是宇宙中心论的。我所写的一切都针对历史哲学和伦理学，我主要是个历史哲学家和道德学家，也许还是巴德尔、切什科夫斯基或索洛维约夫的基督教神智学意义上的神智学家。人们称我为现代主义者，这在下面的意义上是正确的，即我曾经相信，现在也相信基督教里的新时代——圣灵时代的可能性，它将是创造的时代。对我而言，基督教是圣灵的宗教。把我的宗教哲学称为末世论，是更正确的。在很长时间里，我都尝试完善我对末世论的理解。我对基督教的理解是末世论的，我把它与历史基督教对立起来。我对末世论的理解是积极—创造的，而不是消极的。此世的终结、历史的终结依赖于人的创造行为。同时，我揭示了人类创造的悲剧，这个悲剧就在于，在创造的意图与创造的成果之间有不一致；人创造的不是新生命，不是新存在，而是文化成果。对我而言，哲学的基本问题是客体化问题，客体化以异化，以自由和个性的丧失，以对一般和必然的服从为基础。我的哲学明显是人格主义的，根据现在成为时髦的一个术语，可以称之为存在主义的，尽管是在完全不同的另外一个意义上——比如，人们称海德格尔（Гейдеггер）哲学为存在主义哲学，这是两个不同意义上的存在主义哲学。我不相信以概念为基础的形而上学和神学的可能性，我根本不打算建立本体论。存在只是生存的客体化。上帝—圣父，上帝—圣子，上帝—圣灵——是无法表达的神性（Божество）的形象和象征，这个思想有巨大的存在主义意义。形而上学只是精神经验的象征，它具有表现的功能。圣灵的启示是人身上精神性的启示。我肯定现象世界和本体世界的二元论，现象世界是客体化和必然性的世界，本体世界是真正生命和自由的世界。只有在末世论的意义上才能克服这个二元论。我的宗教哲学是一元论的，我不能被称为柏拉图主义者，如布尔加科夫神父、弗洛连斯基神父、弗兰克等人那样。我最反对的是可以称为虚假的客观主义的东西，以及能够导致个体服从一般的东西。人、个性、自由、创造、两个世界的二元论在末世论意义上的弥赛亚主义的解决——这就是我的基本主题。社会问题在我这里发挥的作用远比俄罗斯宗教哲学其他代表们要大，我接近在西方被称为宗教社会主义的流派，但是，这个社会主义——完全是人格主义的。在很多方面，有时候是非常重要的方面，我曾经是孤独的，现在也是。我代表复兴时代俄罗斯宗教哲学里的极端左翼，但是，我没有丧失与东正教会的联系，也不想丧失这个联系。

属于世纪初的宗教哲学流派的还有叶·特鲁别茨科伊公爵和埃恩。叶·特鲁别茨科伊与索洛维约夫接近，也是莫斯科宗教哲学协会的积极参加者。他的方向是更加学术性的。他的《弗拉基米尔·索洛维约夫的世界观》有最重要的意义，其中的批评很有价值。叶·特鲁别茨科伊本人的世界观经历了德国唯心主义，但是他想要成为东正教哲学家。他非常批判地对待弗洛连斯基神父和布尔加科夫神父的索菲亚论流派，认为其中有泛神论的倾向。埃恩没有来得及充分表达自己，因为他很早就去世了，他与弗洛连斯基神父和布尔加科夫神父的索菲亚论最接近。他的那些经常是不公正的批判主要都指向反对德国哲学，后者在俄罗斯哲学青年人圈子里特别流行。俄罗斯的复兴也是哲学的复兴。对哲学的这种兴趣在我们这里以前大概从来也没有过。在这个时期成立了一些哲学小组，其中有紧张的哲学生活。

纯粹哲学的最杰出的代表是尼·洛斯基（Н. Лосский）和弗兰克，他们建立了具有独创性的哲学体系，可以称它们为理想—现实主义（идеал-реализм）。他们哲学思考的风格自身更像德国的。但是，他们的方向是形而上学的，在德国，当时占统治地位的是敌视形而上学的新康德主义。尼·洛斯基建立了独特形式的直觉主义，可以称这个形式是对朴素现实主义的批判性恢复。他没有走出康德、费希特、谢林、黑格尔的哲学。他有另外的思想根源，这些根源接近莱布尼兹、洛采、科兹洛夫。弗兰克接近于德国古典唯心主义。和索洛维约夫一样，他希望建立一切统一的哲学。他称自己为柏拉图和库萨的尼古拉的继承者，特别是后者的继承者。一般而言，他的哲学属于俄罗斯哲学里的柏拉图派。他的书《知识的对象》是对俄罗斯哲学很有价值的贡献。后来很晚，在德国，哈特曼（Н. Гартман）曾保卫与弗兰克接近的观点。尼·洛斯基和弗兰克最终都转向了基督教哲学，走上我们世纪初的宗教哲学思想的共同轨道。20世纪初俄罗斯思想的主题是关于神圣宇宙和宇宙改变的主题，关于造物主在被造物里的能的问题；关于人身上神的东西的主题，关于人的创造使命和文化的意义的主题；关于末世论的主题，关于历史哲学的主题。俄罗斯人在思考所有问题时，就实质而言似乎是面对着存在的秘密，而西方人被自己的过去束缚，他们肩负过去的负担，过分地在文化反映里思考所有问题，即在俄罗斯思想里有更多的新意和直率。在民间的寻神派和高层知识分子的寻神派之间，可以确立某种共性。

不过，毕竟要承认，在复兴运动高级文化阶层的利益与民间及左翼知识分子的社会革命运动的利益之间有断裂，左翼知识分子还没有经历思想和精神的危机。人们生活在不同的文化层次上，几乎是生活在不同的世纪里。这对俄罗斯革命的性质有致命的后果。我和布尔加科夫共同主编的《生命问题》杂志尝试把不同流派联合起来。这是第一次小革命的时代，杂志只存在了一年。在政治上，杂志属于左翼激进派，但是它首次在俄罗斯杂志的历史上把这种类型的社会政治观念与宗教探索、形而上学世界观以及文学里的新思潮结合在一起。这是把成为唯心主义者并向基督教运动的那些过去的马克思主义者，把梅列日科夫斯基和象征主义者，把唯心主义和唯灵论方向的学院哲学代表们和极端流派的政论家们结合在一起的尝试。综合并不是充分有机的，也不是牢固的。这是个非常有趣的和紧张的时代，这时，对于知识分子最有文化的部分而言敞开了新世界，心灵为精神文化的创造而解放了。最重要的是，出现了这样一些人，他们走出尘世生活封闭的内在圈子，转向超验的世界。但是，这种情况只发生在部分知识分子中间，大部分知识分子继续靠旧的唯物主义和实证主义的观念生活，它们敌视宗教、神秘主义、形而上学、美学、艺术中的新思潮，这个方针被认为对所有参加解放运动并为社会正义而斗争的人都是必需的。我想起俄罗斯生活里的断裂和分裂的一个鲜明形象。在维切斯科夫·伊万诺夫的"塔楼"（这是他的住宅的名称，住宅位于塔夫利宫对面一座高楼最顶层的一角儿），在几年的时间里，文化精英每周三聚会：诗人、小说家、哲学家、科学家、艺术家、演员。大家在"伊万诺夫星期三"聚会上作报告，进行最高雅的争论。人们不但讨论文学主题，而且还有哲学、宗教、神秘主义和巫术方面的主题。俄罗斯复兴运动的优秀人物悉数到场。就在这个时候，在楼下，在塔夫利宫里，周围正闹革命。革命的活动家们对"伊万诺夫星期三"聚会的主题根本不感兴趣，参与文化复兴的人们每周三在"塔楼"上争论，尽管他们不是保守主义者和右翼分子，其中很多人甚至是左派，并愿意同情革命，但是，他们当中大部分都不关注社会，离正在发生的革命的利益非常远。……东正教没有完成自己改变生活的使命，却支持以谎言和压迫为基础的制度。基督徒应该意识到自己的罪过，而不仅仅是指责基督教的反对者，把他们打发到地狱里去。与基督教和一切宗教冲突的不是共产主义的社会体制（与资本主义相比，这个体制倒更符合基督教）。但是，官方教会在对待国家和社会生活的态度上采取了保守主义立场，奴性地服从旧制度。1917年革命后有一段时间，很大一部分神职人员、和平信徒认为自己才是真正的东正教徒，他们具有反革命的情绪，只是后来才出现新类型的司祭。教会改革，以及用19世纪和20世纪初的创造性思想对教会生活的更新，都没有发生。官方教会处在封闭的世界里，惰性力量在其中是巨大的。这也是贯穿全部俄罗斯生活的断裂的诸多表现之一。

4

1917年前夕，在失败的战争氛围里，革命所需要的一切都准备好了。旧制度腐朽了，也没有像样的保卫者，神圣的俄罗斯帝国垮台了，整整一百年，俄罗斯知识分子都在否定它，与它斗争。支持专制君主制的那些宗教信仰在民间弱化了，并陷入瓦解。在官方用语"东正教、专制制度和人民性"里，现实的内容消失了。这句熟语变得不真诚和虚伪了。在俄罗斯，自由主义革命、要求法制的资产阶级革命都是乌托邦，都不符合俄罗斯传统和在俄罗斯占统治地位的革命观念。在俄罗斯，革命只能是社会主义的。自由主义运动与杜马和立宪民主党有关。但是，它在人民大众里没有支撑，并丧失了能够鼓舞人的观念。根据俄罗斯人的精神气质，所有俄罗斯的思想体系始终都是神权政治的或社会主义的。俄罗斯人是极端主义者，正是呈现为乌托邦的东西在俄罗斯才是最现实的。众所周知，"布尔什维克"一词源于1903年社会民主党代表大会上的多数派，"孟什维克"一词源自于这次代表大会上的少数派。"布尔什维克"一词成为俄罗斯革命极好的象征，"孟什维克"则是不中用的象征。对俄罗斯左翼知识分子而言，革命始终既是宗教，也是哲学，革命的观念是整体性的。更温和的流派不理解这一点。通常认为，马克思主义是完全不适合于农业国家的思想体系，但在俄罗斯这个国家里，农民占绝大多数，工业落后，无产阶级人数很少。革命的象征意义是相对的，不能过于在字面意义上理解它。马克思主义适应了俄罗斯的状况，俄罗斯化了。与无产阶级弥赛亚相关的马克思主义弥赛亚观念与俄罗斯弥赛亚观念结合、等同了。在俄罗斯共产主义革命里，占统治地位的不是经验上的无产阶级，而是无产阶级的观念、无产阶级的神话。但是，共产主义革命才是真正的革命，它是普世主义的弥赛亚主义，它希望给全世界带来善，摆脱压迫。在这样做的时候，它真诚地以为，这是暂时的手段，是实现最高目的所必须的手段。俄罗斯共产主义者继续认为自己是马克思主义者，他们返回到在19世纪占统治地位的一些民粹派观念，认为绕过资本主义发展阶段，直接跨入社会主义对俄罗斯而言是可能的。工业化应该是在共产主义的标志下发生，它就是这样发生的。共产主义者更接近特卡乔夫，而不是普列汉诺夫，甚至不是马克思和恩格斯。同时，他们实践旧俄罗斯固有的专制管理形式。他们给马克思主义带来一些变化，应该让共产主义与无产阶级革命时代相适应，马克思不曾知道这个时代。列宁是卓越的革命理论家和实践家。他是典型的混有鞑靼人特征的俄罗斯人。列宁主义者们让革命的意志变得旺盛，认为世界是可塑的，可以适合于来自革命少数派的各种改变。他们开始肯定辩证唯物主义的这样一种形式，决定论在其中消失了——以前在马克思主义里，决定论是非常明显的；被赋予了精神性质的物质也几乎消失——这些精神性质包括来自内部的自我运动的可能性、内在自由与合理性。还发生了对苏维埃俄罗斯剧烈的民族化和向俄罗斯过去的很多传统的返回。列宁主义—斯大林主义已经不是古典马克思主义。它肯定光从东方来，东方应该照耀西方的资产阶级黑暗。……真理是社会性的，是对人们与民族的兄弟团结的可能性的揭示，是对阶级的克服；谎言在精神基础里，这些基础导致人的意识的缩小，在俄罗斯虚无主义里，这种意识的缩小已经发生。共产主义是俄罗斯现象，尽管它是马克思主义的意识形态。共产主义是俄罗斯的命运，是俄罗斯民族内在命运的一个方面。……共产主义真理也应该进入共产主义之后将要到来的那个最高阶段，但这是已经摆脱了谎言的真理。俄罗斯革命唤起并释放了俄罗斯人民的巨大力量。这是它的主要意义。1936年的苏联宪法制定了世界上最好的关于所有制的法律。私人所有制获得承认，但这是在不允许有剥削的形式里的私人所有制。新的心理类型成熟了，其中有好的特征，也有坏的特征。

虽然俄罗斯文化是分裂的，革命运动与复兴运动是对立的，但是，在它们之间也有某种共同之处。狄奥尼索斯原则到处表现自己，尽管是在不同的形式里。我称世纪初我们这里出现的那个创造高潮为俄罗斯的复兴运动。但是，就自己的性质而言，它与欧洲的文艺复兴不一样。在它的背后没有中世纪，只有知识分子所经历的启蒙时代。把俄罗斯复兴运动与19世纪德国浪漫主义对比是合适的，在德国浪漫主义之前也是一个启蒙时代。但是，在那个时期的俄罗斯运动里有俄罗斯特有的特征，它们与俄罗斯的19世纪相关。首先是宗教上的不安和宗教探索，这就是在哲学里不断地跨越哲学认识的界限，在诗歌里不断地跨越艺术的界限，在政治里不断地跨越政治界限，走向末世论前景。一切都是在神秘主义的氛围里进行的。如果使用大致的术语说，那么俄罗斯复兴运动不是古典主义的，而是浪漫主义的。但是，这个浪漫主义与西方的不同，其中有对宗教现实主义的追求，尽管这个现实主义也没有达到。俄罗斯没有在西欧非常典型的那种自满的文化封闭性，尽管有西方的影响，特别是尼采的影响——尼采是按照特殊方式被理解的，还有西方象征主义者们的影响，但是，也有对俄罗斯自我意识的追求。前文引用的勃洛克的诗《斯基泰人》就是在这个时代写出来的。只有在复兴时代，陀思妥耶夫斯基才真正与我们接近，我们才爱上丘特切夫的诗，珍惜索洛维约夫。同时，19世纪虚无主义的否定也被克服了。俄罗斯革命运动、俄罗斯人对新社会性的追求比文化复兴运动更强烈；俄罗斯革命运动依靠的是从下面起来行动的大众，并与19世纪诸多强大传统有关。文化复兴运动中断了，他的制造者们退出历史的前台，他们中的一部分被迫流亡国外。获得胜利的是唯物主义观念，在文化里发生了向旧理性主义启蒙运动的返回。但是，见证了俄罗斯民族命运的这一切根本不意味着创造能量和创造观念的全部潜力都白白地消失了，对未来也不会有意义了。历史就是这样发生的。它在各种心理反应中流逝，在这些反应里，意识有时候缩小，有时候扩大。很多东西有时候走向深处，从表面消失，有时候又走向表面，向外表现自己。在我们这里也会如此。我们这里发生的对精神文化的破坏只是俄罗斯精神文化命运里的一个辩证方面……过去的所有创造性的观念将重新具有成为创造力源泉的意义。精神生活不能熄灭，它是永存的。在侨民中间，对革命的反动也制造了反动的宗教性。但是，在更遥远的前景里看，这个现象不重要。

19世纪初和20世纪初的俄罗斯思想、俄罗斯探索见证了俄罗斯理念的存在，它与俄罗斯民族的性格和使命一致。就自己的类型和心理结构而言，俄罗斯民族是宗教的民族。宗教上的不安也是不信教的人所固有的。俄罗斯的无神论、虚无主义、唯物主义也都染上了宗教色彩。来自大众阶层和劳动阶层的俄罗斯人，甚至当他们离开东正教时，仍然继续寻找上帝和上帝的正义，寻找生命的意义。俄罗斯人与法国人那种精致的怀疑主义格格不入，当他们信仰唯物主义的共产主义时，他们也是信徒。有这样的俄罗斯人，他们不但没有东正教信仰，甚至可能会对东正教会进行迫害，但是，在他们的心灵深处，始终有一个由东正教塑造的层面。俄罗斯理念是末世论的，它指向终结。俄罗斯的极端主义就源于此。但是，在俄罗斯意识里，末世论观念带有追求普遍拯救的形式。俄罗斯人把"爱"提高到高于"公正"的位置。俄罗斯的宗教性有聚和性的特征。西方基督徒不懂得这种共通性，它是俄罗斯人所固有的。所有这些特点不但表现在宗教流派里，也表现在社会流派里。众所周知，俄罗斯东正教的主要节日是复活节。基督教首先被理解为复活的宗教。如果不考虑被歪曲的形式下的东正教，那么它比西方基督教有更多的自由、更多的人们之间的兄弟团结感、更多的仁慈、更多真诚的谦卑，更少贪权。在外部等级制度背后，在终极深处，俄罗斯人始终是反等级制度的，几乎是无政府主义的。俄罗斯民族没有对历史伟大的爱——西方各民族都醉心于这种伟大。拥有世界上最大国家的民族不喜欢国家和政权，却追求另外的东西。德国人早就建立一个理论，与男性的和精神的日耳曼民族不同，俄罗斯民族是女性的和心灵的民族。他们觉得日耳曼民族的男性精神应该支配俄罗斯民族的女性心灵。与这个理论相关的是相应的实践。整个理论的建立就是为了证明德意志帝国主义和德意志对强力的意志。实际上，俄罗斯民族始终有能力表现巨大的男性品质，它能够证明这一点，而且已经向日耳曼民族做了证明。在俄罗斯民族里有壮士的元素。俄罗斯人的探索具有精神特征，而非心理特征。任何民族都应该是男—女性的，这两个原则应该在其中结合。准确地说，在日耳曼民族里男性原则占主导地位，但这是一种反常，而非特质，这并不能导致好的结果。当然，这些讨论的意义有限。在德国浪漫主义时代也出现了女性原则。日耳曼理念和俄罗斯理念是对立的，这个判断是正确的。日耳曼理念是统治、优势、强大的理念；俄罗斯理念是共通性和人与民族的兄弟团结的理念。在德国，在它的国家和军国主义侵略精神与它的精神文化及其思想的巨大自由之间，始终有清晰的二元论。俄罗斯人从日耳曼精神文化里获得了很多东西，特别是从它的伟大哲学里，但是，德意志国家是俄罗斯历史上的敌人。在德意志思想自身里有与我们格格不入的元素，尤其是在黑格尔身上，在尼采身上——无论这有多么奇怪，在马克思身上也是如此。我们应该希望与日耳曼民族之间有兄弟关系，这个民族创造了很多伟大的东西，但是，前提是它应该放弃强力意志。男性的保卫力量应该与强力和国家的意志对抗。俄罗斯人的道德意识非常不同于西方人的道德意识，这个意识更加是基督教的。俄罗斯人的道德评价是根据人来确定的，而不是根据财产、国家的抽象原则，不是根据抽象的善来确定的。俄罗斯人对待罪与犯罪是另外一种态度，俄罗斯人同情堕落的和遭受屈辱的人，不喜欢伟大。与西方人相比，俄罗斯人不那么具有家庭情怀，但却具有无限多的共通性。与其说他们寻找有组织的社会，不如说他们寻找共性、交往，他们也没有那么好为人师。俄罗斯的悖论在于，与西方各民族相比，俄罗斯民族远没有那么社会化，但却具有非常多的共通性，对交往更加开放。在革命的影响下，可能会发生突变和剧变。革命的结果也可能是如此（发生突变和剧变）。但是，神关于一个民族的意图始终是同一个，人的自由努力的事业始终应该忠实于这个意图。在俄罗斯人的生活里有一种非决定性，西方人很少理解这一点，因为他（西方人）的生活在理性方面是更加"被决定"的。但这个非决定性也提供很多的可能性。俄罗斯人有更大的完整性，而没有西方人按照不同领域所做的那些区分、分类和分组。但是，这也制造了一些困难，导致混淆的可能。应该记住一点，俄罗斯人的本性是非常极端化的。一方面是谦卑、放弃，另一方面是由怜悯引起的要求公正的反抗；一方面是同情心、怜悯心，另一方面是可能的残酷；一方面是对自由的爱，另一方面是受奴役的倾向。俄罗斯人有另外一种大地的情感，这个大地自身也不同于西方。俄罗斯人与种族和血缘的神秘主义格格不入，却与大地的神秘主义接近。就自己永恒的理念而言，俄罗斯民族不喜欢尘世之城的安顿，并追求未来之城，追求新耶路撒冷，但是，新耶路撒冷不能与庞大的俄罗斯大地脱离，它与俄罗斯大地相关，俄罗斯大地将纳入新耶路撒冷。对新耶路撒冷而言，共通性、人们之间的兄弟团结是必须的，为此还要经历圣灵时代，在圣灵时代将有关于社会的新启示。在俄罗斯，这个启示已经准备好了。